"十三五"国家重点图书出版规划项目 ｜ 丛书主编 侯怀银

本书是国家社会科学基金"十三五"
规划2018年度教育学重点课题"中华
人民共和国教育学史"（课题批准号
A0A180016）的研究成果

共和国
教育学70年

Pedagogy of the People's Republic of China for 70 Years

成人教育学卷

桑宁霞 著

北京师范大学出版集团
BEIJING NORMAL UNIVERSITY PUBLISHING GROUP
北京师范大学出版社

丛书编委会

丛书主编　侯怀银

编　　委　(以姓氏笔画为序)

马建强　王正青　王有升　王福兰

冯建军　孙　杰　张忠华　郑玉飞

侯怀银　桑宁霞

总　序

2019 年系中华人民共和国 70 华诞。站在 70 年的节点，我们需要对中华人民共和国教育学的发展历程进行回顾、反思与展望。据我们目力所及，从中华人民共和国成立至今（截至 2019 年年初），国人引进和自编的教育学著作（包括专著与教材）共计 4700 本，占 20 世纪以来中国教育学著作总量的 80％。其中，国人自编的教育学著作 4300 本，引进外国著作 400 本。新中国成立以来，中国教育学人在 20 世纪上半叶教育学发展的基础上，砥砺前行，取得了非凡的成就，形成了学科发展的经验。时至今日，我们需要梳理新中国成立 70 年来教育学学科建设的成就和经验并寻找其启示，我们更需要系统开展中华人民共和国教育学史的研究，把中华人民共和国教育学史作为中国教育学史研究的重要组成部分。

一、新中国成立 70 年来教育学学科建设的成就

新中国成立后，中国教育学人在中国共产党的领导下，自觉以马克思主义为指导思想，着力建设中国教育学。纵观 70 年来中国教育学的建设，主要取得以下五个方面的成就。

（一）由照搬照抄到本土化再到中国教育学的建设取得成效

70 年来，中国教育学学科建设取得的最大成就在于中国教育学的提出和建设。

　　新中国教育学的建设是从照搬照抄苏联教育学开始的。叶澜教授认为"引进"是中国教育学从"娘胎"里带来的印记。这就是说 20 世纪上半叶中国教育学的发展是从引进日本、德国、美国等国家的教育学开始的。在引进其他国家教育学的过程中，中国教育学人在 20世纪 20 年代就注意到仅仅引进其他国家的教育学并不能解决中国教育实际存在的问题，故而提出"教育学中国化"的问题。客观而言，那个时期的中国教育学人在探索解决中国教育实际问题的过程中确实创造了很有品质的教育思想和教育理论。随后的抗日战争和解放战争，使中国教育学人的探索被中断甚至被破坏。新中国成立后，中国教育学并没有在原有的基础上建设，而是直接取法苏联。当时，中国教育学人学习苏联教育学主要是通过译介苏联的教育学教材、邀请苏联教育学和心理学专家来华授课、派遣留学生和专家去苏联学习等途径。1956 年，中苏关系恶化，学习苏联教育学来指导中国的师资培养和教育实践的路径被中断，中国教育学人开始探索中国教育学。这一时期，中国教育学人虽然提出了"中国教育学"，但是具体的做法却是教育学的中国化（中国化的教育学）。

　　中国化的教育学得到研究和发展，其不足之处也得到反思。在"向科学进军"的号召下和"双百方针"的指引下，我国教育学建设者以前所未有的热情，在对学习苏联教育学的经验和教训进行反思的基础上，开始了教育学中国化的初步探索。1957 年《人民教育》7 月号以《为繁荣教育科学创造有利条件》为题，发表了当时一些学者对我国教育科学研究工作的意见。这些意见直指学习苏联经验中的教条主义、机械主义倾向，鲜明地提出了教育学的中国化问题，从方法论的高度对如何建设中国的教育学提出了十分宝贵的意见。曹孚在《新建设》1957 年第 6 期上发表了以《教育学研究中的若干问题》为题的长篇论文，在教育观念上对以凯洛夫主编的《教育学》为代表的苏联教育理论提出了不同寻常的、有力的挑战，从而在教育学中国化的方法论上取得了理论思维上的进展。

　　然而，正当我国教育学研究者充满热情地为建设中国化的教育学科体系而努力探索时，反"右"斗争开始了。在此气氛中，曹孚1957 年发表的《教育学研究中的若干问题》一文被错误地批判，作者被迫在《新建设》1958 年第 2 期发表检讨文章。① 这一批判虽然是在内部进行的，但影响也波及全国高等师范院校和教育科研机构。由于反"右"斗争扩大化，高等师范院校一些教师和学者被错误地划成了右派，我国教育学科建设受到严重挫折。1958 年至 1960 年，开始了以贯彻教育与生产劳动相结合为中心的"教育革命"运动，教育学领域开始了"大跃进"，开展了一系列的批判运动。这些在思想和学术领域的批判简单粗暴，压制了在学术上持不同观点的人，打击了很多有真才实学的学者，挫伤了当时教育科学工作者的积极性，严重地影响了我国教育学学科的建设和发展。

　　正是由于反"右"斗争的扩大化和"教育革命"中"左"的浪潮，我国教育学学科体系的建设出现了一种"左"的倾向。这主要表现在教育学的教材建设上出现了一种"教育政策汇编形式"的教育学。1958年 4 月 23 日，教育部发出通知，师范学校三年级教育学课原有教材停授，改授有关我国教育方针和政策的内容。② 这一切使"文革"期间教育学教材编写完全成为教育经验政策汇编，成为"语录学"和"政策学"的温床。

　　改革开放之后，中国教育学人再一次提出"中国教育学"，并对"建设具有中国特色的社会主义教育学""中国教育学本土化"的内涵、必然性、方法论和路径等进行了探索。这些研究指导了中国教育学的建设和发展，中国教育学人出版了不少具有中国特色的教育学著作和教材，培养了大批人才。但是，建设具有中国特色的教育学仅

---

　　① 即《对〈教育学研究中的若干问题〉一文的检讨》，同期还发表了批评曹孚的文章《怎样理解"教育中的继承性问题"》。

　　② 中央教育科学研究所：《中华人民共和国教育大事记 1949—1982》，219 页，北京，教育科学出版社，1984。

反映在教育学学科建设的局部，还没有反映到教育学的整体建设上来。之所以这样讲，是因为改革开放之后，中国教育学人又开始大量译介国外的教育学成果，一些具有中国特色的教育学著作和教材也吸纳了国外教育学研究成果，但未能完全反映出中国教育实践的需要。

21世纪初，中国教育学人在反思20世纪中国教育学发展的基础上开始建设中国教育学。这一时期，中国教育学人发表并出版了不少反思20世纪中国教育学发展的成果，并对建设中国教育学提出了展望。一些反映中国教育实践需求的教育思想和教育理论得以创生，如主体教育思想、新基础教育、情境教育、情感教育、新教育，等等。尤其出现了以叶澜教授创建并持续领导的"生命·实践"教育学派。学派的形成既是教育学理论发展的重要途径，又是教育学理论的丰富性和长久生命力的不竭之源。学派的发展，从深层次上探索了学科发展的内在的可能性空间。从学科发展走向学派的形成，是实现我国教育学发展的有效途径，也是时代的必然要求。只有创建自己的教育学派，形成真正的教育学家，形成一套完整的教育学本土化的逻辑体系和思维方式，中国教育学才真正有可能与国外，尤其是西方的教育学进行对话与交流。

（二）马克思列宁主义、毛泽东思想的指导地位得以确立

学科建设必须有指导思想。在社会主义的中国，教育学学科建设的指导思想是马克思列宁主义、毛泽东思想。新中国成立后，马克思列宁主义、毛泽东思想成为指导社会主义革命和社会主义建设的理论基础，与此相适应，迫切需要确立马克思列宁主义、毛泽东思想在中国教育学建设中的指导地位。马克思列宁主义、毛泽东思想在教育学发展中指导地位的确立是从新中国成立后开始的。这种确立同社会科学其他学科研究领域，如历史学、文学等一样，经历了7年的历程（1949－1956年），也走了同样的道路，即学习、引进和批判相结合。其一，学习马克思列宁主义的基本原理。其二，引

进苏联教育学。诚如曹孚先生指出的那样："马克思列宁主义教育学在短促的几年中，在中国教育学术界奠定了自己统治的地位，这是与教育学方面学习苏联分不开的。"[①]其三，开展对旧教育思想的批判。经过学习、引进和批判，我国教育研究工作者开始从思想上确立马克思列宁主义、毛泽东思想的指导地位，自觉树立辩证唯物主义和历史唯物主义的世界观，"开始用马克思列宁主义的观点去研究教育科学问题……马克思列宁主义观点与理论已经在教育学、心理学、教育史的研究与教学中初步建立了统治的地位"[②]。马克思列宁主义、毛泽东思想在中国教育学建设中指导地位的确立，为中国教育学的重建指明了方向并提供了理论基础。

（三）国外教育学的引进成为中国教育学发展的重要组成部分

70 年来，中国教育学的建设在处理中外关系的过程中，逐渐走出了一条既不是依附又可以相互借鉴的道路。中国教育学的起点是从引进国外教育学开始的。新中国成立后一段时期，中国教育学人又走上了引进国外教育学的道路。这两次引进不是学习借鉴式的引进，而是照搬照抄式的引进。改革开放后，中国教育学人在讨论教育学中国化、本土化和中国教育学建设的过程中，逐渐注意到我们既不能照搬照抄国外教育学（因为照搬照抄解决不了中国教育实践存在的问题），又不能闭门造车、闭关自守，而要开放。这就要处理好教育学建设过程中的中、外问题。通过考察 1949 年以来国外教育学著作和教材的引进情况，我们发现，引进所占比例并不低，尤其是1977 年后，即便是以再建中国教育学为目标，也有近一半的国外教育学著作和教材被引进到国内。教育学研究者在一定程度上已把国外教育学的引进作为再建中国教育学的重要组成部分，已主动学习并借鉴国外教育学的研究成果，注重与国外教育学的发展接轨，其

---

① 瞿葆奎等选编：《曹孚教育论稿》，208 页，上海，华东师范大学出版社，1989。
② 同上书，688 页。

中以美国、苏联、日本为主。然而，对发展中国家教育学的发展成果，我们借鉴和吸收得还不够。1977 年以来国外教育学的译者数量占到整个 20 世纪译者总数的一半以上，这说明在教育学著作和教材的引进上我国已形成相对稳定的翻译队伍，这不仅为国外教育学的研究提供了人员上的保障，而且为形成中外融合的教育学研究队伍奠定了一定基础。

（四）中国教育学的学科群基本形成

70 年的中国教育学发展，促使其分支学科不断出现与发展，仅 1977—2000 年这一阶段就增加了 28 门教育学分支学科，教育学的学科门类基本形成。同时，教育学学科体系也基本形成并初具规模。中国教育学学科体系的建设在改革开放后基本上是沿着正确的轨道进行的，教育研究领域越来越宽广，教育研究成果已成为教育学建设的丰富资源。教育学的理论基础不断得到拓展，我国初步形成了较完备的教育学学科体系，从而结束了作为一门学科的教育学一枝独秀的局面。

教育学既有了综合性的发展，又有了分化性的发展。从其综合性方面来说，教育学同其他有关学科有了紧密的联系，许多边缘性、交叉性和新兴学科相继恢复、产生、充实和发展；从其分化性方面来说，教育学越分越细，作为一门学科的教育学、教育概论、教学论、课程论、德育原理、教育哲学等学科快速发展。我国已初步形成了教育学交叉学科、教育学专门学科与教育学元科学相结合，多种教育学分支学科相继独立的学科发展格局。我国教育学的建设和发展，不仅为有关决策的形成提供了一定的理论依据，为中国的教育教学实践提供了一定的理论指导，在一定程度上促进了学校教育教学质量的提高，而且也起到了一定的理论预测作用，促进了教育事业的繁荣和发展。

特别需要指出的是，教育学元研究的发展为中国教育学学科建设提供了坚实的基础。教育学元研究是对教育学元问题的研究，包括教育学的概念、教育学的性质、教育学的体系、教育学的逻辑起点、教育学的方法论、教育学的价值、教育学的功能、教育学的学科立场、教育学的学科地位、教育学史，等等。

（五）中国教育学的社会建制得到完善

一门学科的社会建制大体包括五个部分：一是学会；二是专业的研究机构；三是各大学的学系；四是图书资料中心；五是学科的专门出版机构。① 按照这个标准来看，新中国成立 70 年来，中国教育学的社会建制得到了完善。第一，在学会方面，中国教育学会、中国高等教育学会等成立，在这些学会之下还有若干分会，分会下还设专业委员会。第二，在专业的研究机构方面，国家层面有中国教育科学研究院，各个省市有本省市的教育科学研究院等。第三，在各大学的学系方面，综合院校、师范院校等多设立专门的学院，如教育学部、教育科学学院、教育学院、教师教育学院、教育技术学院等，一些教育学院还设立了各个研究所。第四，在图书资料中心方面，教育学的书籍在各大图书馆有专门的图书分类号。第五，在学科的专门出版机构方面，中国有专门的教育学出版机构，如人民教育出版社、教育科学出版社、高等教育出版社等；一些省市也有教育出版机构，如上海教育出版社、福建教育出版社、山西教育出版社等；一些大学的出版社也出版教育学方面的著作和教材，如北京师范大学出版社、华东师范大学出版社、广西师范大学出版社等。就以上方面而言，新中国成立 70 年来，中国教育学的社会建制得到完善。

二、新中国成立 70 年来教育学学科建设的经验

70 年来，几代中国教育学人就中国教育学的建设取得了诸多成就，形成了一些教育学学科建设的经验，具体来说，在于较好地处理了教育学学科发展中的几对关系。

---

① 费孝通：《略谈中国的社会学》，载《高等教育研究》，1993(4)。

（一）处理好马克思主义哲学与其他哲学流派促进教育学建设的关系

教育学与哲学有着天然的联系。在教育学学科化时，赫尔巴特就是以实践哲学和心理学作为教育学的学科基础的。再往前推，教育学首先是哲学家康德在大学的课堂上开讲的。新中国成立以来，中国教育学的建设以马克思主义为指导取得了辉煌的成就。但是我们需要警惕的是马克思主义不等于马克思主义哲学。马克思主义是我国各项事业建设的指导思想。马克思主义本身包含了马克思主义哲学、政治经济学和科学社会主义。马克思主义哲学是马克思主义的一部分。马克思主义哲学对其他哲学流派不是全盘否定的，其他哲学流派的观点也不是与马克思主义哲学水火不容的。在新中国 70 年教育学学科建设的过程中，有一段时间，我们将教育学的哲学基础完全确立为马克思主义哲学，对其他哲学流派实行全盘拒斥，阻碍了中国教育学的建设。改革开放之后，教育领域思想大解放，其他哲学流派不断译介和传播，教育学的学科建设逐渐兼容并纳各家哲学流派之观点，走上了快速发展的道路。这带给中国教育学人的经验就是处理好马克思主义哲学与其他哲学流派在促进教育学建设过程中的关系。

中国教育学人还需要吸取的经验是避免把马克思列宁主义、毛泽东思想在指导教育学学科建设时绝对化。马克思列宁主义、毛泽东思想是我们进行教育学建设的指导思想，中国教育学的建设必须确立马克思列宁主义、毛泽东思想的指导地位。然而，这并不意味着我们要把马克思列宁主义、毛泽东思想绝对化。在坚持把马克思列宁主义、毛泽东思想作为指导思想的前提下，如何还马克思列宁主义、毛泽东思想"智慧之友"的本来面目，充分发挥马克思列宁主义、毛泽东思想方法论意义上的指导功能，是我国教育学学科建设值得思考并需解决的重要课题。

(二)处理好批判和继承之间的关系

中国教育学的发展,在"文化大革命"的十年遭到严重的破坏和错误的批判。从这个意义上讲,如何正确认识批判的本质和功能,并处理好批判和继承的关系,对于我国教育学的建设和发展至关重要。就批判的本质来看,批判实际上就是分析,批判就是一个一分为二的分解过程。从马克思主义的观点来看,批判也就包含着继承,而继承又不是简单的肯定,是包含在否定中的肯定。从"文革"时期的"批凯"和"批孔"来看,这种"批判"是与马克思主义的批判观相违背的,它背离了批判的本质和功能,割裂了批判和继承的关系。正因为这种"批判",才导致了对凯洛夫主编的《教育学》和孔子教育思想等的全盘否定,进而对整个教育学的批判否定,这个教训很值得我们吸取。我国教育学的建设必须在认真贯彻"双百方针"的基础上,正确地开展学术批判。我们应把学术批判作为繁荣我国教育学的基础、条件和动力,使其真正地推进我国教育学的建设和发展。

(三)处理好中国教育学建设过程中的中外关系

由于教育学从发生学意义上具有"舶来"的品性,其对国外教育学的"依附"自然难免。不过,纵观 20 世纪中国教育学的发展之路,我们可以欣喜地看到,在教育学的理论建设中,亦步亦趋的成分越来越少,独立创造的因子越来越多。叶澜教授曾在《中国教育学发展世纪问题的审视》一文中提出,政治、意识形态与学科发展的关系问题、教育学发展的"中外"关系问题、教育学的学科性质问题等,这些问题是影响教育学学科发展的根本性问题。[①] 新中国成立 70 年来,中国教育学人在建设教育学学科的过程中,不断地在处理教育学的中外问题。我们曾经有依附、有全面批判,当然,时至今日,我们已放弃了全盘接受和全面否定的态度。研究者多认同立足中国教育现实,寻找本民族与外来教育融会贯通的契合点是实现本土化、摆

---

① 叶澜:《中国教育学发展世纪问题的审视》,载《教育研究》,2004(7)。

脱对西方教育学的依附的根本途径。但也有研究者指出，本土化的
过程仍然是对西方的"移植"过程，主要表现在本土化的途径仍然以
译介为主，本土化的对象仍以借鉴为主，本土化的教育理论内容更
是充斥着西方的思潮和思想。针对这种在认识论和方法论上存在的
问题，研究者提出了本土化研究的重点和难点，乃是基于本土问题，
研究本土性，寻找结合点，并开展具体研究。[①]"生命·实践"教育
学派在处理教育学学科建设过程中的中外问题方面走出了一条具有
特色的道路。该学派立足中国当代社会和教育中的具体问题，寻求
中西方思想文化的滋养。

(四)处理好学科体系建设和知识体系构建之间的关系

在我国建立的教育学学科体系中，各学科的发展存在着较严重
的不平衡现象。其中有些学科起步较早，已初步形成了较完整的体
系；有些学科本身又分为若干分支，学科研究向着更加深入的层次、
更加广阔的领域发展，处于成熟或继续发展期；有些学科是近几年
才刚刚开始建设，处于汇总材料、构思体系、逐步创建阶段，正为
学科体系建设创造条件；有些学科正处于初创阶段，趋于形成。教
育学学科领域中的空白点较多，一些分支学科研究者甚少。这种不
平衡性在一定程度上影响了教育学的学科建设和发展。我国教育学
学科建设的水准不高，学科独立性尚差。一般来讲，教育学学科确
认标准有三方面：其一，有明确的研究对象和研究范围，有相对独
立的概念、范畴、原理，并正在或已经形成学科结构体系；其二，
有专门的研究者、研究活动、学术团体、传播活动、代表作等；其
三，该学科的思想、方法已经在教育实践中被应用、被检验，并发
挥出特有的功能。[②] 以这三方面标准来衡量，我国教育学学科体系

---

① 吴黛舒：《繁荣背后的反思：中国的"教育学本土化"》，载《教育理论与实践》，
2007(9)。

② 安文铸、贺志宏、陈峰：《教育科学学引论》，17 页，南昌，江西教育出版社，
1997。

还不成熟和完善，仅仅初步确立起了应有的门类和框架，在一定程度上尚落后于其他学科的发展。从各门教育学学科建设来看，无论是从深度还是广度来说，都还不能按学科建设的严格原则和标准进行具体规划和落实。在整个科学体系中，教育学学科特别缺乏一整套独特的概念、范畴、命题和研究方法，学科的独立性不强。

之所以出现教育学的分支学科发展不平衡和学科独立性不强的状况，是因为中国教育学人在教育学学科建设过程中还没有处理好学科体系和知识体系之间的关系。我们强调教育学分支学科的繁荣壮大，但在一定程度上忽视了教育学说到底是教育知识的学问。学科建设不能用学科体系取代知识体系。知识体系决定着学科体系的样态，而不是学科体系规范着知识体系。

（五）处理好教育学学科建设和教育研究之间的关系

教育研究是教育学建设和发展的基础和前提。新中国成立初期，我国的教育研究工作，一方面是总结和发展自己的教育实践经验，特别是老解放区的教育实践经验，开创我国的教育研究工作；另一方面是翻译出版苏联教育学方面的研究成果，借鉴苏联的教育研究经验，以指导我国的教育实践。20 世纪 50 年代后期，我国着手建立教育研究机构，并开始进行教育研究的规划工作。20 世纪 60 年代初，我国教育研究机构的建立以及教育研究工作的指导方针和任务的确立，才使我国教育研究工作进入一个初步繁荣和发展期。20 世纪 80 年代后，随着解放思想在教育领域的深入，研究者针对教育学发展问题进行了不同层面、不同领域、不同角度的研究，推进了教育学理论的发展，对教育学理论体系的构建起到了重要作用。

由此可见，教育研究工作直接影响到教育学建设和发展的进程。我国教育学的建设和发展必须切实重视并加强教育研究工作。我们应把教育学的建设和发展置于雄厚的教育研究工作基础之上。

三、新中国成立 70 年来教育学学科建设的启示

通过对 70 年来中国教育学发展的回顾与反思，我们深深感受

到，新时代中国教育学的建设，应以从中国出发的"世界教育学"和"大教育学"为根本追寻，赋予教育学以中国文化的特色，建设具有中国特色、中国气派的教育学，它服务中国社会和教育实践的发展，促进人的发展和社会的全面进步。我们应在对"人"的认识基础上，探索中国教育运行的特殊规律，形成我们的理论框架、研究方法和知识体系，处理好教育学发展中的引进和创新的关系、教育学的发展和教育实践的关系、教育学各分支学科之间的关系，确立教育学在整个科学体系中的地位，发挥中国教育学学科的系统功能，促进教育学的繁荣，并推动中国教育学走上世界舞台。为此，我们需要做到"六个坚持"。

（一）坚持教育学的学科自主

所谓教育学的学科自主，就是教育学研究者创生教育学学科、教育学理论。教育学虽是"舶来品"，但经过研究者多年的努力，其亦步亦趋的成分越来越少，独立创造的因子越来越多。因此，我们可以预料，中国教育学学科建设最终会走上独立创新的康庄大道。20 世纪国外教育学的输入，已经为我们独立地创造自己的教育学准备了足够丰富的"质料"，依靠中华民族五千年积累的智慧，我们有理由创造出具有中国特色的教育学学科。这需要教育学界的同仁通力合作。在此须指出的是，走这样的一条道路，是要摆脱教育学学科建设中仰人鼻息的窘境，而不是说拒绝对国外先进的教育学的吸收。在这样一个日益走向全球化的世界，除了无知的妄人之外，任何人都不会不承认学习他国的优秀理论成分对我们的理论创造的价值。

我们应在吸收与独立创造之间寻求一种合理平衡，扎根本土实践与教育传统，把西方的教育学理论作为"质料"来进行审视，以"重叠共识"为基点，进行理论整合。

我们要坚持教育学的学科自主，需要在教育学的学科建设上树立大教育学观，改变教育学的学科建设主要局限于学校教育的建设局面。学校教育应该是教育学研究的重要领域与对象。我们应该对学校教育内在规律做深入细致的分析研究，力争发现与揭示存在于学校教育现象中的普遍规律，通过对学校教育基本原理的探讨，去阐述教育活动的一般原理。但教育学仅仅以学校教育为研究对象，是对人作为完整生命发展主体的一种有意识的忽视，学校教育不是人的教育活动的全部，对学校教育内在规律的分析研究无法全面揭示存在于所有教育现象中的普遍规律，对学校教育基本原理的探讨不能代替对教育一般原理的探讨。因此，新时代中国教育学的建设，不仅要去关注学校教育，而且要超越学校教育，以终身教育为视野，把教育学学科建设拓展到人类教育活动的其他形式，特别要重视社会教育学的学科建设。

我们要坚持教育学的学科自主，更需要在教育学的学科建设上，把中国教育学史作为教育学中的一门基础理论学科去建设，对中国教育学史的学科性质、研究原则和方法等进行深入的思考，以促进中国教育学史的研究。我们需要梳理中国教育学历史发展过程中的重要事实，研究和了解中国教育学发展的全貌，对我国教育学的发展进行整体而深刻的反思，从中探寻出值得借鉴的启示，减少我们在教育学建设和发展中的盲目性，完整地把握已有的认识成果并进行创造性转化，进而提出真正能促进当前我国教育学发展的理论主张并付诸实践，以此促进中国教育学的建设。

（二）坚持教育学的学科自立

坚持教育学学科自立的一个必要前提是强调教育学的独立学术品质。既往的历史告诉我们，学科的意识形态化始终是教育学获得独立性、自主性的一个重要影响因素。我们既需要摆脱对政治的依赖，又需要摆脱对西方的依赖，还需要摆脱对其他相关学科的依赖。在总结历史教训的基础上，以探讨教育学的逻辑起点和教育学本身特有的概念、范畴、体系等为突破口，教育学将会一步步走上一条学科的自主、独立之路，实现学科自立。世界教育学发展的历史告诉我们，任何时代的教育学学科的自主性与独立性的获得，都是需要一定的社会文化条件支撑才能形成并长久存在下去的。教育学学科的独立、自主绝对不是一种普遍化、无条件的存在状态。因此，希望教育学完全摆脱政治、西方和其他学科的影响而实现学科的绝对自立是不可能的，新时代的中国教育学必须处理好与政治、西方和其他相关学科的关系。

新时代的教育学学科建设，特别要处理好教育学和其他相关学科的关系。教育学学术生产具有跨学科生长的特点，教育学知识体系不能脱离任何一门科学，需要其他科学的参与来发展教育理论和教育实践，教育学要借鉴其他学科的最新成果，以求形成促进教育学发展的巨大合力。教育学已与哲学、心理学、社会学、经济学、政治学、管理学、人类学、统计学、文化学、生态学等学科融合而生成了诸多新学科，大大地拓展了教育学可能的发展空间。这就需要我们积极开展跨界协同，打造中国教育学研究的学术共同体。

为了实现教育学的学科自立，我们要特别重视教育学研究方法的研究。教育属于社会现象和社会问题的范畴。教育中的许多问题需要借助科学的方法来研究，进而得出具有普遍性的科学结论。我们要规范并综合运用研究方法，提升中国教育学学科研究的科学性。当前，中国教育学的科学化水平有待进一步提高，我们需要积极引入定性和定量的多元研究方法，提高学科研究的信效度，注重方法运用的规范性，不仅体现出中国教育学研究的世界水准，而且要结合当代社会学科交叉发展的大背景，利用好与社会科学其他学科之间开展交叉研究的有利契机，通过研究手段和研究方法的大力创新，增强自身理论对当代社会复杂教育现象的解释能力，提升对新时代中国教育问题的解决能力以及指导人们教育实践的能力。需要明确的是，在教育学研究方法上我们要鼓励开展教育叙事研究、教育案例研究、教育统计研究等，但教育学以人的发展作为研究的起点和基础必然涉及伦理、价值、意义等层面的具体问题。因而，教育学研究不能简单以"叙事""案例""数据""统计"为标准，试图对教育现象做出深刻的新诠释、新判断和新建构。教育学学科建设必须要以事实为基础、以知识为核心、以思想为归宿。如果我们仅仅以事实为基准，那远离了教育学学科建设的最终目标。

（三）坚持教育学的学科自尊

教育学的学科自尊在于构建起完善的知识体系。从夸美纽斯的《大教学论》问世开始，中外的教育学研究者一直以来的一个理想追求便是构建科学的教育学体系。在当代中国，近年来教育学界的一个响亮声音便是构建科学的并具有中国特色、中国气派的教育学。[①]无论是一般化地呼吁构建科学的教育学体系，还是在特定的语境下呼唤"中国教育学"的创生，其实质都是在为教育学寻求一种确定的、刚性的知识体系。

这种追求如果追溯其哲学基础，可以还原到本质主义的认识论。在本质主义哲学被奉为经典、神圣的教条的年代，教育学理论和建构的确定性、刚性知识体系追求是唯一的努力方向。但是，近年来，随着后现代哲学的风行，鲜活的教育实践对封闭性知识的挑战，本质主义的哲学观在教育学领域受到了越来越多的质疑。作为一种非常有力的挑战，质疑本质主义的声音所持的哲学观往往被称为反本质主义、反普遍主义。可以预见，随着这股与本质主义、普遍主义相逆的思想潮流的涌动，即使教育学体系建构的堤坝不会被冲垮，中国的教育学界也会出现一种可以与教育学体系建构分庭抗礼的理论追求，那就是摆脱非历史的、非语境化的知识生产模式，追求教育学知识生产的历史性、地方性与语境性。教育学研究领域叙事潮流的蔚为壮观，在一定程度上就是这一趋势的反映。

对于这一趋势的出现，不少教育学研究者也许不无深深的忧虑：

---

①　侯怀银、王喜旺：《教育学中国化——一个世纪以来中国学者的探索和梦想》，载《教育科学》，2008(6)。

教育学是否会因此而完全失去其理论底色？事实上，在反本质主义者的头脑中，本质主义的对应词应该是"建构主义"。因为反本质主义给人的感觉是完全否认本质的存在，而建构主义则承认存在本质，只是不承认存在无条件的、绝对的普遍本质，反对对本质进行僵化的、非历史的理解。尤其不赞成在种种关于教育本质的理论中选择一种作为"真正"本质的唯一正确的揭示。在教育这样一个人文、社会世界，不可能存在无条件的、纯粹客观的"本质"，所有的本质都是有条件的，它必然受到社会历史等因素的制约。因此，我们对所谓教育的"本质"，应该采取一种历史的与反思的态度，把所谓教育原理、教育学知识系统事件化、历史化。原理、知识系统的事件化、历史化必然不是完全体系化的，但其丰富的理论内涵依然存在，只是其理论意蕴与特定的社会文化条件结合在一起了，绝不是完全丧失理论品格。

（四）坚持教育学的学科自强

教育学的学科自强主要从自身而言，是教育学学科分化和综合的过程中形成的强大体系。目前的教育学研究虽然出现了一定的分化趋势，但是，这种分化还不够，许多深层、细微的研究对象还有待我们从新的学科视角去发现、认识它们。因此，大范围的学科分化的保持与扩大是必要的。随着学科分化的进一步加剧，一些新的交叉学科、专门学科，如教育环境学、教育物理学等学科，会渐次出现在研究者的视野中。不过，这种大面积的学科分化并不排除在局部发生教育学学科综合的可能。随着学科分化的深入，当在某一层面研究者发现几门学科可以相互融通之时，学科的综合便会发生。只是学科的分化、深入没有达到一定程度的时候，这种学科之间的暗道相通不会被人发现，学科的综合就无从谈起了。

教育学的学科自强体现在教育学不仅要立于学科之林，而且要在中国教育实践中确立其应有的地位。中国教育学是根植于中国教育实践的教育学。我们的眼光既是世界的，又是民族的，我们应该在全球视野基础上，积极地关注、研究和解决中国教育的实际问题，进行基于中国立场、反映中国问题、凸显中国风格、汇聚中国经验的中国教育学建设。中国教育学前行的每一步都必须根植于反映独特国情的中国教育实践，结合新时代政治、经济、文化的变化，结合教育生态的变化，结合教育实践面临的新问题，扎根中国教育实践的沃土，生长出真正的中国教育学。特别值得指出的是，随着人工智能、信息技术的发展，教育变得更加无时不在、无处不在。同时随着技术化向纵深方向发展，信息技术从工具变成教育关系的一部分，教育的目的、内容和形式都在发生着改变，这就导致人机交互可能会在很大程度上改变传统的教育关系模式。基于教育实践活动的时代变化，新时代中国教育学的发展必须扎根新的教育实践，研究教育的新现象和新问题，构建顺应时代发展的新的理论体系，尝试从人工智能时代的研究视角探讨教育与社会、与人、与自然的关系，以发现新的教育基本规律。

（五）坚持教育学的学科自信

教育学的学科自信主要表现在教育学人的自信。首先，就中国教育学与国外教育学的对话方面，中国教育学人是自信的。我国教育学界在一系列重大的教育学理论问题上，有不同的见解和观点，形成了独特的中国风格的教育思想和理论。中国教育学人可以与国外教育学人互通有无、公平对话，而不是依赖国外教育学的发展而发展。其次，中国教育学人对教育学实践的发展是有发言权的。新中国成立 70 年来，中国教育学人依据中国教育实践的发展创造了很多本土的思想和理论，如主体教育、新基础教育、情境教育、生命教育、新教育，等等。再次，中国教育学人在其他学科的学人面前是自信的，因为中国教育学再也不是钱锺书先生笔下的被人瞧不起的学科了。教育学的综合复杂性决定了其与其他学科之间的密切关系。最后，中国教育学人在教育学的学习者面前是自信的。因为中国教育学人可以给学生讲清楚中国教育学，而且讲的是中国的教育学，而不是从其他国家照搬照抄来的教育学。这启示中国教育学人要坚持教育学的学科自信。

（六）坚持教育学的学科自觉

70 年来，中国教育学的发展历程就是一个学科建设从引进、建立到带着自觉的体系意识去建设的过程。从这一发展逻辑顺延，教育学理论建设的体系化是一个必然的路径。只是我们目前的教育学体系化建设，仍然存在着浮躁的不良倾向。我们不能忙于通过引进西方的相关学科或匆忙地移植其他学科以"填补空白""抢占阵地"，而应踏踏实实地对大的学科或某一学科的体系应如何构建进行创造性研究。抛弃浮躁之风，更为从容而扎实地对一个个子学科与大教育学的逻辑起点、建构的内在逻辑、体系构架等问题进行深入研究，将会成为中国教育学研究者未来努力的方向之一。特别需要指出的是，中国教育学不仅要突出"中国"两字，还要在新时代背景下，从人类命运共同体出发，通过缩小与西方之间的"话语逆差"，增强设置国际议题的能力等方式，建成世界一流教育学学科，在学科竞争力和学术话语权上进入世界前列，整体提升国际教育学界对中国原创和中国贡献的显示度、能见度、理解度、接受度、认同度和运用度。中国教育学既要为中国教育实践提供理论指导，又要在国际社会共同关注的教育问题上做出"中国贡献"，在世界教育学知识谱系中增添"中国智慧"，在国际学术标准和规则的制定中发出"中国声音"，最终促进教育学的整体进步。

四、中华人民共和国教育学史的研究价值和本丛书的研究宗旨

站在 70 年的节点，我们很有必要提出"中华人民共和国教育学史"。"中华人民共和国教育学史"这一概念和命题的提出，正是回顾、反思与展望中华人民共和国教育学 70 年发展历程的学术结晶。

中华人民共和国教育学史研究具有独到的学术价值：第一，有助于拓展中国教育学史的研究领域。第二，有助于推进中国教育学的学科发展。教育学史在教育学发展过程中的重要作用越来越凸显。研究中国教育学史既是为了镜鉴于现实，也是为了推动我国教育学术的传承发展。中华人民共和国教育学史，实际上给我们提供了一面镜子，让我们更清楚地认识到，中国教育学人以前做了什么，现在还需要做些什么。我们系统梳理前人之思，有利于进一步明确中国教育学发展方向，推进教育学在中国的建设和发展。第三，有助于中国教育理论的完善和教育改革的推进。第四，有助于推进中国人文社会科学的建设和发展。教育学与人文社会科学各个学科的发展都有着密切联系，中华人民共和国教育学史的研究涉及中国人文社会科学各学科发展史的研究。中华人民共和国教育学史的研究不仅从一个侧面反映出中国人文社会科学的发展历程，而且也有助于推进中国人文社会科学相关领域的探索。

中华人民共和国教育学史研究具有独特的应用价值：第一，有助于推进中国教育系科的改革。教育系科史是本丛书的重要研究内容，通过对中华人民共和国教育学史的研究，一方面可以提供中国教育系科改革的历史经验，另一方面可以推进中国大学教育系科对已有传统的传承创新，形成其发展特色。第二，有助于推进中国教育学教材的系统建设，特别是作为一门学科的教育学教材的建设。第三，有助于整体推进中国目前"双一流"大学建设背景下教育学的学科建设。在当下高校追寻"双一流"的背景下，教育学在大学中如何存在越来越受到重视。一流大学，应该有一流的教育学学科。中华人民共和国教育学史的研究，既有利于我们总结教育学曾经的发展状况，又可为当下教育学发展路径的寻求、学科地位的确立、发展危机的解决，提供基于历史的经验和策略。第四，有助于我们在梳理和总结中华人民共和国教育学史的基础上，让民众更好地认识教育学、走进教育学，提升教育学的社会地位，使教育学不仅成为教师的生命性存在，而且成为一切与教育工作有关的人的生命性存在。

纵观中华人民共和国教育学 70 年研究历程，虽然研究者对中华人民共和国成立以来的教育学分支学科发展史、教材史、课程史等进行了相关研究，但总体上看，研究还不够充分和深入。特别是中华人民共和国教育学史这一主题还未有人研究过，已有研究与之相似的也只是对 20 世纪中国教育学发展的梳理，尚未将 21 世纪初的教育学发展统整融合。21 世纪初的教育学发展有何变化，中华人民共和国的教育学发展至今有何特点，是否形成了自己的一套体系，教育学发展到了何种规模，已有研究都尚未论及。具体来讲，需要进一步探讨、发展或突破的空间主要有以下三个方面。

第一，历史研究需要拓展和深化。已有研究多是在回顾 20 世纪中国教育学史时，将 20 世纪下半叶的中国教育学史以改革开放为界限分为两个阶段进行研究的，但是对中华人民共和国成立以来，特别是 21 世纪初的中国教育学发展史尚未进行专门研究。国人在 20 世纪 20 年代就意识到，仅仅移植国外的教育学并不能解决中国的教育问题。有鉴于此，国人提出教育学中国化、本土化的口号，但是教育学真正的中国化是在中华人民共和国成立之后形成的。因此，我们认为有必要在研究国外教育学的引进及其影响的基础上，对中国教育学的发展历程及其特征进行专门研究，进而对教育学主要分支学科发展史和教育系科发展史进行研究。

第二，预测研究需要巩固和加强。历史研究的一个追求就是要预测未来。教育学在 21 世纪初的中国如何发展，需要根据教育学中国化以来的教育学发展进行前瞻式研究，在此基础上进行科学的预测。我们注意到，已有研究对教育学史进行历史研究的较多，但是对教育学的未来发展趋势进行预测研究的尚显薄弱。有鉴于此，我们认为应该在整理史料、理性反思的基础上进行未来学意义上的研究。

第三，研究方法需要深入理解和诠释。关于中华人民共和国教育学史的研究，最好的研究方法当然是历史研究，但是仅仅用历史研究法研究教育学史远远不够。我们需要突破收集和整理史料的局限，在理解、解释的基础上总结并反思教育学的发展规律。

正是基于中华人民共和国教育学史研究的不足，我们申报了国家社会科学基金"十三五"规划 2018 年度教育学重点课题"中华人民共和国教育学史"，并获立项（课题批准号 AOA180016），本丛书是该课题的结题研究成果之一。感谢全国教育科学规划领导小组办公室对本课题的支持。

中华人民共和国教育学史研究的核心关键词为"中华人民共和国"与"教育学史"，前者指明研究范围，后者明确研究对象。展开中华人民共和国教育学史研究，需要厘清的主题为：教育学史的性质、教育学教材的发展、教育学二级学科的演变、教育学课程的状况及教育学者的相关论争等。

正是在这个基础上，我们本着"为国家著史，为学科立传，为后世留痕"的信念，遵循历史与逻辑相统一的原则，准确定位逻辑主线，注重把握中华人民共和国教育学史与 20 世纪上半叶教育学发展的连续性，注重从学科史切入，并将学科史与思想史相结合，注重对重要的教育学专著、教材等进行深入研究，带着历史的厚重感与时代的责任感，开始了对中华人民共和国教育学史的研究和写作。

本丛书旨在对中华人民共和国成立以来教育学各分支学科的发展进行全方位的研究，梳理各学科 70 年来的发展历程、取得的进展与成就，分析出现的问题与不足，展望未来的建设与发展。本丛书一方面力图"全景式"呈现教育学体系内分支学科知识体系的全貌，另一方面力图"纵深式"探究教育学及其分支学科内在的逻辑理路。研究坚持逻辑与历史相统一、整体与部分相协调、事实与论证相结合的原则。各卷的研究，突出了中国教育学的发展过程，对其形成、特点和争论等进行了必要的讨论，并以此为主线确定了各学科的阶段划分、进展梳理与学科反思。特别是对 70 年来各学科的重要专著、教材和论文进行了梳理和评述，既在书中呈现中国特色社会主义教育学学科的发展状况，又要凸显研究者及其专著、教材和论文对中国特色社会主义教育学形成和发展做出的贡献。需要说明的是，由于各学科的发展现状及已有研究基础不同，因此，承担各卷写作任务的作者根据实际情况采取了相应的撰写方式。对于教育哲学学科、教育社会学学科这两个教育学原理学科下属的分支学科，作者在对学科历史发展做总体性叙述后，据学科理论思想采取专题撰写的方式展开；对于其他二级学科，采取了大体按历史分期的方式叙述。发展阶段的划分尽量按学科内在发展逻辑进行，不拘泥于社会历史分期。

在丛书撰写的过程中，我们提出了研究的要求，明确了三个方面的意识：各学科的 70 年发展史如果是前人没有或少有涉及的，那就要有明确的标杆意识，研究成果应该体现当代中国学者的最高水平；如果学术界已有先期成果，那就要有明确的超越意识，达到新的高度；如果作者曾有过相应成果，那就要有明确的突破意识，寻找新的角度，进行新的思考，突破自己，切忌重复、克隆自己。

具体来讲，本丛书确定了以下八个方面的要求。

第一，丛书各卷研究的时限为 1949—2019 年，不向前后延伸。研究中把握好重大时间节点。有的学科发展考虑到问题本身的连续性，必要时可适当向前延伸，但不宜过多。

第二，丛书各卷的撰述范围限于中华人民共和国内各学科的发展，以中国共产党领导下的教育学发展为主。

第三，不刻意回避教育学发展中的意识形态属性，撰写时不做主观评价，撰写的原则是立足史实、客观叙述。

第四，坚持"以史为主，史论结合"的研究宗旨。研究以史实为依据，在梳理清楚基本事实的基础上，做出准确分析和客观评价。书中所阐述的史实应经得起不同时代不同读者的推敲和质疑，在写作中应避免将历史和现实"比附"。

第五，充分掌握国外教育学学科的发展历史，以及国内外研究的最新动态，使自己的研究有一个高的起点。研究方法上以历史法和文献法为主，兼及访谈和数据分析。

第六，坚持广博与精深的结合。一方面，应立足中华人民共和国 70 年的发展，全方位呈现自己所写学科的发展进程，不宜只介绍某几个方面；另一方面，写作中要抓住重点，对于学科发展的主要方面，着重笔墨、深入研究，避免史料文献的盲目堆积，在撰写中对于还不成熟的资料与推理以不介绍为宜。

第七，梳理学科发展史，既要见人又要见事。对于在学科发展中做出突出贡献的代表人物及其思想，写作时需有体现。

第八，处理好教育学学科发展和教育事业发展的关系，把共和国教育学 70 年的研究与共和国 70 年教育事业发展的研究结合起来。特别是教育学原理、课程与教学论、学前教育学、高等教育学、成人教育学、特殊教育学学科的研究，要处理好学科发展史与基础教育事业、学前教育事业、高等教育事业、成人教育事业、特殊教育事业的关系，要分别以各领域教育事业的发展为基础进行阶段划分、进展梳理和学科反思。

本丛书的出版，对于中国教育学史研究和中国教育学的发展是大事，更是幸事，具有重要的学术价值和现实意义。

从学术价值来看，教育学史越来越凸显其在教育学发展过程中的重要作用。我们开展中国教育学史的研究，既是为了推动教育学术的传承，也是为了在传播中促进教育学的发展。

从现实意义来看，学习和研究教育学的人也需要很好地了解本学科的发展史，明确研究基础和学科定位。本丛书以教育学分支学科为经，以学科发展为纬，其研究成果可为学习、研究教育学的人提供阅读书目和参考资料。

本丛书成书之际，北京师范大学出版社推荐其申请了《"十三五"国家重点图书、音像、电子出版物出版规划》项目，在此表示感谢。

本丛书共 12 卷。总论卷分上、下两卷，由山西大学侯怀银教授等撰写；教育哲学卷由南京师范大学冯建军教授等撰写；课程与教学论卷由山西大学郑玉飞副教授撰写；德育原理卷由江苏大学张忠华教授撰写；教育史学卷由山西大学孙杰教授撰写；教育社会学卷由青岛大学王有升教授撰写；比较教育学卷由西南大学王正青教授撰写；学前教育学卷由山西大学王福兰副教授撰写；高等教育学卷由山西大学侯怀银教授等撰写；成人教育学卷由山西大学桑宁霞教授撰写；特殊教育学卷由南京特殊教育师范学院马建强教授等撰写。

　　本丛书得以出版，要感谢来自各个高校的专家学者，感谢每一卷的作者，感谢北京师范大学出版社郭兴举、鲍红玉等老师的支持和辛勤工作。由于水平有限，本丛书难免有疏漏，恳请专家和读者批评指正。

侯怀银

2019 年 9 月 26 日

前　言

　　撰写《共和国教育学 70 年·成人教育学卷》，对于一个"60 后"的人来说，着实有一份难以言表的神圣和庄严，这是血脉中早已被注入的责任和悲悯的表达。这份情怀是那样真实和清晰，又是那样迫切和焦灼，为国主史，为学科正名，荣耀而神圣。

　　历史奔腾如江河，我们似乎什么都没有经历，但似乎又经历了许多。拂去风尘的记忆，梳理时间留存的碎片，我们仿佛在与历史对话，也仿佛在绘制着一幅由点成面、由面而成空间的历史三维动感图。此间我们似在感同身受地回忆自己走过的岁月，也似在从纷繁中找出行进的道路，有一种被照亮的幸福。

　　一位哲人这样表述过，我们在属于成人教育学之前，成人教育学就已经属于我们了。成人教育学，这个在学科殿堂中似乎最小的存在，使学者们皓首穷经也只不过是这个殿堂的探索者与发现者。

　　共和国成人教育的 70 年，是成人教育与共和国同呼吸、共命运的 70 年，没有任何一种教育形式与之如此休戚与共。新生共和国的扫盲运动、干部教育等社会教育，20 世纪 80 年代的函授、夜大学等学历教育，紧随其后的专业证书、成人技能培训等成人职业教育，新时代的终身教育、终身学习、学习型社会下的社区教育和老年教育……成人教育与此同时也经历了许多风雨，来自传统教育观念对成人教育的种种争论也此起彼伏。从 20 世纪 90 年代中期开始，"替代论"(以职教替代成教)，"合并论"(成教与职教合并)，"淡化论"
(淡化普教、成教的界限)，"分解论"(将成教的任务、功能等分解到
其他各类教育中)几掀波澜。终于，在 1998 年国务院机构改革中，
原成人教育司与职业教育司合并为"职业教育与成人教育司"，原成
人教育司的大部分职能被分解到发展规划、基础教育、高等教育、
高校学生四司中。教育部成人教育、职业教育部门的调整，引发了
自上而下省市县区到企业、镇村的成人教育机构的撤并。在这一转
换中，成人教育出现了管理方式上由集中到分散，管理力度上由合
力变分力的情况，当时的成人教育管理受到了不同程度的影响。成
人教育走向边缘化、职教化，但是它同时又顽强地根据市场经济体
制的建立、产业结构的调整、城市化进程的加快和农民工培训任务
的加大等新情况，积极地表达着自己的存在，为经济建设服务，为
学习型社会的建设服务。可以这样说，成人教育是终身教育活动的
重要领域，成人教育在构建学习型社会中有着重要的作用。成人教
育实践告诉我们，成人教育是进行时，虽几经诟病，但价值永恒，
永远没有完成时！

　　成人教育学的 70 年，是一个民族对待平民教育、大众教育的心
路历程，更是共和国成人教育学由成人"教育"之学到"成人教育"之
学，再到成人教育学的涅槃过程，其中兴起与蜕变，顽强更新……
在这个系统整合、扩展融合的过程中，成人教育学科从自在、自主
走向自为，终于回应凸显它基因的本相：它是使人"成人"的人学；
它是传达"生存、生活、生命"三生意蕴的艺术；它是走向关怀教育
深处的蔚蓝……在此过程中，它实现了架构上知性与理性的统一、
教育与社会的统一、生命与成长的统一，方法上量性研究和质性研
究的统一，价值上从边缘走向中心，反刍教育学的一次次洗礼，使
学科话语逐渐实现超越与更新，使学科场域实现包容与融通，使学
科体系更加创新与自觉。

目　录

绪 论

　　成人教育学的 70 年，有历史行进，有成果梳理；有阶段串联，也有思想沉思。在成人教育学 70 年的发展中，新中国发展的思想制度为其注入了动力，学人的探索融汇了智慧和汗水。其间，我们看到的是学科之林渐趋茂密，昌荣葱绿；我们看到的是学科之江河汇流，浩渺峥嵘，兮兮哉，蔚为壮观，恢恢然，浩然奔涌⋯⋯

一、本书的编写源起

　　"万般皆下品，唯有读书高"这个古训为每一个中国人所推崇。当然中国人的学习有极强的功利色彩，也有面子文化的强烈作用，因为学习就像光环一样，它可以让人获得体面和尊重。中国重视学习的文化传统是同中国人的人文精神分不开的。中国文化重视道德修炼，在修炼中达到"君子"的境界，这便是人生的最高境界。《礼记》中《大学》篇关于"格物、致知、诚意、正心、修身、齐家、治国、平天下"的著名论述就说明了学习的要义：通过格物、致知做到诚意、正心（树立正确的伦理道德观念和做到不为各种私心邪念所动摇），从而达到修身的目的（形成完善的人格）；在此基础上，每个人都积极为促进各自家庭的和谐美满（家庭是社会的细胞）和国家的繁荣稳定而努力做出自己的贡献（齐家、治国）。这种"学而立人""学而成人"的思想贯穿中国传统文化的始终，中国人的意识中刻骨铭心地有着这样的"努力不一定成功，但不努力肯定不能成人"的群体认同。

早在两千多年前，孔子就有成人教育思想：这不仅表现为"有教无类""学而优则仕""三人行，必有我师"的教育理念，提倡人们要树立"仕而优则学""活到老，学到老"的终身学习观，而且体现为"性相近也，习相远也""己欲立而立人，己欲达而达人"的以完善人格为目标、与群体和谐一致的个人发展教育观。儒家的这些教育理论奠定了中国成人教育发展的基础，这种传统一脉相传。到了 19 世纪末 20 世纪初，随着中国社会打破封闭的状况，开始面向世界，许多富有创见的成人教育家和教育思想不断涌现。突破传统学校教育的各种教育形式此起彼伏，学习形式的灵活性，学习内容的多样化，超过了此前的任何历史时期。可以这样说，"现代成人教育学"的产生和发展的一条线索就是围绕"受教育的平等性"而展开的，其中心思想包括"教育平等""倡导妇女教育""普及教育"和"终身教育"等。编撰此书的活水源泉便基于此。

（一）成人教育学的理论渊源

我国成人教育学的本土化探索始于民国初年。这个时期产生了大批的成人教育思想家，如梁启超、陶行知、雷沛鸿、俞庆棠、梁漱溟、高阳、晏阳初等。这些成人教育思想家在构建其成人教育学理论大厦时无不秉持"觉知"的理性。梁启超在他 1902 年所著的《新民说》中提及"新民"的重要性，认为教育的目的在于培养"新民"；"新民"有助于建立"新制度""新政府""新国家"。同时他主张，教育没有特权，不论身份高低、等级贵贱，所有民众都应该接受教育。1919 年 2 月 14、15 日，李大钊在北京《晨报》上发表了《劳动与教育的问题》一文，提出必须普及教育，提高国民文化水平，将教育与劳动相结合；他提倡劳动教育，并指出劳动者有受教育的权利是实现这一目标的必由之路。李大钊和蔡元培等人还提出了"工读教育"的思想："人人做工,人人读书,各尽所能,各取所需"。陶行知主张每个民众都应该"活到老""学到老",教育要贯穿人的一生,教育的目的在于培养全面发展的人。这闪烁着大众教育与终身教育的思想光辉。雷沛鸿是对中国成人教育问题做系统论述的第一人。他主张"教育为公",提倡大众教育,并构思出完整的民族教育体系,推动成人教育运动和普及国民基础教育运动的发展,对中国成人教育事业的顺利开展产生了深远的影响。作为革命先行者的孙中山认为："现在中国是民国,是要人人都有教育的。……让人人都能读书,才可说是普及教育制度;若是不然,便是贵族制度,便是资本制度。"①俞庆棠,是"民众教育的保姆"和民众教育的理论家与实践家。她在 1935 年出版的《民众教育》等著作中表达了她对民众教育的重视,提出了民众教育的观点。她认为教育应该以全体民众为对象,教育要接近民众的生活,教育的目的在于培养民众的健全人格,并提出了接近民众的生活的具体教育内容——生计教育、公民教育、公共体育和休闲教育。她是针对旧教育的弊端提出民众教育思想的,并将其教育思想付诸实践,影响深远。②梁漱溟在其 1933 年发表的《社会本位的教育系统草案》、1934 年发表的《社会教育与乡村建设之合流》等文章中提出了他的成人教育思想："教育宜放长及于成年乃至终身"③。这饱含着终身教育思想的光辉。高阳,是我国民众教育的推进者,提出了完备的乡村民众教育理论,并为成功创办中国第一所培养民众教育人才的高等学府——江苏省立教育学院做出了特殊贡献。我国"平民教育之父"晏阳初,是享有世界盛誉的平民教育

---

① 孙中山：《孙中山全集》第六卷,74~75 页,北京,中华书局,1985。

② 刘艳纬、田慧：《俞庆棠民众社会教育思想对当代成人教育的启示》,载《文教资料》,2012(24)。

③ 梁漱溟：《社会本位的教育系统草案》,载《乡村建设》,1933(5)。

家和乡村建设者。他主张在教育目的上除文盲、做新民，在教育内容上倡导文艺、生计、卫生、公民四大教育，旨在解决当时中国的"愚穷弱私"四大病。同时他还进行了大量的平民教育实践探索，如识字运动、定县实验、乡村建设实验等。1945 年，陶行知发表《实施民主教育的提纲》，他认为民主的教育应该达到各尽所能、各学所需、各教所知。民主的教育应该是"文化为公""教育为公"，不分民族、性别、老少、阶级，都应该保证教育机会均等和因材施教。他还提倡生活教育。这些先哲们在探索中国成人教育学之路时能够结合中国当时的实际情况，将成人教育学的根基牢牢地扎根在广大平民中，扎根在中国广阔的乡村和田野上，扎根在启发民智、启迪灵魂、开发"脑矿"的伟大事业中，赋予了中国成人教育伟大的使命，也赋予了中国成人教育伟大的灵魂。

民国时期(1912—1949 年)的教育学人在成人教育学方面进行了轰轰烈烈的本土化探索，对于中国成人教育学的本土化有重要的价值和意义。民国时期，中国战事频仍，国民基础教育等处于短暂的衰颓状态。然而此时却兴起了一股非常符合当时境况又独具中国特色的重要教育思潮，以民众教育、平民教育、社会教育等为主要表现形式。这些独具特色的成人教育理论与实践的探索大力推动了成人教育学科理论体系的发展和完善。

民国时期的教育学人在建构本土化的成人教育学时，自持解救"愚穷弱私"的价值诉求，立足于当时中国民主社会发展的需要，采用田野与思辨完美结合的方法论，积极探索适合本国国情民性的成人教育学科理论体系。民国时期中国成人教育学本土化探索的理论架构包括如下几个方面。

1. 解救"愚穷弱私"的价值诉求

20 世纪上半叶，面对不断变幻的政治风云，教育学人满怀教育救国的激情，体恤国家的危难，针对当时中国"愚穷弱私"的社会大背景，立足本土实情，与国家、民族、民众同甘苦共命运，自持强大的社会责任感和高尚的使命精神躬身成人教育实践。教育救国是他们躬身实践和进行理论探索的原始出发点和强大动力；振兴颓荡国势，挽救民族危亡，是他们提出自己的成人教育学理论的依据。当时所兴盛的成人教育学理论、学说和主张，正是成人教育学人针对当时中国的现实问题，为救国所开出的药方。他们所倡导的成人教育思想有着强烈的时代精神，在今天仍有重要价值。

教育回应平民的呼声。民国时期的教育学人已经具有了相当前瞻性的视野，在建构其成人教育学理论时大都以大众普及教育为立足点，强调平民性是成人教育学思想的主旋律。他们注重从广大人民群众的切身利益出发，强调教育应满足最广大人民群众最紧迫的需要，倡导教育社会化，强调发展教育是全社会的事业、全社会的责任。在当时的社会背景下，他们以教育的平民性为价值导向架构起了各具特色的成人教育学科理论体系。这时产生了许多里程碑式的教育家，如有着百年风骨有"中国最后一位儒家""中国脊梁"之称的民国成人教育学人梁漱溟。他承袭了中国思想史上的民本思想传统，提倡以民为本，认为乡村教育的最高和最终的目的在于改造和建设乡村；于民众个人方面要启发心灵、增进学识；于乡村方面要改良农业，推动乡村建设；于国家方面要加速普及教育，培养健全国民，实现民本政治。可见，民国时期的成人教育学以平民性为突出特征。

2. 适合国情民性的教育体系

民国时期成人教育学的本土化探索是指当时的一些思想先进、识时务的教育学人在充分了解中国国情的基础上，立足当时中国社会发展的需要，以乡村民众教育、国民教育等为主要表现形式，积极探索适合本国国情民性的新的教育体系，即今天所指的成人教育学科理论体系的本初源起。

(1)关注的教育对象

立足民众，教育为公。民国时期的教育学人在建构其成人教育学理论时大都承袭了中国传统文化中的民本教育思想，所倡导的教育对象以广泛的平民性和社会性为突出特征。同样身处当时动乱不堪的社会大背景，他们感同身受并对身处水深火热之中的劳苦大众的处境相当同情，认识到要解决当时中国所面临的大难题，必须先从解决最基本的乡村问题开始。乡村问题中最为首要的问题就是农民问题，而农民最需要的就是受教育和被关怀。因此，在建构教育理论体系时，他们普遍以具有中国本土化特征的大众平民教育为逻辑起点，宣扬教育权利的平等，提倡教育受众的广泛性。在实践中，他们始终面向社会，秉持为大众办教育和让大众共享教育的理念，极力推行大众教育事业，让受教育的权利辐射和惠及最广大的人民群众。

1931 年 2 月，民众教育的推进者高阳在《三年来江苏省民众教育设施的经过》一文中指出，民众教育应以全乡为学校，以全体村民为学生，普及全民。[①] 成人职业教育的先驱孟宪承所提倡的民众教育的对象有着这样的逻辑层次：全体人民—大多数人—失学或无力继续入学者—年长失学者。[②]"民众教育的保姆"俞庆棠认为民众教育不仅应该包括失学青年的补充教育，而且应以全体民众为对象。[③]可见，民国时期大多数教育学人所关注的教育对象为社会的广大民众。

(2)强调的教育内容

在民国时期成人教育学的本土化探索中，不同的教育学人通过

[①]　华玉：《高阳乡村民众教育思想的回顾与思考》，载《广西大学学报(哲学社会科学版)》，2011(2)。

[②]　张爱勤：《孟宪承民众教育思想与实践探微》，载《华东师范大学学报(教育科学版)》，2008(4)。

[③]　余佳珍：《浅论"民教之母"——俞庆棠的生活教育》，载《内蒙古师范大学学报(教育科学版)》，2009(2)。

对当时教育现状的考察和分析，从不同角度进行了理论探索，提出了很多有价值的探索方案，有乡村教育、民众教育、生活教育、生产教育、国民教育等。民国时期有代表性的几位教育学人所倡导的有关成人教育学方面的教育内容有：晏阳初——文艺教育（平民文字、艺术教育、农村戏剧），生计教育（生计训练、植物生产改进等），卫生教育，公民教育（培养民众的团结力、判断力）。孟宪承——民众教育，生计教育，娱乐教育（用艺术的手腕引导民众到娱乐世界中去），公民教育（号召民众关心国家命运、共同抵制外来压迫并树立自强自立意识）。① 杨贤江——公民资格（健康、勤学、克己、公正、尽责、和善、忠诚），公民权利（自由、平等），公民义务（纳税、服兵役、受教育、守法），公民素质（政治观念、团体意识）等。

可以看出，民国时期成人教育学的教育内容首先具有鲜明的时代性，符合当时社会动乱的时代特征；其次具有最广泛的群众性和生活性，力求满足当时最广大人民群众的切实需要，贴近最广大人民群众的生活，为群众所喜闻乐见；再次具有丰富多样性，与现在所倡导的营造五彩纷呈的成人生活世界不谋而合；最后具有强烈的民族性和爱国性，要实施这么丰富多彩的教育内容，其最终目的都是改造村民、改造乡村，唤醒沉睡中的中华民族，进而壮大我们的国家。

（3）著作所体现的结构

在民国那样一个国家动荡、战火纷飞的年代，经过一批爱国学人的积极探索，成人教育学的体系架构得到了很大的发展与完善，从最初的理论粗浅、散乱，重经验描述，到后来的理论更加系统、成熟、全面，逐渐发展起独具特色的本土化的成人教育学体系。以

---

① 张爱勤：《会通中西　融贯古今——孟宪承教育思想研究》，博士学位论文，华东师范大学，2009。

下三本在当时有影响力的成人教育学方面的著作可以粗略地呈现民国时期成人教育学科理论体系的逐渐成熟与完善。

1934 年 6 月，黎明书局出版了郭人全的《乡村民众教育》。全书所含的部分章节如下：乡村民众教育的意义与目的，民众教育与其他类似的教育（平民教育、社会教育、成人教育、扩充教育等），乡村民众教育和城市民众教育的区别，乡村民众教育的对象、范围、目标，乡村建设之重要与民众教育，民众教育之史的发展，各国民众教育概述，乡村民众教育的实施等。

1937 年 3 月，商务印书馆出版了马宗荣、黄雪章的《中国成人教育问题(上、下)》。全书主要论述了成人教育的意义、范围、需要、可能、目标、实施的方法、师资、经费八大问题。

1948 年 7 月，中华书局出版了李之鸪的《成人教育》。全书分为八章：前六章主要论述了成人教育的意义与任务、心理基础、社会基础、原则与方法、事业与体制、教材教法与师资等，后两章分别论述了中外各国的成人教育发展史略和概况。

观察和分析以上三本书的部分章节，我们可以看出民国时期成人教育学科理论体系，随着时间的推移和社会的发展，处于逐步的发展与完善中。比如，1934 年 6 月，黎明书局出版的郭人全的《乡村民众教育》较为全面地涉及了乡村民众教育的各个方面，但重事实的经验描述，理论的反思和探讨较少。1937 年 3 月，商务印书馆出版的马宗荣、黄雪章的《中国成人教育问题(上、下)》开始注意对成人教育学在发展过程中出现的一些问题进行剖析和反思。1948 年 7 月，中华书局出版的李之鸪的《成人教育》进一步上升到了理论的高度，开始探讨与成人教育学相关的理论基础。可见，民国时期成人教育学科理论体系处于不断的发展与完善之中。

3. 田野与思辨完美融合的方法论

民国时期的成人教育学之所以兴盛，首先是因为得益于一批学贯中西、涉猎多科、有着深厚文化底蕴的教育学人。其次是因为博学多闻的他们大都身兼教育部的要职，学术的争鸣得便于教育行政的助推。另外，他们的探索贴近生活，与广大人民群众的呼声相契合，为民众所喜闻乐见。最重要的是，教育学人们有着前瞻性的眼光，善于统筹全局，运用系统整体的观点来审视和调度一切。

(1)学贯中西，底蕴深厚

20世纪上半叶，中国现代化的进程逐渐起步。由于受到历史或社会发展等多方面因素的影响，国内出现了留学热，恰逢其时的成人教育学人纷纷留学海外，接受西学的熏陶。出国留学不仅开阔了他们的眼界，而且使他们借鉴和吸收了许多国外的先进思想。回国后，他们理性地通过中西合璧，构建起了适合当时中国成人教育实践发展的成人教育学。比如，雷沛鸿结合当时中国教育事业落后、民众素质较低的现状，先后赴欧洲考察英国、丹麦等国的高等教育，回国后，在借鉴国外成功经验的基础之上，从中国实情出发，用大众化的语言对成人教育进行了定义和其他方面的探索。梁漱溟是中国近现代著名的新儒家代表者，他结合儒家传统的伦理本位观，认为教育工作者的职责就是充分发挥教育的功用，开展乡村建设，建立"伦理本位，职业分途"的社会秩序。可以看出，民国时期的成人教育学人在建构成人教育学科理论体系时既借鉴了西方先进的成人教育学理论，又吸收了中国传统文化中的思想精髓，学贯中西，真正做到了中西贯通、融合创生。

此外，这一时期的教育学人不仅有着扎实的成人教育学科基础，而且他们中的大多数教育学人都受到过哲学、社会学等多学科的涵养。不同的学科背景不仅开拓了他们的知识视野，而且锻炼了他们非同一般的理论思维能力。因此，在建构成人教育学理论时，他们多以多学科背景为基础，以多学科思维来审视和反思现有的成人教育学科理论体系，并善于吸收和借鉴其他学科的营养来滋养自身。

（2）教育行政为学术自由"开绿灯"

民国时期的成人教育学人大都担任高校行政职务，甚至是教育部的职务，他们善于与政府合作，并得到了政府相应的支持和帮助。比如，雷沛鸿利用担任教育厅厅长的机会，在考察了当地落后的教育实情之后，大力推行具有当地特色的国民基础教育；梁漱溟在推行乡村建设运动中，其主要经费来源于政府的资助等。总之，因为他们都是当时知名的成人教育学大家，又身兼社会要职，所以在对待学术问题时在一定程度上有着较为宽松的环境，制定有关教育政策时也更有科学理论依据。他们在学术和理论上的无私奉献为祖国及各地区的学术发展起到了很好的带头作用。

（3）一切从实际出发，采用民众喜闻乐见的方式

实践是理论的源泉，理论是实践的方向，实践与理论互补。民国时期的教育学人在进行理论或实践的探索时都能始终以一种审慎理性的态度、批判的眼光对待国外的制度文化和中国的历史文化遗产，坚持社会立场，以是否适应中国社会为评判的首要标准。在成人教育学本土化探索中，教育学人们始终注重从实际出发，因时、因地、因人灵活施教，注意先试点后推行，在推行时注意采用民众喜闻乐见的方式。比如，俞庆棠推行的民众教育实验区就是在这一思想的指导下，按照调查、研究、实验、推行等一系列步骤而进行的，在编写民众教育的教材时做到了就地取材、就生活取材，对研究编制出的教材教法一面试用，一面修改，一面推行，在推行中实验，在实验中推行，同时在推行中注意以民众乐于、易于接受的方式向他们进行讲授。总之，民国时期的教育学人不仅善于用价值取向导引其理论研究的方向，而且都善于从实践出发来反映和描述教育事实，达到了成人教育学理论与实践的完美对接。

（4）统筹全局，注重系统整体

在推行民众教育时，民国时期的教育学人有着前瞻性的眼光，

善于统筹全局，能够运用系统整体的观点来审视和调度一切。学人高阳在践行自己的民众教育理想时就认识到了农村建设是一个整体的问题，须联络进行，各尽所能，方可有成。在关于公民教育的研究视域中，杨贤江同样认识到了团体力量的重要性，指出团体意识是公民教育不可或缺的重要内容。他指出，我们必须承认团体生活是人类生活的要素和事业发达的来源；倘若我们忽视团体生活就会使人类生活变得不健全、不进步。晏阳初的十大教育信条强调的不是零零碎碎，而是整个体系；不是枝枝节节，而是通盘筹划。从中足以看出，他们对系统整体这一方法论的运用。

4. 民国时期成人教育学本土化探索的经验

民国时期的教育学人有着大气的风度、高雅的气质、博大的胸襟和广闻的学识。在他们的强力助推下，民国时期的成人教育学被赋予了一种很大的视野和格局，因此，这一时期可被称为当代成人教育学的灵魂源起之时。他们的思想光辉照耀着当时中国的成人教育学实践和理论体系的建构，并将照耀着当代的成人教育学走出阴霾，导引其实现自我的完美救赎。

（1）回归价值取向，坚定使人"成人"

在教育学发展的悠悠历史长河中，成人教育学作为其中重要的一部分，代表着教育开始真正地回归以人为主体的生活，回归对人的生命的关怀和生命尊严的关注，而不是背离人性，使人异化，走向人的反面。在这样的一个出发点之下，我们将能够更深刻地认识到成人教育学的真正价值。

首先，我们应该把成人教育学作为一门独立的学科去建设，重视其学科价值的真正阐发。我们要站在本学科的立场上去进行成人教育学科建设，在加强成人教育学与各学科之间的对话、沟通的同时，寻求并确立专业自主意识，凸显成人教育学科特色，彰显成人教育学特有的存在价值和"主人翁"意识。

其次，我们应激发当代教育学人的使命精神，培养有担当、有责任感的学术大家。民国时期的成人教育学大家，以教育救国为出发点，以强烈的爱国情感为精神支撑，在进行成人教育学的实践探索和理论建构的过程中秉持与坚守教育救国之使命。我国当代成人教育学的理论建构同样需要一批又一批出类拔萃且具有强烈使命感的成人教育学大家，他们需要承担起发展和完善成人教育学科理论体系的重任，并把成人教育学科理论体系的建构真正内化于心并作为其生命的内在构成，致力于通过发展和完善成人教育学去实现自己的生命价值。

最后，丰富又充满活力的成人生活世界是一切成人教育学理论发展的土壤，是一切成人教育实践活动，包括成人教育学研究活动的地平线。正如民国时期的成人教育学人们在建构成人教育学理论时多凸显对平民的关怀和关注，当前我国成人教育学理论的建构同样应以凸显人本关怀为价值导向，回归丰富的成人生活世界，重视对成人生活世界的关注，体现对成人的人文关怀，凸显成人教育学真正的理论本质，坚定使人成人的价值理念。

（2）建立自主原创的体系

首先，参照多学科的背景，开拓多元的视野。随着改革开放的不断推进深入，为积极响应时代和社会的号召，当前我国成人教育学的理论建构不能闭门造车，必须要有开阔的视野，在一种大的格局和视野下，多加涉猎其他学科并关注其他学科先进的理论研究成果；注重吸纳人类社会的各种知识精华，审视和反思自身的不足，以多学科的视角促进成人教育学的发展，使成人教育学显示出自身的活力，创造以成人教育学为基点的多学科、多元融合互补的局面。同时，借鉴不等于失去自我，在借鉴的基础上，我们要能看到并结合成人教育学自身所具有的独特性，构建起独立的成人教育学科理论体系。

其次，回溯民国教育传统，实现中西贯通。作为教育学的一个重要的分支学科，成人教育学最初在中国的发展也是从引进开始的，中国早期成人教育学科理论体系的建构曾不可避免地受到过西方成人教育学科理论体系的强烈冲击。随着时代和社会的不断发展，教育学人逐渐认识到当代中国成人教育学科理论体系的建构首先应立足中国成人教育实践，致力于为中国成人教育实践服务。作为新一代的我们，同样应不忘历史，不倦追寻中国成人教育学人的成人教育学术道路，思考他们的成人教育学的人生轨迹。在此基础上，我们要重视回溯他们所积淀并创立的优秀的成人教育学传统，挖掘渗透于成人教育实践和理论中的思想珍宝，吸收渗透其中的精华，通过对传统成人教育学的现代诠释，进一步发展和完善当代成人教育学科理论体系。此外，我们要具备对优秀文化信息的融合转化能力，在注重借鉴、吸收西方成人教育实践的成功模式的基础上，善于把中国传统文化中的精华融合进去，和西方先进文化实现某种程度上的汇通、融合，从而在中西文化融合的基础上试图建设独具中国特色的、中西贯通的成人教育学科理论体系。

最后，要从"借鉴""移植"走向自主原创的体系发展。建设具有中国特色的成人教育学科理论体系，需要我们亟待开展成人教育学的原创性研究，这是成人教育学科发展和兴盛的必经之路。原创性研究意味着研究的问题和素材需要以原发性、原始性、独特性和创新性等为主要特征。因此，当代成人教育学人要把探索和建设中国成人教育学作为追求和理想，扎根中国成人教育实践，在传承中华五千年的优秀教育传统的基础上，积极开展成人教育学科理论体系的原创性研究，从"借鉴""移植"真正走向成人教育学科自主原创的体系发展，致力于建设具有中国特色、中国风格、中国气派的成人教育学。

（3）坚定躬耕实践，回溯传统的方法论

理论的建构不应是单纯的形而上的反思与思辨，成人教育学科理论体系的建构应关注实践，特别是中国的本土实践。中国成人教育学作为西方成人教育学的"舶来品"，为了谋求其在本土实现更好、更进一步的发展，其理论体系的建构必须立足于中国的本土实践，关照本土实践，实现舶来理论与本土实践的无缝对接、融合创生。同时，唯物史观表明，社会的基本矛盾决定成人教育学发展的社会属性。因此，当前成人教育学科理论体系的建构要想凸显时代性，必须紧紧围绕当前社会变革和发展的方向与主题而确定展开，并随着社会变革和发展的方向与主题的变化而变化。最重要的是，要以促进转型期社会民众学习需求的满足为导向和立足点，以成人为本，走进成人的生活世界，开展转型期民情、民生、民意的调查，特别关注对成人学习需求的调查分析，构建独具中国特色的、凸显本土人本关怀的成人教育学，有力地促进本土成人教育学科理论体系的建构。

教育流是文化流的重要组成部分，文化流是教育流的活水源。中国成人教育学科理论体系的建构必须根植于优秀的中华文化土壤之中，不能隔断历史，要善于从民国时期开拓性的成人教育实践和珍贵的成人教育思想宝库中汲取营养，以涵养当代的成人教育学科理论体系，同时必须批判性地继承历史悠久的中华文化，悉心吸纳中华传统文化的精华，从而大力推动当代成人教育学科理论体系的建构。

（二）成人教育学的实践渊源

新文化运动中，教育变革受到了进步主义教育思潮的冲击。中国教育从移植、模仿别国教育中发现了传统文化的落后，发现了教育内容的狭隘、教育类别和教育层次范围的局限，由此产生了与世界现代教育模式相呼应的各级各类教育。平民教育、扫盲、函授、自修、工农教育应运而生，尤其是共产党领导下的革命根据地教育为新中国的工农教育、干部教育的创立奠定了坚实的基础。

苏区干部教育的宗旨在于确立与执行正确的政治路线，保障党的方针政策的正确实施。工农教育是要建立坚强的工农武装，提高其文化水平，进而提高其革命的自觉性。红军官兵教育是要提高全军将士的指挥能力和战斗能力，为提高全军的作战能力服务。各种文化补习学校、识字学校、农业学校等开展的形式多样的成人教育活动应运而生。中国共产党深入而持久地开展了红军官兵教育、苏区干部教育，苏维埃大学、马克思共产主义学校、中央列宁师范学校的教育活动同样如火如荼地开展着。

为了建立革命根据地，中国抗日军政大学、中共中央党校、延安大学、陕北公学等一大批成人学校应运而生；扫盲教育、民校教育、社会教育、夏种冬学亦是此起彼伏；官教兵、兵教兵、兵教官、军政训练、识字学习、文化学习更是蔚为壮观，富有革命的活力与浪漫主义风采。成人教育从来就没有离开过壮大抗日力量，没有离开过赢得战争胜利这一伟大宗旨。

中国共产党进一步明确了加强干部教育、坚持民众教育的思想，并且主张将教育视角逐渐扩展到各类人才的培养上。完全符合现代意义的成人学校，如东北军政大学、白求恩医科大学、江汉公学等如雨后春笋般地相继建立；解放区的民众教育和遍布全国各地的民校教育、工人夜校教育、人民文化馆教育更是风起云涌，一浪高过一浪。干部教育、军队教育和民众教育，又无不是为了实现中国人民的解放事业、建立人民民主政权这一伟大目标而服务。

这期间的"宪法"像一道划过古老国度的春雷。1931年11月，《中华苏维埃共和国宪法大纲》明确提出：一切工农劳苦群众以及子弟，有享受国家免费教育之权；中华苏维埃政权以保证工农劳苦群众有受教育的权利为目的，在进行国内革命战争时所能做到的范围内，应开始施行完全免费的普及教育。这道春雷昭示着人民政府所领导的工农将以主人公的激情汇入学习社会的巨大潮流……中国共产党领导的新民主主义革命和社会主义革命赋予了成人教育全新的内涵。

（三）成人教育学的教育进化渊源

成人教育源于"教育"，它是从"教育"这个母体诞生出来的。对于"教育"这个母体来说，它本身就有成人教育的胚胎。这也许就是古代就有成人教育的原因。教育本身在发展中具有一种在一定社会需求下产生新质、分化新质的力量，这种力量来源于事物自身的力量，是内因本身。这种进化的内涵为：在原有存在形态的基础上裂变出新的具有更强的功能和更具有生存力量的存在物，以适应社会发展的需要。而那些旧的、不适应的、不更新的教育形式将在教育的自我更新发展中走向消亡，如我国古代的科举制度。

教育属于文化范畴。它既然属于文化范畴，那么它就和文化一样具有自身的能动性，有自身发展的规律性。它有一种自我更新、自我成长、自我壮大的力量，在系统中也有一种产生新质的力量。这种力量与其说来自社会因素，不如说来自教育本身。成人教育是教育本身自我更新、自我发展的产物，离开了自身成长的力量，外部的阳光水分都是没有意义的。

第一，自我更新，即旧的元素不断消失，新的元素不断出现。教育本身在发展中一旦出现了不适应，就会自觉更新，因为更新是发展的需要。比如，基础教育、高等教育产生以后，又出现了成人教育、社区教育、职业教育等。教育就像一个具有生命的存在物一样，可以不断产生新的分支，以保证自己的生命机体永远具有生机和活力。17—18 世纪，西方社会迅速转型，各种教育思想派别此起彼伏，传统的教育制度面临巨大的挑战。欧洲的绅士教育思潮、科学教育思潮、空想社会主义教育思潮、功利主义教育思潮和自然主义教育思潮等相互冲击，使成人教育在这样的土壤中孕育成熟。

第二，自我分化，即复制壮大，从量上急剧增多。成人教育的发展是教育分化的过程和结果。诸如英国 1735 年建立的促进科学和工艺发展的奖励学习协会、1755 年建立的工艺促进协会、1768 年建立的月光协会、1799 年建立的皇家协会等，都具有文化情报交流活动的组织性质。比如，美国从开始的"讲读会"到众多的"讲习会"，再到"全美讲习会"这样的联合组织的出现，形成了规模巨大的讲习会运动。

第三，自我重新建构，即在原有元素的结构产生的基础上，通过结构上的调整，重新排列，产生新的存在物。我们回顾成人教育的历史可以发现，成人教育由民间自发组织到国家投资、立法，发展到终身教育时期，成人教育的理念不断提升，组织形式更加多样化，意义和作用不断地超越阶级、政治的局限，不断走向全社会，走向生活的各方面，走向每一个社会成员的人生全过程。

传统的成人教育是随着人类文明的发展而产生、发展的。应该说，无论中国还是世界其他国家，最早的教育都是成人教育。例如，西方的苏格拉底和中国春秋时代的孔子办的学校都属于成人教育的模式，特别是成人教育的函授教学，在中国和世界其他国家中是有特殊地位的。在古代交通不便和印刷困难的情况下，用书信进行请教和传授知识本身就是成人教育的重要手段。古时候人们如此做了，只不过没有给它起成人教育、函授教育之类的名称罢了。同时，由于生产力和社会发展等许多历史因素的局限，在古代，成人教育尚不能形成大的规模。但是它作为一种教育元素，作为一种胚胎，是由来已久的。只不过现代的文化运动给了它进一步规模化、逐步规范化和系统化的契机。

从教育的发展来看，教育成长的内在力量，使教育的内涵不断丰富，形式不断多样，功能不断优化，受众群体不断扩大，与其他行业的联系不断扩展；使教育不断延伸到人的生命的整个历程，其作用和影响不断增强。我们从这样一个发展历程中可以发现，教育的人本属性在不断增加，教育关怀的成分在不断增多，教育对于经济的依附关系在不断减少，教育的自主性在不断增强，教育作为一种文化的影响越来越深远。这些都是教育进化的结果，也是成人教育产生的内在动力。

(四)成人教育学的自主发展渊源

从 20 世纪 50 年代的平民教育，到 80 年代的职工教育和 90 年代的社区教育、远程教育、老年教育，成人教育的形式越来越多样，内容越来越丰富。直到 20 世纪 90 年代末提出构建终身教育体系、建立学习型社会，成人教育学科建设逐渐与整个世界的学习型社会理念接轨，成人教育学科越来越发展壮大。现代成人教育发展到今天，已经成为终身教育的重要组成部分，成为建立学习型社会的重要手段。这使成人教育学的历史研究显得越来越重要，在现在和今后的发展中显示出重要的价值和意义。厘清成人教育学每个阶段发展的基本原理，勾勒出成人教育学发展的历史轨迹，探讨成人教育学发展的基本规律和特点，有重要的理论意义，也有重要的实践意义，更有未来发展的意义。本土化的成人教育学理论应为实践服务，应扎根本民族文化的土壤，放眼世界的成人教育背景，构建中国的话语体系，解决中国成人教育的实际问题；构建中国成人教育学派，形成中国特色的成人教育理论；剖析中国成人教育学本土化的实质所在，发掘中国成人教育学本土化问题的根源之基，促进中国成人教育学本土化的健康发展，构建中国特色的成人教育学。

二、本书的研究思想

从亚历山大·凯普在 1833 年首度提出"成人教育学"术语至今[①]，人们对成人世界中的教育现象及内在规律的关注和探索已经走过了

---

① 　高志敏：《成人教育：再解读与再认知》，载《河北师范大学学报（教育科学版）》，2008(11)。

近 200 多年的历程。随着世界范围内成人教育实践的发展，成人教育学已然从一个概念发展为一套相对完整的理论体系，从仅仅被视为一种方法演变为一门"形成中的学科"。与终身教育、终身学习休戚相关的应然存在价值决定了成人教育学作为教育学内部分化而来的一门分支学科，在教育大家族甚至整个学术界作为一个研究领域的地位已日趋巩固。同时，成人教育学以其独特的研究意义，以一种"背离"传统教育的姿态，为我们打破传统学校教育的樊篱，从更加广阔的理论视野来审视完整的教育现象提供了一个内在的生长点。然而，这亦是一段充满艰辛与跌宕的探索史。成人教育的实践旅途，虽说已见制度化、法制化之端倪，但它所能获得的无论精神上的还是物质上的生存与发展资源却极为有限，以致一波三折，步履维艰。20 世纪 60 年代以来，学术界关于成人教育学作为一门学科的实在性与合理性的争论，一直不绝于耳。成人教育学作为一门学科的"自我存在"受到来自"多余论""兼并论""替代论""萎缩论"和"弱化论"等的挑战。在学科的视野下，我们结合学科的含义和历史去理解、认识成人教育学，或许更能理解本书的研究思想。

（一）基于内在制度的研究思想

基于一种内在制度的理解，作为一门学科的成人教育学，必须具有健全、规范的理论体系，必须拥有一个颇具专业个性乃至充满无可替代意义的话语体系与学术身份。反观实际，尽管自诺尔斯倡导"成人教育学"概念并给出其理论假设不久，国际范围内掀起了一股试图以其科学的名义，建构起一个专门的学科，并使之跨入专业化门槛的热潮；尽管学者们一直在为实现这一夙愿笔耕不辍，致力于成人教育学科理论体系的建设，并努力获取在成人教育世界里的认知排他性（特别是与儿童教育学的二元对立），从而巩固和确立成人教育学合法的知识身份与学术地位；但迄今为止，我们还不得不面对这样的现实：成人教育的理论建构，虽然已逐渐有理性认识的积累，但与儿童教育的理论功底相比，与能够进一步促进其自身发展的理论需要相比，尚且显得零乱与浅薄，以致除了时遭曲解之外，更使其实践活动尤感缺乏来自理论养分的滋养和支撑。① 但是，客观地讲，成人教育学基本完整地实现了上述意义基础上的"学科"概念，构建了一门具有自身话语体系及独立学术身份的成人教育学科。

在学科的视野下，基于学科的内在含义去认识成人教育学，通过具体的学科标准去审视成人教育学，我们不难得出以下结论：从学科社会建制的意义上看，成人教育学的各方面已无太大问题；从学科内在制度的意义上看，成人教育学在建立一个颇具专业个性乃至充满无可替代意义的话语体系与学术身份的征途中，还处于完善和深化中。但是，当代成人教育学在短短百余年间所取得的辉煌成果是有目共睹的，其独特的研究意义以及与终身教育和终身学习休戚相关的应然存在价值更是赋予了它自身强大的生命力和灿烂的前景。因此，我们可以说成人教育学已处在学科制度化的进程当中，可以称为一门"形成中的学科"。

(二)基于外在建制的研究思想

基于一种外在建制的认识，作为一门学科的成人教育学，必须建立起一套完整规范的学科建制系统。我国成人教育学科建制发展至今，已形成由研究机构体系、专业学位授予点、研究者群体、研究协会、规划课题、文献载体等构成的学科建制系统。这一系统不仅在结构上相对完整，而且每一子系统内部的成分也比较丰富。比如，研究机构体系就是由官方、高校和社会团体三支力量合力组建而成的。研究机构的多元化避免了单一化造成的研究视野狭窄、研

---

① 王一凡：《成人教育学的历史研究——基于静态与动态视角的考察》，硕士学位论文，华东师范大学，2008。

究课题有限等的弊端，大大提升了科研实力，丰富了研究视角；文献载体方面是多样的，包括专业刊物与论文、图书出版物、网络载体等；我国已有 30 余所高校建立成人教育学硕士学位授予点，也有几所高校建立了博士学位授予点。诚然，我国成人教育学科建制系统的完备性与发达国家相比还有一定的差距，但不可否认的是，它的确为学科知识的生产和整个学科的形成提供了坚强的制度保障、人力支持和物质载体，其自身也同时构成了成人教育学科建设的重要组成部分。因此，从外在建制的意义上看，成人教育学还是达到了一门学科的基本标准的。

（三）基于历史发展的研究思想

在当今学科林立的时代，成人教育学在学科家族中取得一席之地并不难，其问题是要获得学科的地位和尊严，拥有相应的学术权力与话语权，而不能只是徒有虚名，被外界看作"次等学科"。那么，成人教育学在历史的演进和发展中如何克服自身的不足，不断提升学科的地位，获得学科的尊严呢？这个过程中它又是如何蜕变的？它是如何艰难成长的？它是如何从自在、自主走向自为的？学科的扩容如何实现？

学科地位的低下和尊严的缺失，往往是学科"自我意识"模糊、专业个性丧失和不能发出自己声音的结果，成人教育学之所以被看作"次等学科"的根本缘由就在于此。成人教育学虽然存在形式上的认知理论体系，但并没有形成独特的学科范式；虽然表现出宽广的理论框架，但是学科边界过于模糊；虽然带有"教育思维"倾向，但是缺乏"成人风格"。学科范式的松散、学科边界的模糊和对自身生命力的曲解导致成人教育研究领域缺乏一种内在的"话语产生体系"，从而丧失了学科的地位和尊严。因此，在追寻自我、超越自我的进程中，成人教育学应该至少要在建构学科范式、明晰学科边界、把握自身生命力等几方面做出探索。在学科的历史行进过程中，我们深深感到这些关于学科地位的规定性越来越明晰，也越来越显示出理论价值。这些问题逐渐得以破解，学科之树也就越来越高耸伟岸。

（四）基于理论思辨的研究思想

我国的成人教育发展了 70 年，取得了巨大的成就。特别是改革开放以来，一方面受到国际成人教育蓬勃发展的影响，另一方面国内成人学习需求的高涨，我国的成人教育加快了发展步伐。成人教育学作为一门独立的学科，它的地位也日益受到关注，甚至成为教育领域的研究热点。能够成为研究热点，说明它存在争议，人们还尚未达到共识。怎样才能使人们在成人教育学的基本问题上达成共识，使人们对成人教育学科有一个明确的认识？学科自身的建设是至关重要的。所以，我们要在研究思想中体现思辨和追问。

1. 在个性与共性认识之间，回答什么是成人教育

什么是成人教育？这一简单的基本概念是成人教育学作为一门独立的学科首先要明确的问题。无论从成人教育学的理论研究来看，还是从成人教育学的实践来看，成人教育学都属于教育的一个分支，属于教育科学学科体系的一个下位学科。它具有其他诸如高等教育、职业教育、学前教育等所具有的共性特征。更重要的是我们要认识到它所具有的独特个性，法国社会学家迪尔凯姆指出："一门科学只有在真正建立起自己的个性并真正独立于其他学科时，才能成为一门真正的科学"[1]。可以说个性是一门学科得以存在的根据，如果一门学科只有共性而没有个性便失去了存在的意义。

我们在给成人教育学这样一个学科定位——教育科学学科体系的一个下位学科时要注意，成人教育学对教育科学并非绝对地依附，而是在形成合理的成人教育学科体系的过程中，应当考虑到其上位

---

① ［法］埃米尔·迪尔凯姆：《社会学方法的规则》，胡伟译，120 页，北京，华夏出版社，1999。

学科教育科学的基本特征，并借鉴其学科体系的有益成分。更为重要的是在构建成人教育学科体系中突出成人教育的特殊性。相对于普通教育及其他形式的教育而言，成人教育最为根本的特征是它的"成人性"，这是一个看似十分简单但却最为根本的特征。因为从最为基本的层面上说，成人教育是从成人出发、为了成人的教育。这就在某种程度上决定了成人教育的根本特征是成人性，其他所有的特征都是由此出发而表现出来的，这正是成人教育区别于普通教育的"个性"所在。成人教育无论从教学还是管理等，都不仅要遵循教育规律，而且要遵循成人的发展特点。因而，我们认识到成人教育所具有的独特的不可替代性，会对成人教育学科存在的必要性有明确的回答——成人教育是按照一定的目的、要求，对达到一定生理年龄、具有劳动能力并已直接负有社会义务的成人，所进行的有计划的教育活动。它是与青少年全日制学校教育相对称的一种独立的"社会化""融通性"的教育体系。

从成人教育学史的演进来看，成人教育是什么，在不同的阶段有不同的答案。在起步探索阶段，它就是社会教育；在积极恢复阶段和稳步发展阶段，它就是成人学历教育和成人专业资格培训；在快速发展阶段和规范发展阶段，它就是社区教育、老年教育；在完善成熟阶段，它就是学习型组织和学习型社会的建设，就是学习服务支持系统的建设。成人教育学的研究重心在发生变化，其学科定位也在发生变化。

2. 在引进与原创之间，回答什么是中国成人教育

如果将 1780 年在英国创立的"星期日学校"看作世界上最早的成人教育活动①，那么我国有组织的成人教育活动起步较晚。但是在我国的成人教育实践中，无论解放初期的扫盲、20 世纪 80 年代的在

---

① 李国斌、屈兵：《终身教育及几个相关概念探幽》，载《湖北大学成人教育学院学报》，2010(3)。

职干部培训还是 20 世纪 90 年代作为普通高校的有益补充，都发挥了重要的作用，也逐渐形成了我国的特色。特别是在改革开放以来，我国的成人教育事业得到了长足的发展，实现了"基本扫除青壮年文盲"的目标。农村初步形成了县、乡、村三级农村成人教育培训网络。岗位培训和继续教育成为成人教育的重点，逐步走向规范化、制度化。成人高、中等教育为国家培养了大批的专业人才。成人教育形式出现多样化，远程教育、自学考试、社会力量办学发展迅速。在发展成人教育的问题上，我们必须要坚持国际研究与本土研究相结合，确定什么是中国成人教育。现代成人教育起源于西方。在两百余年的发展历程中，西方国家不仅开拓了成功的成人教育实践，而且产生了丰富的成人教育思想，创立了比较系统的成人教育理论，搭建了成人教育学科体系框架。它们的理念、思想、学说直接启迪、促进了我国现代成人教育的跨越式发展，我国的成人教育学科研究自然应该继续做好对国外研究成果的吸纳、借鉴。但这不是意味着就要全盘借鉴，而是要针对我们的实际，一方面注意发展我们"原创"成人教育的优秀成果，另一方面要发挥理论的指导作用，及时调整成人教育的发展战略。

我国的成人教育发展 70 年来，对于提高劳动者素质、促进经济社会发展发挥了积极的作用。尽管如此，我们不能回避成人教育发展过程中的问题与困难。诸如，成人教育受观念的影响和经济发展水平的制约，它的地位和作用还没有引起全社会的足够重视，它与其他各类教育之间的相互依存、相互沟通、协调发展的关系远未得到有效的实施；成人教育的发展实践，缺乏与经济建设和社会发展的有效结合，成人教育的发展规模、速度、结构及人才培养的规格要求，尚不能与社会经济结构和社会生产力发展水平相适应，特别是成人教育与区域经济和地方发展缺乏紧密的结合，建立主动适应市场经济和社会发展的办学机制有待进一步探索；成人教育缺乏有效的领导管理体制和运行机制，甚至一些地方已经或正在面临着撤销机构和人员的窘境。对于我们这样一个发展中的大国来说，正如潘懋元、陈兴德对高等教育学科发展的论述："走依附发展的道路是不可能真正获得学术与文化独立的。因此，我国的学术文化发展必须另寻途径。唯一可行的做法，便是'先借鉴、继超越'的策略。从落后而追赶，从追赶到超越，自有其必经的过程"①。这个过程应该是从检讨到借鉴，从借鉴到取人之长，进而认定方向，凝聚力量，开辟捷径，直达目标。② 成人教育学科更应如此。在弯道超车后，如何站稳学科的脚踵，并形成中国特色的成人教育学，是中国成人教育学人面临的重要使命。

3. 在联系发展与深入发展之间，回答什么是成人教育学

早期国外的大多数成人教育研究者都是教育学以外的其他社会学科的大学教授，他们把自己所处学科的思想带入成人教育研究领域，倡导和鼓励将其他学科的知识引入成人教育并整合，促进了成人教育研究的发展。比如，心理学的知识和方法，为成人教育的研究奠定了科学的基础；社会学的理论在很大程度上能帮助我们理解成人教育与社会秩序、社会稳定性和社会变化、知识分配、社会人际关系网等的关系。显然，成人教育需要进行跨学科、综合学科或科际整合性的研究。现代科学呈现出高度分化向高度综合的趋势，成人教育研究在这一大趋势中，也有必要适势而行。成人教育研究关注的许多问题，特别是问题集群，需要进行跨学科、综合学科或科际整合性的研究。学习型社会的构建、多元文化与成人教育、城乡成人教育差距问题、成人教育区域发展不平衡问题、社区成人教育与生活质量等，都属于综合性的问题集群，应该进行跨学科、综

---

① 潘懋元、陈兴德：《依附、借鉴、创新？——中国高等教育学科建设之路》，载《北京大学教育评论》，2005(1)。

② 杜祖贻：《借鉴超越：香港学术发展的正途》，载《比较教育研究》，2000(5)。

合学科的研究。此外，在借鉴其他学科的同时，我们要将成人教育学研究引向深入，如成人教育心理学、成人教育社会学、成人教育管理学、成人教育行政学、成人教育伦理学、成人教育政策学、成人教育统计学、成人教育文化学、成人教育史学、成人教育人类学、成人教育哲学等。成人教育学与相关学科的交叉、互渗，不仅产生了新兴的交叉学科、边缘学科，而且能为成人教育研究提供新的研究题材、学术规范、研究方法与技术，有助于以成人教育学为主干的成人教育学科群的形成并走向成熟。

4. 在重理论与重实践之间，回答什么是成人教育研究

成人教育学科建立以来，成人教育研究一方面是以建立学科、构建学科体系为重点的理论研究；另一方面是以成人教育实际中的问题为重点的应用研究。成人教育研究应该把重心放在基础性研究上，构筑成人教育知识的理论基础，还应该把重心放在实用性研究上，创造可以解决实际问题的知识，这两种研究长期以来一直是国外成人教育研究关注的问题。我们认为在成人教育学科建设的不同时期，两种研究的投入应当有所侧重。特别是考虑到我国成人教育发展的现状，我们应当是在研究、引进国外的成熟理论、先进经验的基础上注重实践研究，要特别重视"以问题为中心"的成人教育学知识的产生方式，直面我国教育现实中亟待解决的问题，实现跨学科的研究，具体解决成人教育学科的独立性问题，切实解决成人教育快速发展中所面临的现实问题。我们始终相信，实践出真知。我国成人教育理论界也明确地意识到，如果不去接触成人教育实践，就会使理论脱离实际，成人教育学科建设最终也难以走向成熟。近年来，对自学考试制度、成人素质教育、成人院校发展、民办成人教育等一系列重大实际问题的探讨取得了公认的成果。当然由于成人教育的发展和学科建设的需要，理论研究与应用研究客观上更多地表现出交叉和融合的趋势，体现出学科建设的规律性。在成人教

育学科建设中，我们应该注意两个方面。在理论研究方面，我们必须在成人教育的若干基本概念、基本理论上不断深入，并进一步探讨学科的"成人教学""成人学习""成人生活""成人成长与发展"等逻辑起点问题，同时注重研究的科学性与可行性。在应用研究方面，我们必须时刻关注成人教育改革与发展的现实，运用新创建的成人教育理论探讨和解决现实问题，充实和发展成人教育理论，使应用研究更有力地促进学科建设。从学科建设的角度上看，成人教育研究要为现实服务，才会有生命力，才会得到社会的响应与支持，才能为成人教育学科建设营造更加有利的社会环境。

三、本书的研究内容

在研究内容上，我们在梳理成人教育学科基本概况的基础上，取其有里程碑意义的思想制度、学科体系的探索和理论成果的综述，尽可能进行系统、全面、客观的说明、叙述、评价和分析，并站在成人教育学科发展的全局上对其进行反思。研究内容有主线，有联系，有呈现，有分析。

（一）思想制度的历史呈现

中国在几十年内要经历发达国家几百年走过的路程，其社会结构的复杂性是可想而知的：从经济特点来说，具有农业经济、工业经济、后工业经济的特点；从社会性质来说，具有计划经济和市场经济的特征。成人教育是由传统学校教育向终身教育发展的一种新型的重要教育制度。我国的成人教育与基础教育、职业技术教育、普通高等教育一样，在提高社会成员的政治素质与业务素质，推动知识创新，由传统工业经济向知识经济转化，推进社会文明与社会主义现代化事业上起着越来越重要的作用。从新中国成立初期的工农教育、干部教育、业余教育，逐步扩展到岗位培训、继续教育、成人中高等学历教育，并向终身教育转化，形成了人才培养的一整套成人教育制度。①

　　成人教育是教育的一个新理念，它以学习服务为前提，是人类针对自我的一场革命，从教育本位转向学习本位，具有自我服务与自我成长的特点，使人类通过学习获得自由解放。中国由于国情特点，政府更多地是以政策的形式、组织的形式开展学习活动，提供多种多样的教育服务，使学习者拥有更多的为了更好地生存、发展而学习的条件。这些思想制度具有中国特色，也是成人教育学科精神产生的重要来源。

　　(二)成人教育学的历史呈现

　　范式的概念和理论由美国科学哲学家托马斯·库恩首创。具体而言，范式是指在特定的时期内，根据科学共同体的理论体系和心理特征所制定的一整套原则、理论、定律、准则、方法等；它是一个包括科学、哲学、社会、心理等多重因素在内的综合体，是科学共同体所共有的全部规定，是一门科学真正成为科学的基本标志。②作为制度化的科学研究领域，学科的构建与完善更要以自己独特的学科范式为基础，也就是说需要形成一种本学科的知识传统与思想共识，建立自身的研究伦理、研究纲领和方法论体系。

　　学科是某一研究领域制度化的结果。在此意义上，学科的形成意味着它成功地界定了自身的"研究边界"，并规定了本学科研究的学术规范，即所谓"学科构成了话语生产的一个控制体系，它通过同一性的作用来设置其边界，而在这种同一性中，规则被永久地恢复了活动"③。

---

　　①　国家高级教育行政学院：《新中国教育行政管理五十年》，141～149 页，北京，人民教育出版社，1999。
　　②　柳士彬：《我国成人教育学科发展的形上之思》，载《成人教育》，2005(3)。
　　③　[美]华勒斯坦等：《开放社会科学：重建社会科学报告书》，刘锋译，35 页，北京，生活·读书·新知三联书店，1997。

作为教育家族中的后辈，成人教育学"理所当然"地遗传了普通教育学的基因，无论学科内涵的确定、方法论的采用，还是学科理论体系的构建，都明显带有普通教育学的风格。这种遗传使成人教育学所固有的"成人风格"长期地被"普通教育思维"遮蔽，以至于丧失了其理论的个性和自信，受到越来越多的质疑和批评。因此，脱离普通教育学的"庇护"，追寻成人教育学自己的理论风格和学科个性成为广大成人教育学研究者最迫切的诉求。要完成这一夙愿，研究者不仅要突破普通教育思维的局限，而且要跨越传统校园的围墙，扎根于成人的日常生活世界和精神家园，研究当代成人的教育问题，摸索能够维系成人教育学的方法论基础，构建充满个性的成人教育学科理论体系，从而开创成人教育学充满生机与活力的未来。

中国成人教育学的本土化探索，包含翻译西方的成人教育学著作、模仿教育学的体系架构、结合本土的成人教育现象和实践进行建构等几个阶段。反观新中国成立 70 年以来中国成人教育学的本土化探索，我们发现有成绩，有进展，有突破。这些成果表现为特色越来越彰显，自主性逐渐完成。中国成人教育学的本土化探索逐渐呈现出理念清晰、理实结合、方法悉熟的特点，成人教育学科的合法性和理论的有效性得到增强。究其根源在于中国成人教育学人在阐述体系建构中赖以奠基的价值诉求、框架体系、方法论等重要问题时所表现出的理性选择。

1."使人成人"的理性价值的找寻

西方成人教育学思想的萌芽可以追溯到古代先哲的成人教育思想。古希腊哲学家柏拉图曾创办学园教授成人有关政治与管理方面的课程，并在其著作《理想国》中论述了公民从出生到死亡的终身教育思想。柏拉图的终身教育思想可谓是成人教育思想古老而朴素的萌芽。"近代教育之父"夸美纽斯在《人类改进通论》中提出了完备的终身教育思想体系。他把人的一生分为胎儿期、婴儿期、童年期、少年期、青年期、成年期、老年期七个阶段，其中第一、二阶段主要在家庭的"私人学校"内接受教育；第三、四、五阶段主要在教会和学校组织的"社会学校"内接受教育；第六、七阶段主要在"个人学校"接受教育。他强调成人教育和老年教育的重要性与不可或缺性，人只有接受完每个阶段的教育才能完满地结束一生，才能在自己不断的生命探索中体会到生命的美好和价值。夸美纽斯的"泛智教育思想"——"把一切事务教给一切人的全部的艺术"，无不体现着关注生命成长、敬畏生命存在的价值理性。① 法国卢梭在其教育学著作《爱弥儿》中提出"自然教育"观点，认为教育应该培养独立、自由、平等的自然人，倡导人性的发展与解放。他还在《忏悔录》中提出：我正在着手一桩前无古人、后无来者的工作；我希望在人类之前放置一个绝对自然的人，这个人就是我。② 因此，他的"个人本位论"的教育目的理论得以形成。③ 人之所以为成人在于其成熟，在于认识自己的权利，认识自己的价值。从尊重自己的生命开始，其途径在于使"内律"与"外律"合一，回归人的本质，回归人的自然生命的美好。裴斯泰洛齐在其早期代表作《林哈德和葛笃德》中表达了他的民众教育思想。他主张通过教育来发展人性，从而改造社会，消除农民的贫困、愚昧和奴性，唤醒人的智慧，培养独立人格。民众教育的目的在于使农民看到他们的使命、他们生活的价值以及他自身被埋没的心灵。裴斯泰洛齐的民众教育思想开启了欧洲现代成人教育的先河。美国"成人教育精神之父"林德曼倡导进步主义的成人教育理念，认为成人教育的目的在于使人们摆脱工作的束缚，意识到生活的美好，感受生命的意义。他在其著作《成人教育的意义》中对成人教育理念进行了系统论述。④ 他的成人教育思想在全世界范围内影响广泛，

---

① 陈瑶：《夸美纽斯的终身教育思想评介》，载《成人教育》，2007(8)。

② 桑宁霞、王晓丹：《我国成人教育学本土化过程中的问题研究》，载《中国成人教育》，2016(1)。

③ 王坤庆：《对卢梭教育思想的再认识》，载《教育研究与实验》，2010(2)。

④ 陈利利：《林德曼的成人教育思想及其现实意义》，载《河北大学成人教育学院学报》，2011(2)。

他的终身教育思想对当代成人教育改革实践活动仍有重要的指导和启示作用。

成人教育是教育上的光辉一页，它的产生有深厚的历史背景和文化根基。它是伴随着民主革命而来，伴随着公平与正义而来，伴随着自由和解放而来。14世纪到18世纪的欧洲文艺复兴和启蒙运动是伟大的文化运动。人文主义教育思想为成人教育的产生奠定了先进的思想之基。人文主义教育的主要观点有：在教育目的上，主张培养世俗的学问，复兴身心全面发展的完人；在教育内容上，提倡自由教育；在价值观上，崇尚人的主体地位，强调人的高贵，复兴古希腊的个人主义价值观；在教育职能上，从训练、束缚自己服从上帝到使人更好地欣赏、创造和履行人的职责。人文主义教育号召追求个人自由、权利平等和政治民主，摆脱现实的黑暗，实现人的完全解放和自由发展。成人教育从兴起时，它的价值取向就可以概括为：强调人权，强调生命的价值与意义，强调人的尊荣、高贵；重视教育的平等权利；重视健全人格的培养；重视教育与实际生活的联系；重视教育实践；强调教育要关注平民，具有平民性；打破旧的阶级壁垒，教育惠及每位公民等。

对于研究成人教育的成人教育学而言，其价值诉求更是离不开"使人成人"。我们从历史发展脉络中就可以看出成人教育学自产生以来就是伴随着"使人成人"的诉求而来的。

2. 合理架构的"元模型"的就范

从科学的角度来看，任何一种科学理论，总有它独有的思维方式和命题的陈述方式，并且是由一系列相关的概念和范畴构成的逻辑系统。同样，西方历史上众多成人教育学著作，几乎都有其相对确定的思维方式、内容和体系。比如，夸美纽斯的《大教学论》以"教育通论、教学论、德育论和学校系统论"四个相对独立的部分来构成其理论体系。[①] 布伦纳等人于 1959 年出版的《成人教育研究总览》，以汇集成人教育研究初创时期的经典著作为主线，研究了成人生理和心理的特殊性，对成人教育研究的性质和现状进行了分析，架构了初具模型的成人教育学的框架体系。美国成人教育教授委员会在 1966 年推出的《成人教育：一个大学研究新领域的概要》，对当时成人教育研究的最新成果进行了汇集和整理，并就成人教育学的知识体系创建提出了以下五个部分内容：①成人教育的课程发展研究；②成人学习与发展研究；③成人教育入门及其调查；④成人教育的教学方法；⑤成人教育的行政与管理。[②] 美国著名成人教育家诺尔斯于 1970 年出版的《现代成人教育的实践：成人教育学和儿童教育学的对照》，对成人和儿童两种不同的学习者进行比较，归纳出两者的不同特点，并指出成人教育所具有的特殊的使命、功能和形式，并为促进成人教育和学习提供了一系列方法和途径。该书在世界成人教育研究领域享有盛誉，对成人教育学研究产生了深远的影响。弗莱雷坚持宣扬人道主义精神，并以强烈的宗教情感，从事长期的扫盲教育实践，提出了"解放教育"思想；他反对压迫，反对不平等，反对阶级性。他运用马克思主义的观点分析问题，在其所著的《被压迫者教育学》一书中鲜明表达了自己的教育思想，架构了主旨突出、主题明确的"解放教育"理论体系。[③]

这些成人教育思想家主张培养完整的人，强调知识教育、认知能力教育和情感意志的发展，强化了尊重和发挥个人在教育过程中的作用。这些理念无不对成人教育学的体系架构有着深刻的影响。与此相比，我国成人教育学著作的体系结构在成人教育学科发展后

①　王坤庆：《教育学史论纲》，1～38 页，武汉，湖北教育出版社，2008。
②　姚远峰：《西方成人教育学史略》，载《湖北大学成人教育学院学报》，2006(3)。
③　张旸、魏菊艳：《弗莱雷的成人教育思想及其现实意义》，载《陕西师范大学继续教育学报》，2005(1)。

期也能够体现宏大主题的叙事展开、构架体系的新颖创意、结构布局的匀称设置等特点。

3. 科学规范的方法论的获得

成人教育学是一门具有方法论性质的学科。它既不是对成人教育现象和成人教育实践的简单描述，也不是对成人教育思潮的简单概括，而是要通过成人教育现象去探讨成人教育发展的规律，以便在方法上为成人教育学研究提供依据。

先哲们在架构属于自己的成人教育学论著时都采用了一定的方法，或者用经验的方法，或者用哲学的方法，或者用心理学的方法。比如，捷克教育家夸美纽斯的《大教学论》，采用经验描述的方法，这种方法能够使教育理念通俗易懂，并达到经验和理性的完美统一。美国学者林德曼在其著作《成人教育的意义》中借鉴进步主义哲学思想，用哲学的方法系统阐释了成人教育的目的和意义；使进步主义哲学思想成为重要的方法论，指导其构建体系、甄选内容，完善其教育理念、价值诉求。桑代克于 1928 年发表了《成人学习》，用心理学的方法对成人的学习能力进行了科学的阐释。在此基础上，他在《成人兴趣》一书中又针对成人学习进行了更为具体集中的研究，为成人教育学的发展奠定了心理学基础。这种方法论直接服务于揭示成人学习的优势，服务于提升成人学习的信心，服务于揭示成人学习的规律。

通过对成人教育学论著所使用的方法论的考察，我们发现它们都是统一于所表述的成人教育思想的需要，无论经验的方法、哲学的方法，还是心理学的方法，它们都是为了揭示成人教育学的普遍规律，更好地整合成人教育学科体系，发现成人教育现象之间内在的联系和规律，使成人教育学的理论研究更加科学化和规范化。在成人教育学方法论的中国本土化探索上，我国的理论研究逐渐体现出深刻的理论演绎、严谨的经验总结和理性的政策诠释三种倾向。

（三）成人教育学科体系研究的历史呈现

成人教育学科体系在演进中是一个不断扩容的过程，它一方面呈现出教育学科体系演进的特点，产生了成人教育哲学、成人教育社会学等分支学科；另一方面呈现出社会学科体系演进的特点，产生了社区教育学、老年教育学、远程教育学、继续教育学、终身教育学、干部教育学等分支学科。尤其是后者体系中出现的分支学科很难统摄在教育学这个一级学科体系下，它具有强大的政治功能和社会融通性质，渗透于民生、社会保障等公共事业中。如果我们将成人教育学局限在教育学作为一级学科的框架体系中去理解和表达，就会难以准确把脉。在某种意义上，它具有独立的社会科学性质。

（四）成人教育学科发展的反思

中国成人教育学的"中国性"作为"教育文化"的概念，意味着传统文化与现代文明相融合，本土与西方相适应，理论和实践相结合。中国成人教育学的"中国性"的"应然"标准越来越突出，中国本土魂魄"被根植"，中国本土血脉"被浸染"，中国本土成分"被输入"。中国成人教育学人在本土化探索过程中取得了一定的进展，从中国成人教育学赖以奠基的价值诉求、框架体系、学科研究三个方面阐述了中国成人教育学本土化探索过程中取得的成绩和面临的问题，通过历史透视、现实沉思，探讨了为世界成人教育理论的丰富和发展所做出的贡献。

四、本书的研究思路、方法和结构

研究思路、方法和结构是为研究内容服务的。本书以时间为经度，以问题为纬度；采用历史研究法、文献法；以时间和问题为维度进行架构，注重内在联系，把握规律重点。

（一）本书的研究思路

本书以新中国成立 70 年以来的成人教育学术演进历程为研究对

象，其中成人教育学术演进涉及内外制度因素。成人教育学不仅研究学者的精神成果、思想成就，而且也研究政策、刊物、协会等。成人教育学的研究范围包括成人教育学者、成人教育学术机构、成人教育学术著作、成人教育学术期刊、成人教育学术团体、成人教育学术流派、成人教育学术传承、成人教育学术制度等。本书以时间为经度，以问题为纬度，研究成人教育学术的诸多问题。其目的在于，通过系统回顾和反思成人教育学术发展的历史，梳理成人教育学术发展的基本线索，探寻影响或制约成人教育学术发展的基本因素，总结成人教育学术探索的基本规律和特点，为我国成人教育学术发展提供借鉴。

（二）本书的研究方法

本书采用历史研究法、文献法等。

1. 历史研究法

成人教育学的历史研究法，顾名思义，就是以历史研究法来研究成人教育学，是通过对某种成人教育现象发生、发展和演变的历史事实加以系统、客观的分析研究，从而揭示其发展规律的一种研究方法。具体到本书中，我们是在收集、整理第一手史料的基础上，结合研究者相关研究的二手资料对新中国成立 70 年以来的成人教育学术发展进行系统的研究，以期在历史真相的基础上客观地揭示成人教育学术发展的内在逻辑与中国成人教育学术传统的形成及发展规律。

2. 文献法

成人教育学术发展的研究，是在前人研究的基础上进行的。我们需要了解前人的研究成果，需要检索、研读相关的理论研究，在此基础上形成对已有研究的研究、对已有认识的认识、对已有思想的思考。这个过程，有综合，有归纳，有辨析，有反思，有总结。在本书中，由于涉及的时间跨度比较大，涉及的具体问题和理论问题也比较多，我们所收集的文献就很丰富。如何对待文献是成人教育学研究中的一个非常重要的问题。在本书中，我们运用一些统计的方法，对一些问题进行了量化的统计分析，以期达到对历史资料的精确把握。

（三）本书的结构

本书以时间维度和问题维度进行架构。具体来说，在绪论部分，我们阐述了成人教育学的源起及本书的框架体系，阐明了本书的研究思路和方法。接着，我们从时间维度和问题维度两个方面对成人教育学的发展进行研究。在具体的展开中，问题维度中穿插时间维度。时间维度中也有重要横断面的展开。在问题维度中，我们对成人教育学科体系构建、教育学术人才培养、教育学术机构、教育学术期刊、教育学术出版等有突出影响的方面进行具体深刻的研究。在研究每一个主题时，我们将时间与问题进行结合，遵循历史和逻辑的统一。

我们还需要阐述的是本书各章节之间的关系。本书总体遵循的是总—分—总的结构。各章按照时间线索整体展开，再对各个主题进行研究。对成人教育学科体系构建、成人教育学思想制度、成人教育学研究等问题的研究遵循由框架到内核的逻辑。

第一章

成人教育学的起步探索
阶段(1949—1976 年)

　　成人教育学的起步探索扎根于丰富的成人教育实践，有着广泛的应用价值和指导作用。不断出台的成人教育政策为开展平民教育、扫盲教育、函授教育、工农教育等提供了政策保障，同时丰富的教育实践活动又为理论家的理论研究提供了全新的启示和思想源泉。广大的成人教育理论研究者在政策的解读和经验的总结中对成人教育学科进行了探索。1949—1965 年，成人教育学科有着社会教育运动、民众教育思潮的特点，紧密结合国家的经济和政治需要；学人们怀着虔敬的情感，感性而生动，质朴而坚实地为成人教育学科的起步探索做着奠基工程。1966—1976 年，成人教育学科受到"文化大革命"的影响，发展受阻。成人教育学科的发展离不开实践基础和制度基础。成人教育学人的理论探索相对于丰富的实践来说显得薄弱，理论的先导作用显得不足，这是成人教育学科发展的必经之路。

第一节　成人教育学的初步探索(1949—1965 年)

一、成人教育学的实践基础

新中国成立后，开始新的农村经济、政治、文化的建设。文化建设与经济基础、上层建筑的互动关系，就使扫除文盲、提高农民的识字率成为迫切需要解决的首要课题。1949 年后扫盲教育的开展，是当时经济、政治建设和广大干部、群众学习的需要，也是借鉴革命根据地扫盲教育经验和师承苏联扫盲教育的结果。

（一）经济建设的需要

经济恢复是新中国面临的重要基础性工作。国家的教育建设计划是与国家的经济建设计划密切配合的，如果教育计划不能准确地完成，必将大大影响国家经济建设。[①] 进入社会主义建设初期，城乡扫盲教育、工农业余教育、在职干部学习等始终围绕民主政权建设、国民经济复苏、解放生产力、提高国民文化水平的主轴而展开；"两条腿走路"，半工半读，创办函授广播电视教育，实施"三结合""六并举"等始终沿着发展生产力、实现工业化、满足人民群众的物质文化需要的基轴而延伸。

（二）政治建设的需要

中华人民共和国的基础是工人和农民的联盟，因此在思想上、政治上和经济力量上加强与提高工农，乃是巩固与发展人民民主专政，保持并引导国家走向完全的独立、民主、和平、统一和富强的基本步骤。开展工农教育，提高工人和农民的文化水平、政治觉悟与生产技术，就是加强和提高工农、巩固与发展人民民主专政的重要步骤。由此可知，开展工农教育乃是一个重大的政治任务。[②]

（三）人民当家作主的需要

新中国成立后，国家经济逐步发展，人民生活逐步改善，政治、

[①]　中共中央文献研究室：《中共中央批转中央教育部党组关于大中小学教育和扫盲运动等问题的报告》，见《建国以来重要文献选编》第三册，352 页，中央文献出版社，1992。

[②]　钱俊瑞：《为提高工农的文化水平，满足工农干部的文化要求而奋斗》，载《人民教育》，1951(5)。

经济上翻身的广大群众深感不识字、无科学文化知识的痛苦，进而产生了新的愿望和追求：解放身心、提高素质、文化翻身。

1949—1965 年，国家兴办了各类业余文化学校、半工半读学校和正规学校，广泛开展识字扫盲教育，实行工农教育与干部教育并举，正规教育与业余教育相结合，采取面授、函授、广播电视等多种形式开展教育、培养人才，为迎接社会主义建设高潮，提高工人、农民、干部的政治觉悟和文化素质做出了贡献。一种多层次(扫盲教育、初等教育、中等教育、高等教育、继续教育等)，多序列(干部、职工、农民、军人教育等)，多类型(思想道德、基本智能、职业技术、政治文化等教育)，多样化(脱产式、短训式等教育)的新型成人教育制度已经初步建立，为成人教育学科的发展提供了无尽的动力来源。

二、成人教育学的制度基础

尽管在中西方教育发展史中，成人教育有着久远的历史，但是作为体系化、制度化的成人教育则是 20 世纪 40 年代以后的事情。[①]在我国，1950 年 9 月 20 日在北京召开的工农教育会议是新中国成立后第一次成人教育专门会议。这次大会后的重要成就是制定了 1949 年后第一套较完整的成人教育政策，如成人教育的方针、任务、制度、教学计划、师资、经费来源、开支、组织管理等。这些政策体现在《关于举办工农速成中学和工农干部文化实习学校的指示》《各级职工业余教育委员会组织守则》《关于开展农民业余教育的指示》《工农速成中学暂行实施办法》《职工业余教育暂行实施办法》等文件中。这些政策确定了具有新中国特色的成人教育制度和思想，为后来成人教育体系的成熟和完善奠定了良好的基础。

[①]　程艳峰：《对成人教育学学科建设若干问题的当代反思》，硕士学位论文，山西大学，2007。

我国的成人教育政策探索在 1949—1965 年走过了艰苦卓绝的伟大历程，取得了伟大的成绩，已初步形成了具有中国特色的成人教育体系的雏形。成人教育政策的发展可以分为如下四个阶段。

第一阶段为新中国成立初期的成人教育方针政策（1949—1952年）。这一阶段把发展教育事业作为巩固新的政权和开创国家经济建设新局面的重要依靠，高度重视工农干部教育和广大工农的扫盲教育，并不断调整对扫盲求之过急和缺乏巩固的现象，坚持"两条腿走路"。

第二阶段为"一五"时期的成人教育方针政策（1953—1957 年）。这一阶段对扫盲求之过急和缺乏巩固的现象进行了整顿，发展农民教育，对我国第二个五年计划期间的教育实践产生了深远的指导意义。这一阶段教育的主要方针就是"两条腿走路"，即全面贯彻教育与生产劳动相结合的思想，针对广大劳动者接受教育的需要，应在全日制学校体系之外，大力发展半工半读的两种教育制度。[①] 这一阶段的教育要求立足于为经济建设服务，培养有社会主义觉悟的有文化的劳动者。

第三阶段为"二五"时期的成人教育方针政策（1958—1962 年）。这一阶段的教育呈现出几个特点：第一，量力而行，实事求是；第二，扫盲教育注重质量；第三，半工（农）半读教育得到发展。

第四阶段为国民经济调整时期的成人教育方针政策（1963—1965年）。这一阶段的教育按照"调整、巩固、充实、提高"的八字方针，进行了有效的治理调整，认真地总结了新中国成立以来的经验教训，根据计划经济的特点，制定了我国教育发展规划，避免盲目发展和不讲质量地急于求成，开始注重教育质量和办学水平，从而使我国教育事业有了新的发展，同时大力发展函授教育的夜大学，使成人

---

① 何东昌：《中华人民共和国重要教育文献：1949—1975》，1 页，海口，海南出版社，1998。

高等教育得到了发展。

（一）为工农大众服务的办学宗旨

新中国成立后，面临着巩固人民民主专政、发展生产的重要任务。面向工农，创建新型的国家教育事业，培养有社会主义觉悟的有文化的劳动者，是党和政府的重大决策。1949年9月29日，《中国人民政治协商会议共同纲领》规定，人民政府的文化教育工作，应以提高人民文化水平，培养国家建设人才，肃清封建的、买办的、法西斯主义的思想，发展为人民服务的思想为主要任务。

新中国成立后，党和政府特别关注基础教育和扫盲教育。1949年以前，全国人口的80％是文盲，在边远山区和少数民族地区，文盲率高达95％左右，人民大众没有接受教育的基本权利和能力，劳动力的基本素质极低。据不完全统计，1949—1964年各种会议、出台的政策文件加起来后，我国扫盲教育的大事记有近百项。如此频繁的国家层面的扫盲教育活动，是国家重视扫盲教育及扫盲教育政策建设的体现。这些活动对扫盲教育服务工农、服务生产建设的重视是这一阶段扫盲教育政策发挥作用的重要保障。

（二）为国家发展战略服务的办学方针

1953年，党和政府制订了第一个五年计划。在此期间，我国对农业、手工业和资本主义工商业实行了社会主义改造，确立了公有制占绝对优势的生产资料所有制，建立了社会主义计划经济管理体制。随着这一社会制度的巨大变革，建立社会主义教育制度就成了这一历史阶段的首要任务。与此同时，成人教育被正式纳入了国民经济发展计划。

我国1949—1965年的成人教育政策是不断围绕经济发展来制定和调整的，成人教育政策服务于经济建设，服务于国家发展战略。从某个角度来说，成人教育政策也成为新中国发展的一个重要方略，让一个积贫积弱的民族在精神和国家实力上能够屹立于世界之林。

（三）坚持"六个并举"的办学思想

新中国成立后的短短十几年中，随着教师队伍的不断壮大，各级各类教育迅速发展，从幼儿园到大学的正规教育体系逐步形成，非正规的社会教育体系也在不断发展。各种类型的补习学校、为残疾人开办的特殊教育学校纷纷建立；与各地工农业生产和人民生活密切相关的移风易俗教育、妇女教育、健康卫生教育、破除迷信和科普教育等得到普遍开展；教育形式呈现出多样化的特点，教育的综合性、立体化的格局已初步建立。1958 年 9 月 19 日，中共中央、国务院发布的《关于教育工作的指示》充分肯定了坚持社会主义教育方针的必要性，同时还指出："办学的形式应该是多样性的，即国家办学与厂矿、企业、农业合作社办学并举，普通教育与职业（技术）教育并举，成人教育与儿童教育并举，全日制学校与半工半读、业余学校并举，学校教育与自学（包括函授学校、广播学校）并举，免费的教育与不免费的教育并举。"[①]这对我国成人教育与普通教育的结合产生了重大的影响。

（四）建立比较完整的业余教育制度

第一个五年计划期间成绩斐然。在工农干部教育方面，干部教育的形式和层次多样：第一，由普通高校开办干部班。第二，举办职工业余大学、夜大学、函授大学，培养干部。第三，由农村举办干部业余文化学校。第四，举办农业合作化干部学校。在职工教育方面，职工业余教育培养了大批的毕业生。我国业余教育不仅在独立发展上迈开了第一步，而且在逐步建立各自的比较完整的业余教育制度方面，也获得了初步经验。

---

① 何东昌：《中华人民共和国重要教育文献：1949—1975》，859～860 页，海口，海南出版社，1998。

（五）尝试半工半读、半农半读的两种教育制度

20世纪50年代中期至60年代中期，随着我国社会主义所有制改造的基本完成和社会主义经济建设的初步展开，提高劳动者的素质和发展社会生产力成为国家经济与文化建设的重要任务。在这种历史背景下，半工半读、半农半读的教育制度应运而生，并不断得到发展。从1958年开始，半工半读、半农半读的学校在广大城市、厂矿和乡村，如雨后春笋，蓬勃发展起来。学校的层次和类型很多，不仅有小学、中学、职业技术学校，而且有专科学院和综合大学，形成了百花齐放的局面。在当时我国经济不发达、文化教育落后的情况下，大力提倡和发展半工半读、半农半读的学校教育，是适合我国国情的一种积极发展成人教育的举措。

（六）建立比较规范的大学开放制度

1949年12月16日，《政务院关于成立中国人民大学的决定》指出，设立中国人民大学，接受苏联先进的建设经验，并聘请苏联教授，有计划、有步骤地培养新国家的各种建设干部，以满足政权建设和经济建设的需要。为了使高等教育进一步正规化，1953年，国家政府成立了高等教育部，这为我国高等教育在进行院系调整和教学改革过程中进一步加强管理发挥了重要作用。在院系调整后，为进一步挖掘全国现有高校培养各方面建设人才的潜力，让更多的在职工农和干部接受现代理想文化知识教育，函授大学和夜大学的创办被列为高等教育改革的一项重要内容。从此，高等学校的函授教育和夜大学教育在全国范围内逐步开展。

三、成人教育学科概况

1949—1965年的学科概况包括如下三个方面。

（一）成人教育新体制的建立

我国逐渐形成了以工人、农民、干部教育为主体的初、中、高

层次相结合的新的成人教育体制。1949 年 9 月制定的《中国人民政治协商会议共同纲领》、教育部召开的第一次全国教育工作会议和教育部与中华全国总工会联合召开的第一次全国工农教育工作会议，都提到了工农教育和干部教育问题。1951 年 10 月，政务院发布的《政务院关于改革学制的决定》，确立了工农教育、干部教育和扫盲教育制度，并以法令的形式确定下来，逐步建立各自比较完整的业余教育制度。这样初步形成了有社会主义特色的成人教育制度。

（二）成人教育著作的出版和论文的发表

我国成人教育著作有戴维的《南斯拉夫的成人教育》（陈羽纶等译，1963 年）等；论文有 40 多篇。

（三）成人教育重要会议的召开

1950 年，北京召开了全国工农教育会议，这是新中国成立后的首次成人教育专门会议。会议指出要重视工农干部的文化学习，扫除工农干部中的文盲，提高他们的文化水平。[①]

四、成人教育学科研究

1949—1965 年的成人教育学科研究主要围绕扫盲教育、业余教育、干部教育、函授教育等进行。这几种教育的名称从具象出发，是一种较为直观的指称。它们还没有形成统一的学科建制思想。成人教育学科的研究对象逐步增多，包括工人、农民等人群，而且研究的教育方式逐渐更新，增加了函授教育等内容，对教育灵活性的研究增多。成人教育学科研究既主动借鉴国外研究成果与经验，又及时总结国内举办成人教育的实践成果，其社会教育、民众教育特征突出，政策痕迹明显。

---

① 侯怀银、吕慧：《20 世纪我国成人教育学学科建设的本土探索》，载《教育理论与实践》，2013(7)。

(一)扫盲教育研究

我国扫盲教育研究逐渐走向高潮，大致呈现两方面的特点：一方面与拼音字母的教学结合起来，另一方面又及时总结实际工作的成果与经验。

陈润齐在《试用拼音字母帮助扫盲》(1958年)一文中针对拼音字母帮助扫盲工作提出四点意见：第一，使用拼音字母帮助扫盲的目的和要求；第二，关于教学上的几个问题；第三，如何进一步巩固提高的问题；第四，打破常规，克服保守观念，解放思想。①

周有光在《拼音字母和扫盲教育》(1958年)一文中从三个方面进行论述，阐明了拼音字母在扫盲教育中的重要作用。首先，主张重视拼音字母，主要从小学普遍采用拼音字母，扫盲采用拼音字母，消除保守的思想这几个方面进行论述；其次，提出拼音字母能帮助认识字音、了解字义、加快学习速度；最后，提出拼音字母能帮助巩固学习、提高学习，便于无师自修。②

《充分发挥拼音字母在扫盲和业余教育工作中的作用》(1960年)一文针对拼音的教学建议，谈及其在扫盲和业余教育中的作用。③同时，还有《本省各地积极推行拼音字母扫盲》(1958年)、许重的《全国农村扫盲和业余教育会议座谈注音扫盲》(1959年)、《安徽肖县注音扫盲和业余教育蓬勃开展》(肖县的正确名称为萧县)(1960年)等文章对这一问题也进行了论述。

在各地扫盲教育的工作经验总结中，杨廷孚在《谈谈在普及教育和扫盲工作中的体会》(1958年)一文中通过介绍许昌专区的普及教育工作，主张在教育建设中树立群众观点，发动群众办学，配合生产需要来进行，并以郾城县(今郾城区)白坡乡的普及教育为例，总结

---

① 　陈润齐：《试用拼音字母帮助扫盲》，载《文字改革》，1958(8)。
② 　周有光：《拼音字母和扫盲教育》，载《文字改革》，1958(9)。
③ 　《充分发挥拼音字母在扫盲和业余教育工作中的作用》，载《人民教育》，1960(3)。

了经验：边宣传，边规划，边行动；突击一点，全面开花；十天计划，七天完成。该文章指出，在巩固新办学校时，推广经验并及时处理新问题。[①]

吴山在《大办业余教育和彻底扫盲是全党全民的大事》（1959 年）一文中提出扫盲和业余教育步入新高潮，并总结了经验：坚持党委挂帅，层层思想发动，因势利导组织入学新高潮；层层组织训练骨干，大力培养群众教师；坚持群众路线的工作方法；组织有关部门的力量，通力协作；以生产为中心，生产、学习统一安排，相互促进等。[②]

《开展工地扫盲和业余教育的初步经验》（1960 年）一文通过分析扫盲和业余教育的工作实践，总结了初步探索的工作经验：第一，党委加强领导；第二，在党委的领导下采取群众路线的工作方法；第三，根据基层建制和民工居住情况，分班并任命相应负责人进行管理；第四，教学密切结合生产；第五，抓紧师资培训工作。[③]

《农村扫盲和业余教育值得注意的几个问题》（1962 年）一文通过分析对扫盲和业余教育的调查情况，提出应认真解决农村扫盲对象问题、农村扫盲教师问题、农村扫盲教学时间安排问题和扫盲的组织形式问题。[④]

另外，关于扫盲教育的工作总结还有《我省农村扫盲和业余教育蓬勃发展——常年夜校越办越兴旺　冬季业余教育乘胜开展》（1965 年）、邹德基的《波阳县积极踏实开展扫盲和业余教育工作》（1962 年）、高会兴和张辉的《学习文化是群众的迫切要求》（1960 年）、《农村扫盲、业余教育继续大发展，并抓巩固提高工作》（1960 年）、《江

---

① 杨廷孚：《谈谈在普及教育和扫盲工作中的体会》，载《人民教育》，1958(9)。

② 吴山：《大办业余教育和彻底扫盲是全党全民的大事》，载《江苏教育》，1959(22)。

③ 《开展工地扫盲和业余教育的初步经验》，载《江苏教育》，1960(2)。

④ 江西省教育厅业余教育调查组：《农村扫盲和业余教育值得注意的几个问题》，载《江西教育》，1962(3)。

苏全省各地大张旗鼓——大办业余教育向彻底扫盲进军》(1959 年)、《配合扫盲、业余教育的几点做法》(1959 年)、咏禾的《为祖国的文教建设事业而努力——记报考高等师范的小学教师、扫盲教师、工农教育教师座谈会》(1954 年)等文章。

这些研究者多工作在扫盲工作的一线,他们将扫盲工作的体会以经验和问题的方式梳理出来。尽管这些体会停留在调研报告的理论研究水平,但是从完整和真实的角度来说,有不可多得的文献价值;从实践和应用的角度来说,又有不可多得的指导和推广价值。理论来源于实践,又在一个更高的层面上指导实践,这正是成人教育学科的价值所在。

(二)业余教育研究

业余教育研究在成人教育学科探索过程中也逐渐显示出其独特魅力,不仅有针对工人农民业余教育的经验总结,而且有关于业余教育与生产实践相结合的探索研究。

在工人业余教育的工作经验总结中,《开展工人业余教育的几点主要经验》(1950 年)一文主要从工人学习普遍存在学习要求,发动组织工人参加业余学习的步骤和工作经验成果总结三个方面进行论述。其中,发动组织工人参加业余学习的步骤主要包括三个方面:思想发动、及时解决困难和巩固发展学习成绩。工作经验成果总结主要从民主选聘教师、教学方法和建立领导机构三个方面进行论述。[1]

江凌在《工人业余教育的三个问题》(1950 年)一文中针对领导方针方面存在的三个问题进行论述:第一是处理解决学习和生产的关系与矛盾问题;第二是文化学习与政治学习和技能学习的关系问题;第三是业余教育的组织形式与所谓正规化问题。[2]

---

[1]　山西省教育厅:《开展工人业余教育的几点主要经验》,载《人民教育》,1950(5)。
[2]　江凌:《工人业余教育的三个问题》,载《人民教育》,1950(5)。

　　杨允华在《石景山发电厂是怎样坚持办业余教育的》(1962 年)一文中针对坚持不懈地开展业余教育的体会进行论述：第一，党委重视，加强组织领导，发动群众，坚持学习；第二，组织与领导好专职教师队伍；第三，不断改进教学工作，提高教学质量。①

　　李葵发在《目前生产部门业余学校发展中的几个问题》(1959 年)一文中主要论述的问题有：政治教育、技术教育、文化教育相结合的问题；普及和提高、目前利益和长远利益相结合的问题；速成与循序渐进相结合的问题；多样性和统一性相结合的问题；坚持性和灵活性相结合的问题。②

　　在农民业余教育的工作经验总结中，徐高明和杨冠在《对于农民业余教育工作改进的几点意见》(1953 年)一文中论述了农民业余教育出现的问题："日夜巡视"的方法需要改变；要及时发现问题并丰富实际教学经验，加强对民校教师的领导；行政工会应抓紧学习工作并进行思想教育；解决农民工作与休息的矛盾的问题。文章进一步提出相关建议：第一，从小农经济的生产现状出发，多组织小组学习；第二，教师要主动与干部联系，主动配合其工作；第三，要组织教师学习，积极培养民校教师。③

　　《我们是怎样开展业余教育的》(1964 年)一文主要从五个方面对开展业余教育进行论述：第一，依靠党的领导是办好业余教育的根本保证；第二，加强思想政治工作，动员与组织青壮年自愿入学；第三，学习形式多样，教学服务生产；第四，充分利用与发挥农村知识青年及假期还乡学生的作用；第五，发挥各个组织的作用，四套人马(团、妇、民兵、小学)一齐动手。④

_____

① 杨允华：《石景山发电厂是怎样坚持办业余教育的》，载《水利与电力》，1962(12)。
② 李葵发：《目前生产部门业余学校发展中的几个问题》，载《华中师范学院学报(物理版)》，1959(4)。
③ 徐高明、杨冠：《对于农民业余教育工作改进的几点意见》，载《江苏教育》，1953(7)。
④ 《我们是怎样开展业余教育的》，载《江西教育》，1964(1)。

除此之外，还有《配合农村生产，大力发展农村业余教育》(1959年)、《当前业余教育的重要任务》(1960 年)、《在民办小学里办业余夜校》(1963 年)、《积极努力，实事求是地开展农村业余教育》(1963年)、《用革命精神办好职工业余教育》(1964 年)、《积极办好农村业余教育》(1964 年)等文章也对业余教育经验进行了反思总结。

马叙伦在《关于第一次全国工农教育会议的报告》(1951 年)一文中介绍会议基本情况的同时，还总结出以下共识：第一，明确加强工农教育的重大政治意义；第二，介绍工农教育的实施方针；第三，明确工农教育是一项巨大的群众运动；第四，会议通过《关于举办工农速成中学和工农干部文化补习学校的指示》。[①]

在业余教育与各职业的生产实践相结合的探索研究中，《努力做好中等学校教师业余进修的工作》(1955 年)一文提出，为了加强在职教师业余进修工作，首先应该明确在目前条件下，业余进修是提高在职教师最重要的、切合实际的办法。各省市通过教师进修学院及函授教育的方式，组织教师进行业余进修，这对于提高教师水平和教育质量都起到了良好的作用。教师业余进修遇到的困难，主要是进修时间问题。其次是在职教师业余进修工作进一步制度化和正规化问题。中等学校教师业余进修的主要形式是教师进修学院和高等师范函授教育。教育部的指示中，对于进修年限、招生对象、领导体系、教学内容、教学方法等都做了原则性的规定。为了贯彻教育部的指示，开展教师业余进修工作，省教育局应做全面规划的充分准备，并取得各方面的密切配合；还要加强领导，随时监督检查，及时总结经验，发扬优点，纠正错误，使教师业余进修工作能有计划、有准备、有领导地进行。[②]

《中华人民共和国教育部关于加强中等学校在职教师业余进修的

---

① 马叙伦：《关于第一次全国工农教育会议的报告》，载《人民教育》，1951(1)。

② 《努力做好中等学校教师业余进修的工作》，载《人民教育》，1955(12)。

指示》(1955 年)一文提出，为了把教师业余进修工作在现有基础上进一步提高，做出如下指示：首先，目前教师业余进修的主要任务是把现有中等学校不够师资专业程度的教师提高到师资专业程度。其次，从设立方式、修业年限、教学计划、教学形式等方面对教师进修学院做出一系列的规定。同时，对函授教育的办理情况进行规定，主要包括高师函授教育的办理主体、招生地区、教学计划、教学形式和领导主体等方面。另外文章还指出教师业余进修是提高在职教师的政治与业务水平的主要形式。对于未能参加教师进修学院或高等师范函授学习的教师来说，应由教育局鼓励，并组织他们成立进修小组，在业余时间进行集体学习和个人学习，共同讨论。[1]

鼎铭和金泯在《谈谈图书馆干部业余教育中的几个问题》(1960 年)一文中针对图书馆干部业余教育中的几个问题进行论述：业余教育必须灵活多样；课程安排必须切合实际；各门课程必须突出重点，明确观点；充分运用群众路线的教学方法；发动群众不断整顿教学工作；大力培养师资。[2]

除此之外，还有《大办图书馆业余教育》(1960 年)、《在地质系统中大办职工业余教育》(1960 年)、李宪夫的《大办新闻业余教育》(1960 年)、《自力更生培养建设人材——江西拖拉机厂坚持开展职工业余教育的经验》(1964 年)等文章对业余教育进行了研究。

业余教育研究覆盖各行各业的实践探索，有工业、农业，也有教育、文化等行业。这些研究有课程教学的研究，也有组织管理方面的研究，还有关于作用和意义方面的研究；这些研究将业余学习的实施步骤和工作经验总结出来，使经验能够在更广的范围内进行推广。

---

① 《中华人民共和国教育部关于加强中等学校在职教师业余进修的指示》，载《人民教育》，1955(12)。

② 鼎铭、金泯：《谈谈图书馆干部业余教育中的几个问题》，载《图书馆学通讯》，1960(4)。

(三)干部教育研究

干部教育研究由来已久。由于干部教育研究对象的特殊性，干部教育内容和方式都有特殊的意义与价值，在研究中进一步揭示了干部教育的政治功能和政治影响。

工农干部教育，也有相关工作经验的总结。比如，《大力加强工农干部教育》(1950年)一文指出，第一次全国工农教育会议的主要收获之一是确定了工农教育的实施方针：应着重加强工农干部和积极分子的教育，并有条件地推广到有组织的男女青年和迫切需要学习的工农群众中去。① 另外，会议上指出创办了中国人民大学，以及18所工农速成中学、工农速成小学等。但工农教育的发展也存在一系列的问题：这些学校中有的是刚刚开始创办(如中国人民大学、工农速成中学)，有的是各地各自为政，缺乏统一方针的领导，也有的还是有名无实(如某些在职学习)。会议上还反映出各地对保送工农速成中学的学生所采取的不严肃的态度，缺乏全面的计划。总之，当时的工农干部教育的措施还远不能满足工农干部和国家的要求。所以，该文章指出首要的问题还是充分认识工农干部教育重大的政治意义，并由此提出希望在这次会议之后，在全国范围内干部教育产生高潮的局面。

《亟应加强培养工农干部的教育——庆祝五一节》(1953年)一文介绍了工农干部教育工作采取的措施，如开办中国人民大学、工农速成中学、工农业余中学，颁布新学制等，还从纠正和克服培养工农干部的错误思想和培养工农学生方面提出建议。②

《中国共产党中国人民大学委员会关于在职干部政治理论教育三年计划》(1953年)一文主要针对在职干部理论教育从加强思想领导和

---

① 《大力加强工农干部教育》，载《人民教育》，1950(7)。
② 《亟应加强培养工农干部的教育——庆祝五一节》，载《人民教育》，1953(5)。

学习内容方法两方面进行论述，阐明了中国共产党关于这一教育的计划。①

王枞华在《努力做好政法干部教育工作》（1959 年）一文中从个人体会的角度，就政法干部教育的四个问题进行论述：第一，做好政法干部教育的关键，是正确贯彻执行教育为无产阶级政治服务、教育与生产劳动相结合的方针；第二，政法干部教育应该实行理论、政策、业务教育相结合，以理论、政策教育为主的原则；第三，在教学中充分运用群众路线的方法，是全面而具体地贯彻实施党的教育方针的重要保证；第四，政法干部教育必须置于党的绝对领导之下。②

这些凝练出的宝贵的干部教育思想在以后的干部教育实践中产生了重要的影响。干部教育要坚持党的领导，要坚持正确的政治方向，要与业务教育相结合。它既是干部教育工作实践的指南，也是干部教育理论的宝贵财富。

（四）函授教育研究

成人高等教育的主要方式是函授教育。这个阶段的函授教育研究，不仅有函授教育工作经验的总结，而且有针对函授生自学问题的思考，以及针对函授教育与相关职业结合起来的函授教育论述。

关于函授教育工作的经验总结如下：《办业余函授师范学校的经验》（1952 年）一文主要从三个方面进行论述。具体内容为：我们是怎样进行教学工作的，函授学员是怎样进行学习的，一年工作中存在的问题和解决这些问题的意见有哪些。首先，论述教学工作的开展时，主要从教学计划、教材编写的方法和教学方法三个方面着手，同时总结工作中的创新方法：介绍优良作文、印发学习资料、推荐

---

① 《中国共产党中国人民大学委员会关于在职干部政治理论教育三年计划》，载《教学与研究》，1953(1)。

② 王枞华：《努力做好政法干部教育工作》，载《法学研究》，1959(5)。

参考书、实地考察学员的学习情况和召开座谈会等。学员的学习分为三种类型。其次，总结工作中存在的问题，如学校的性质和目的问题、教材问题、教法问题、学习时间问题和领导问题等，并相应提出相关意见。最后，结合自身工作经验，结合函授教育和农村小学教师的学习，提出今后工作中应注意方针任务、教材教法和组织领导等方面的问题。

胡林昀在《中国人民大学一年来的函授教育工作》(1954 年)一文中从函授生的政治理论学习、学习效果检查、函授生的学习习惯和函授生的文化程度等角度进行分析，总结了函授教育这一形式的成果，同时总结了由于对函授教育的认识不够、缺乏经验等所带来的参考资料和学习时间保证等方面的问题。该文章将函授教育工作的体会总结为四点：第一，在职干部教育中系统学习政治理论与专业科学知识，采取正规的函授教学制度和教学方法，其效果是值得肯定的；第二，函授生自觉积极地坚持学习是学好的关键。第三，函授生所在地区积极支持函授生的学习，定期检查和加强思想领导，对推动函授生的学习起着重要作用；第四，函授生的住地分散，因而对函授生学习的监督、促进和检查是必不可少的。①

杨福山在《东北师范大学的函授教育》(1984 年)一文中指出，东北师范大学在 1953 年 1 月开始组织实施函授教育工作。文章首先从教育方针和教学计划、教学组织领导、教学形式、编写函授教材和出版刊物四个方面对函授教育工作的基本情况进行介绍。其次针对工作中存在的问题，主要从五个方面进行论述：一是各级教学行政领导与教学组织机构不健全，教学人员不足；二是教材不适合函授生的程度；三是函授生的思想问题未能得到很好的解决；四是函授生的文化基础薄弱，自学函授教材存在困难；五是有关教育局对函

---

① 　胡林昀：《中国人民大学一年来的函授教育工作》，载《教学与研究》，1954(6)。

授教育的重视程度和关心帮助不够。最后从多方面对一年多的函授教育工作实践的体会进行总结：在肯定函授教育工作正确有效的基础上，探讨借鉴苏联的函授教育经验；上级领导对函授教育的重视；教材的编写与资料的印发；函授生学习时要有一定的知识基础和自学能力；函授教育工作对教学的影响；创办函授教育要有较充分的准备等。[①]

《开原函授站领导教师函授学习的初步经验》(1955年)一文指出开原函授站是在 1953 年建立的。文章对工作经验进行了总结：首先，通过制订统一计划，将函授站和站主任任职校的工作有机结合。其次，加强函授站与函授学员任职校的密切联系，注意对函授学员的思想领导和组织领导。实际工作中，重点抓住以下几个环节：第一，制订周密的工作计划；第二，加强对函授学员的学习领导；第三，重视小组工作；第四，发现问题，及时处理并加强思想教育；第五，充分发挥干事的积极主动作用。再次，加强对函授教学的具体领导。最后，关心函授教师和函授学员的生活。[②]

同时，还有《我校函授专修科的教学工作》(1956年)、《四年来函授教育工作总结》(1960年)、《广泛开展夜大学和函授教育》(1955年)、《必须采取积极措施开展高等师范函授教育》(1955年)、白马的《积极开展函授教育》(1962年)、张宗尧的《积极开展函授教育》(1963年)等文章对函授教育进行了研究。

关于函授教育中函授生自学问题的思考如下：《怎样组织领导函授生自学》(1956年)一文指出，函授教学的基本形式是函授生独立自修教材。它既需要函授生具有独立学习的能力，也需要函授生所在机关保证学习时间，也需要学校组织指导函授生自学。组织领导函

---

① 杨福山：《东北师范大学的函授教育》，载《高师函授》，1984(3)。
② 辽宁省教育厅：《开原函授站领导教师函授学习的初步经验》，载《人民教育》，1955(6)。

授生自学的方式，主要包括组织函授生有计划地学习；指导函授生自学教材；指导函授生在深入理解和掌握课程基本内容的基础上完成作业与复习题；开展一些讲授和辅导工作；密切与函授生所在机关的联系，注重对函授生学习思想的指导，贯彻执行学习制度。①

《指导函授生自学的几点经验》(1956年)一文针对函授生独立自学的特点，提出并论述了四种学习方法：要求函授生制订自学计划，贯彻执行计划；编写学习指导材料，介绍学习方法、步骤，指导函授生自学教材，完成作业；注重作业批改，指导函授生改进自学的方法，督促函授生完成学习计划；组织小组互助，开展辅导工作，帮助函授生解决疑难问题，复习、巩固所学的知识。②

对函授教育与具体职业进行的探讨如下：《邮电函授教育的创办和发展》(1959年)一文针对邮电部的背景与函授教育的发展情况进行了介绍，总结了邮电函授教育发展的成绩与经验：依靠党的领导，贯彻党的教育方针，培养红专人才；统一领导，分级负责，发挥各级企业大办函授教育的积极性；结合企业生产和职工特点采取灵活多样的学习方式；因地制宜，千方百计地解决教学辅导问题；正确地发挥函授教育在职工教育中的积极作用。另外文章还针对取得这些成绩的原因进行了分析。③

《积极开展函授教育，迅速培养图书馆在职干部》(1960年)一文针对开办的图书馆学函授班，从教育方针、培养目标、课程安排等角度进行论述，将函授教育与图书馆的相关工作结合起来，从而积极开展各种形式的业余教育，提高本单位在职干部的水平，推动图书馆事业的发展。④

---

① 中国人民大学函授部：《怎样组织领导函授生自学》，载《人民教育》，1956(3)。
② 田寿褆：《指导函授生自学的几点经验》，载《江苏教育》，1956(Z1)。
③ 北京邮电学院：《邮电函授教育的创办和发展》，载《人民教育》，1959(12)。
④ 武汉大学图书馆学系：《积极开展函授教育，迅速培养图书馆在职干部》，载《图书馆学通讯》，1960(4)。

《大办高等函授医学教育，培养更多的高级医药卫生干部》(1960年)一文针对高等函授医学教育座谈会进行介绍，主张各单位重视高等函授教育的相关工作。①

除此之外，关于函授教育的相关研究还有《明确任务 提高认识 进一步办好师范、函授教育——省教育厅召开全省师范、函授教育工作会议》(1963年)、《为回乡青年举办函授高中》(1964年)、成克坚的《以搞好样板田为中心开展函授教育》(1965年)等文章。

函授教育有不同于普通高等教育的显著特点。这个阶段的函授教育研究努力探索函授教育的规律，研究如何通过面授和自学相结合的方式达到好的教学效果，通过邮寄辅导材料辅助自学来实现教学目标，探索普通高等教育走向大众、走向社会的有效途径和方式。

(五)借鉴国外成人教育经验

从世界范围来看，这个阶段的成人教育研究已经有长足的进步，但是，由于当时特定的环境，借鉴苏联成人教育经验的居多。苏联的扫盲教育、函授教育、工农教育的经验等被大量翻译介绍，形成的理论成果指导了当时新中国的成人教育实践，也为新中国的成人教育理论库提供了重要的宝贵成果。

《苏联的成人教育和师资训练——在全国教育工作会议的演讲词》(1950年)一文主要对苏联的成人教育情况进行介绍，对扫除文盲教育、成人教育工作和师资训练着重进行阐述，为我国成人教育的发展提供借鉴和参考。②

《苏联的高等函授教育——苏联高等教育部副部长 М·А. 布拉戈菲耶夫的谈话》(1953年)一文对苏联的高等函授教育情况进行介绍，并对高等函授教育的目的、组织形式、学习形式等进行论述，

---

① 《大办高等函授医学教育，培养更多的高级医药卫生干部》，载《江苏中医》，1960(6)。
② ［苏联］Е·И. 魏里奇阔夫斯基：《苏联的成人教育和师资训练——在全国教育工作会议的演讲词》，张蓝田译，载《人民教育》，1950(2)。

为我国高等函授教育的发展提供借鉴。①

《美国成人教育的哲学和争论》(1960年)一文主要对成人教育系统进行了探讨，如成人教育哲学问题。文章也有关于成人教育目的的一些重要见解：成人教育的作用是帮助人们学会认识事物，成人教育的目的是增进人们发挥社会功能行为的能力；应将成人教育的主要目的与社会发展联系起来。另外，文章还对关于机构的争论和劳工教育的情况进行介绍。这些都对我国成人教育学的发展产生了重要的影响。②

除此之外，还有菲力波夫的《苏联怎样扫除文盲——在第一次全国工农教育会议上的经验介绍》(李敬永译，1950年)和卡尔波娃的《苏联工人速成中学——在第一次全国工农教育会议上的经验介绍》(李敬永译，1950年)等文章对国外经验进行介绍，开拓了我国成人教育学的发展思路，并为我国成人教育学的发展带来一定的借鉴经验。

其中，关于借鉴国外研究经验的著作主要有：《苏联的教育》(许孟瀛编译，1950年)；工农教育丛刊编委会的《苏联的扫除文盲运动和工人教育》(1950年)；加拉什尼科可的《三十年的苏联教育》(徐警青译，1950年)；慕斯的《苏联的教育制度》(刘炳藜译，1950年)；比提斯金的《苏联全面教育》(成庆生译，1950年)；米定斯基的《苏联的人民教育》(李敬永译，1953年)；戴维的《南斯拉夫的成人教育》(陈羽纶等译，1963年)等。

1949—1965年，不仅有国内经验的汇总，而且有对国外研究的翻译介绍，前期主要介绍苏联的经验，后期介绍的其他国家经验逐渐增多。这给我国各种类型的成人教育发展带来参考和借鉴，对我

---

① 《苏联的高等函授教育——苏联高等教育部副部长 M·A. 布拉戈菲耶夫的谈话》，陈名南译，载《人民教育》，1953(3)。

② ［美］密勒：《美国成人教育的哲学和争论》，吴棠译，载《现代外国哲学社会科学文摘》，1960(2)。

国成人教育的发展起着重要的推动作用。我国的成人教育学研究在借鉴中是主动的,是有选择的,也是有重要原则的。成人教育学研究首先从价值目标来看,有一致性;其次从内容体系来看,有模仿性;最后从作用功能来看,有实用性。这些国外的研究经验,为中国成人教育学人所乐道,也为中国成人教育实践所服务。

五、成人教育学科特点

1949—1965 年,成人教育学科发展有政策的导引、支撑,取得了一定的成绩,确定了工农大众的教育主体,确定了成人教育学科的使命价值,也确定了与实践结合的务实精神,更确定了为政治服务的大局意识,表现为如下特点。

(一)不忘初心,坚持民众为主体的成人教育学科理念

成人教育学科研究,是从各种类型的成人教育入手的,不管扫盲教育、业余教育、干部教育,还是函授教育,都主要针对工作开展情况进行成果经验的总结。这有利于成人教育学实践的发展,也为成人教育学理论的发展奠定基础。

实践是理论的源泉。1950 年,教育部颁发了《关于开展职工业余教育的指示》《关于举办工农速成中学和工农干部文化补习学校的指示》《关于开展农民业余教育的指示》。同年 9 月,教育部召开的第一次全国工农教育会议指出,要重视工农干部的文化学习,扫除工农干部中的文盲,提高他们的文化水平。在新中国成立后的三年多时间,以毛泽东为核心的党的第一代中央领导集体高度重视工农干部教育和广大工农的扫盲教育,开创了新中国成人教育的新局面,取得了巨大的成就。扫盲教育,三年共扫盲的人数达 406 万人,广泛推行了"速成识字法",推动了汉字的文字改革。干部教育开展了各种形式的实用办学方式,创办了干部业余文化学校、工农干部文化补习学校、人民革命大学、工农速成中学、老干部特别班、夜大学等。此外,广大的厂矿企业举办了职工业余教育,采用多种形式对

职工传授技术和文化，改变了职工的文化面貌，提高了新中国工人阶级的政治和文化素质，发展了生产力。实践的活力与激情鼓舞着理论工作者，使他们将这些成果变成理论的思考，所以成人教育学的研究也主要集中在工作经验的总结与反思上。这也成为中国成人教育学的初心。

（二）不忘使命，坚持国家战略为基础的成人教育学科建构

成人教育学科体系具有国家主导的性质，这个新学科建什么，如何建，在相关的政策和文件中都有了具体的规定。从教育指向的大众性、教育主体的民众性、教育对象的广泛性、教育空间的灵活性、教育形式的多样性到教育门类的互通性，都有不同阶段的政策作为基础和动力，与一个积贫积弱的民族的崛起紧紧地联系在了一起，有新生国家的欣喜和稚嫩，也有新生国家的追求和理念，为后来的成人教育学的发展奠定了重要基础。成人教育学始终围绕民主政权建设、国民经济复苏、解放生产力、提高国民文化水平的主轴而展开，始终把发展教育事业作为巩固社会主义制度和开创国家经济建设新局面的重要依靠，在实践和思想理论上都做出了重大的历史贡献。在成人教育学研究过程中，广大研究者充分认识到，各种形式的成人教育的发展与生产实践相结合，不仅提高了生产效率，而且提高了人民群众的素质。教育形式也日益多样，针对工农干部的需要，业余教育、函授教育等多种教育形式应运而生。在党和国家的领导下，我国成人教育实践如火如荼地进行。所以，成人教育研究的发展，离不开国家政策的响应与号召，紧跟时代步伐，贯彻执行国家方针政策，呈现出相应的成人教育学科发展的特点。

（三）不忘本土，坚持弹性学习制度的成人教育学科特色

成人教育实践的途径和方式为：生产与劳动相结合，正规与非正规的教育形式打通；教育不仅要为胜任工作做准备，而且使人们应对社会提出的各种挑战。其中包括所有不同类型的生产劳动，使

社会在更高的物质文明水准上进行文化创造，从而提高整个社会的文明水准，增进人类的福祉与尊严，所以这个阶段的弹性学习制度成为主导。比如，扫盲教育政策与农村互助合作政策的结合，是那个阶段扫盲教育政策关注农民扫盲教育、农业发展及经济建设的体现。1953 年，我国开始对农业的社会主义改造，即把小农户逐步联合起来，运用新的农业生产工具和技术进行大规模的生产，形成农村互助合作组（社）。1949—1956 年，我国农业合作化经历了试办初级社、普遍建立初级社、农业合作化运动高潮的发展历程。在此过程中，党和政府意识到必须依靠群众进行农村合作化，依靠群众又不得不关注群众的文化水平，因此改变农村落后的文化状态也成为迫切任务。于是，相关部门把扫盲教育纳入农村合作化运动的发展规划中。1954 年 10 月 16 日，《教育部、中国新民主主义青年团中央委员会关于 1954 年冬学工作的指示》就农民学习提出具体要求；1955 年 3 月 1 日，《中共中央对教育部党组〈关于第一次全国农民业余文化教育会议的报告〉的批示》提出，农村互助合作运动和农业生产与扫除文盲相结合。新中国成立初期，我国处于农业占主导的生产力发展水平，农村人口占到全国总人口的三分之二，文盲也集中在他们之中。农村互助合作化运动的兴起是当时经济发展的必然需求，重点关注农民扫盲教育也是当时扫盲教育完成的必要任务。因此，农村互助合作政策与扫盲教育政策的结合就成为必然趋势。

成人教育在总体目标上，要按照社会发展的需要注重对社会的适应性，我国当时的两种教育制度正与成人教育的人才培养目标规格相一致。不仅如此，成人教育与生产劳动相结合的思想也为我国当今岗位培训和职业技术教育的发展奠定了良好的思想基础。

（四）不忘政治，坚持规范教学制度的成人教育学科坚守

1956 年 3 月 29 日，中共中央、国务院向全国颁布的《关于扫除文盲的决定》指出："在全国范围内积极地有计划有步骤地扫除文盲，

使广大劳动人民摆脱文盲状态，具有现代的文化，这是我国文化上的一个大革命，也是国家进行社会主义建设中的一项极为重大的政治任务。"1949 年以后，我国的业余教育方针是"速成的、联系实际的，但又是正规的"。这个"正规"不是指讲究学习形式、学习地点和上下课的种种规矩，而是指农村扫盲工作有一套较为完整的规章制度，对扫盲目的、动员政策、扫盲标准、课程、学制、教学经费、教学考核、教学公约、教材都做了比较详细的规定。第一，在课程设置上，它规定政治课、识字课为主要科目，规定扫盲群众的日常生活秩序和社会实践。第二，在扫盲标准上，国家根据经济、文化、生产技术发展和社会要求进行规定与变更。1953 年 11 月，全国扫除文盲工作委员会提出农民应认识 1000 个常用汉字，能阅读通俗书报，能写常用便条、收据。1956 年 3 月，《关于扫除文盲的决定》提出将识字量提高到 1500 字，增加适当的珠算内容。第三，在教材编写上，根据群众所需，教育部除统一编著《农村日用杂字》《实用四言常识》《农民语文课本》《算术课本》外，还要求各地区有相应的补充教材；出版《学文化》《扫盲通讯》等杂志，提倡"书报下乡"，建立农村阅览室、图书馆配合扫盲工作。第四，在师生关系上，规定两者应紧密配合，要求教员了解学员的性格特征，切实关心他们的疾苦，要求学员积极学习，配合教员的工作，对优秀教员、学员进行适当的奖励。第五，在学习、考试制度上，它有学习公约、学习纪律、分班、分级、考试、测验、记分、升级、留级、结业、毕业等某种程度上较为完善的教学制度。少数地方还采用选科分班、分科结业、单科进行或者两科并进的办法，平常进行测验，最后进行考试，由政府给成绩合格者发识字课学习的毕业文凭或单科文凭，正式脱盲。

　　这些规范的教育制度也为成人教育学科注入了规范之源、自信之源。这种新的教育制度的实施，内在的规律性在哪里？如何能够更有效？如何能够更好地满足这些特殊学习群体的需要？这些是成人教育实践中的问题，更是成人教育理论研究亟待解决的问题。

六、成人教育学科发展的反思

实践的高度和水平决定了理论的高度和水平。从理论研究来看，针对成人教育实践活动中出现的问题进行的行动研究最为普遍，经验总结性的研究成果也不少，但有关成人教育理论与学科体系的研究寥寥无几，相对于西方发达国家成人教育研究的学术水平而言，差距较大。这种状况到了 20 世纪 80 年代以后才有了根本的改变。①

（一）缺乏专业的研究团体和机构

成人教育学科有自身的特殊性，它的基因与相关制度有不可分割的关系。政策规定框架体系、核心理念和价值诉求。频繁出台政策，但是成人教育学的理论研究滞后，要更好地适应社会经济和成人教育发展的迫切要求，迫切需要研究主体的多元化。从初期来看，虽然成人教育研究主体涉及的行业较广，但是专业的研究人员很少，而且大多数的专业研究人员主要集中在一线的实践者，高校的教师和研究机构的研究人员参与较少，影响了理论的先导作用。研究主体要实现多元化，一方面应进一步充分发挥成人教育学会学术研究团体和成人教育研究机构的学术研究与交流功能，发挥专业成人教育团队的核心骨干作用；另一方面需要进一步提高社会对成人教育的关注程度，改变传统观念，调动社会各界相关人士，特别是一线的成人教育工作人员，以形成更强大的研究力量，加快成人教育研究的发展步伐。

（二）注重经验描述，有待科学化

成人教育研究仍然过分注重经验总结，忽视先进的理论引导，其理论积淀极为匮乏。我国成人教育学的相关研究大多是对我国成

---

① 韩钟文、杜以德：《成人教育学科建设的历史回顾》，载《成人教育》，2006(11)。

人教育实践，如扫盲教育、干部教育、职工教育等的简单梳理和记载，渗透其中的方法大都是一些简单常见或者各学科通用的具体方法，如调查法、问卷法、访谈法等，还没有上升到方法论的高度对成人教育进行理论上的阐述和演绎。这一问题固然与成人教育发展时间短、研究群体不成熟密切相关，更与成人教育研究领域缺少理论兴趣及长远的战略眼光，缺乏研究方法的关照和研究范式的推广直接相关。

与此相比，国外成人教育的科学研究却显得非常活跃，并有了一定的丰厚积累。专家认为，国外成人教育理论研究与学科建设的历史大致可划分为起步、发展与转型三个时期，即成人教育问题与理论研究的起步期(20 世纪 20 年代以前)，成人教育研究发展与成人教育学科形成期(20 世纪 20—60 年代)，成人教育理念转型与成人教育理论研究、学科发展"走向成熟"期(20 世纪 70 年代至今)。从国外成人教育学科的发展情况就可以看出，其理论的成熟要在我们之上。

我国成人教育学研究还处在探索阶段，成人教育学科理念初步形成，成人教育学科门类初步建立，成人教育学科特点也初步彰显，为以后成人教育学科的发展奠定了重要而坚实的基础。

第二节　成人教育学的发展受阻(1966—1976 年)

成人教育学科的发展与社会政治环境有着重要的关系，包括经济发展、政治生态、文化传承都会对成人教育学科的发展产生重要影响。因为，成人教育学研究的重点应该是成人对社会发展与变革的作用，在这个意义上成人教育可以引发新的社会形式，是一种着力于社会变革的社会教育。在"文化大革命"十年，成人教育研究工作和学科的发展受阻。

一、成人教育学的实践基础

1966 年，"文化大革命"爆发，我国开始陷入长达十年的混乱之中。文化教育领域掀起了翻云覆雨的改革，国家各项事业都受到强烈冲击，成人教育领域成为这场革命的重灾区。

（一）成人教育发展的政治影响

成人教育受到"文化大革命"的影响较大，成人教育政策的制定和颁发机构几近瘫痪，成人教育政策的执行部门也遭到解散，只有极为少数的一些地方还在坚持扫盲。

（二）成人教育发展的"经济动力"

"文化大革命"期间，国家经济建设处于停滞不前的状态，教育为政治服务占据上风，经济在教育发展中丧失话语权。经济的失语使成人教育的人才培养目的、成人教育内容和成人教育政策成为实现这些目的的工具。

二、成人教育学的制度基础

成人教育思想与制度有了更多的政治倾向和功利目的，虽然成人教育应该承担起机体运作的一部分责任，但是其功能却已失调，不能正常运作。

（一）扫盲教育政策

当时扫盲教育政策的颁发严重受阻，出现了停滞，甚至是倒退。尤其是"文化大革命"前半段时间，扫盲教育政策的颁发机构陷入瘫痪，扫盲教育政策依从于政治，扫盲教育政策的目标、内容、指导思想都以实现政治目的为出发点。

扫盲教育政策不是作为一个应该独立存在的体系而存在，它同其他所有的教育政策一样，其作用主要是为政治服务。这样扫盲教育政策的功能观使扫盲教育一片混乱，扫盲教育政策坚持实现政治目的的基本观点。

（二）五七干校与干部教育

1968 年 5 月 7 日，大批机关干部被下放劳动，当时开办了一所农场，定名为五七干校。这种影响从中央逐渐渗透到地方。全国各地在农村办起五七干校，纷纷响应号召。这样就使大批干部、教师、专家、文艺工作者被下放到农村，教育部、高等教育部、人民教育出版社等机关的行政机能几近瘫痪。可以说当时国家的法制建设几近空白，成人教育政策的制定和发布也处于停顿状态。

(三)厂办七二一大学和工农教育

《关于 1974 年教育事业计划(草案)的通知》指出，发展厂办工人七二一大学和工农教育，特别要加强上山下乡知识青年的业余教育。《1975 年教育事业计划(草案)》同样也做出类似说明。可惜的是，这些教育规划的文件并没有得到很好的执行。

"文化大革命"时期一些文化教育机构部门陷入混乱，成人教育政策的颁发曾经一度停止，这与成人教育政策的颁发机构的意志和秩序密切相关。教育成为众矢之的，其目的、内容、方法被改为以政治为核心，教育机构部门也几近瘫痪。没有成人教育政策强有力的支持，全国成人教育的受惠人数大幅度减少。

三、成人教育学科研究

1966—1976 年以"成人教育"为关键词导出参考文献，主要集中在农村成人教育和函授教育的研究两个方面。

(一)关于农村成人教育的研究

中国是一个农业大国。农业生产、农民群体一直是成人教育的重点。在成人教育理论研究中，培养农业机械化人才和面向农村办学的经验即使在十年"文化大革命"中也没有间断。关于农村成人教育研究的论文有：《积极为农业机械化培养人才》(1975 年)、《把函授教育送到农村中去》(1975 年)、鄂涵源的《面向农村办学》(1966 年)、《函授教育结硕果　卫生战线添新兵》(1977 年)、《办好函授教育　加速培训赤脚医生》(1976 年)、《工科院校在农村办函授很有必要》

（1975 年）、《积极举办函授教育 大力为农村培养中学教师》（1975
年）、《办好"农村房屋建筑"函授短训班》（1975 年）、《养猪函授教育
试点班工作总结》（1975 年）。

从这些研究中可以看到当时农村生活的真实情况，同时也可以
看到成人教育在当时农村生活中的印记。赤脚医生、农业机械化、
开门办学……成人教育学科成为农村生活的见证。

（二）关于函授教育的研究

成人高等教育当时的主要形式就是函授教育。函授教育也有许
多政治色彩，开门办学、送教下乡是其重要的形式。关于函授教育
研究的论文有：《为巩固无产阶级专政办好函授教育——我院第一期
函授学员开始学习》（1975 年）、文戈的《从中学生的"缺门"谈到高师
应多种形式办学》（1975 年）、《我校为知识青年举办业余函授教育》
（1974 年）、《为上山下乡知识青年办好函授教育》（1974 年）、《我校
开办业余函授教育》（1974 年）、《炼思想，炼业务，思想、业务双丰
收——庄河县中医函授教育工作介绍》（1966 年）。

当时的学科成果甚少。实践不体现规律，理论工作者的思想被
禁锢，其表达偏平，成人教育学科的发展出现了大的坎坷和偏移。

四、成人教育学科特点

"文化大革命"期间，成人教育法制进一步地被弱化、践踏，导
致成人教育非正常的发展。

当时批判传统教育思想和制度，批判 1949—1965 年的教育实
践；建立为无产阶级政治服务的体系；成人教育学科体系出现嬗变，
大力发展工农教育和七二一大学等类型的教育；辐射农学、水利、
牧医、果林等专业。成人教育学科的政治文化色彩突出，成人教育
学科自身的规律难以遵循。

五、成人教育学科发展的反思

1966—1976 年，中华人民共和国的教育遭受了"文化大革命"的

严重冲击。全国各级各类学校的教育秩序被打乱，1949—1965 年的成绩和经验被错误地否定。在此期间，我国的成人教育学科受到了严重的干扰和破坏，给我们留下了深刻的教训。

（一）成人教育学科的文化使命

成人教育有传承文化的历史使命。当一种理念被社会大多数人认同的时候，文化便应运而生，故而文化也是一种社会氛围、一种时代的风向标。人类在其进化过程中，依靠文化的传承沿袭自己的文明，也依靠文化的积淀书写自己的历史。时代发展到今天，我们深深感觉到文化是如此影响人们的生活，影响人们的生活方式，影响人们未来的发展。文化是一个深受客观规律支配的历史发展过程，在文化规律的支配下，文化是连续发展的，其历史进程是由低级向高级演变的。同时，文化的发展过程是继承性和创新性的辩证统一。文化的传承和积累，使人类文化的精华不断延续下去，这是文化的继承性。文化也不是一成不变的，而是在不断进步与创新的。成人教育学科存在的重要价值和意义与文化的传承有着重要的关系，抽取了文化的根脉，成人教育学科也就没有存在的根基和土壤了。

（二）成人教育学科的政治功能

从我国成人教育来看，它的兴起是近百年的事情。比起老牌资本主义国家，我国的成人教育起步晚、发展慢，而且其兴起的直接原因亦有所不同——主要是为适应民主革命的需要。

第一次变革是 20 世纪初的废科举、立学制、兴学校。它使中国古代教育转变为以西方现代学校制度为蓝本的新教育。尽管这次变革是清末封建王朝以"新政"的方式推行的，具有浓厚的封建主义色彩，但它毕竟打破了自我封闭的文化价值体系的外壳，使学校教育制度靠近了世界教育体系。

第二次变革是新文化运动。教育的变革受到了进步主义教育思潮的冲击，中国从移植、模仿别国教育中发现了传统文化中科学技术的落后，以及教育内容的狭隘和教育类别、教育层次范围的局限，由此产生了与世界现代教育模式相呼应的各级各类教育。平民教育、扫盲、函授、自修、工农教育应运而生，尤其是中国共产党领导下的革命根据地教育为中华人民共和国的工农教育、干部教育的创立奠定了坚实的基础。另外，社会政治因素对于成人教育学科的影响包括两个方面：一是政治体制的改革制约和影响成人教育学的发展；二是社会结构的开放制约和影响成人教育学的发展。基于此，我们可以理解成人教育学的兴起源于民众文化运动，这也正是成人教育学本来应该具有的属性特征。

第二章

成人教育学的积极恢复
阶段(1977—1986 年)

"文化大革命"结束，一切都在恢复发展中。在对历史的反思审视中，一切逐渐回到了正途：在这一阶段，各种成人教育实践活动积极恢复，成人教育学科也在积极恢复中健康发展。1982 年，成人教育的名称得以统一，出版并发表了相关著作和论文，设立了研究机构，创办了专业刊物，开展了一系列课题研究和国际交流活动。这期间理论研究开始复苏，国外相关的理论成果也不断被引入，我国成人教育学人真正开始着手建设本土的成人教育学科体系。由于成人高等教育在该阶段强劲发展，再加之研究者多以高校成人教育学院的工作者为主体，所以成人教育学科研究一方面在教育学一级学科体系下寻找合法的地位，另一方面模仿教育学一级学科体系构建具有自己特点的学科体系。

第一节　成人教育学的实践基础

一、积极恢复，发展经济建设

1978 年，党的十一届三中全会顺利召开，带动各项事业的大整改，教育与扫盲教育也随之拨乱反正。成人教育政策的颁发机构恢复运作，成人教育政策的颁发重新进入国家政策的议事日程，使成人教育得到迅速恢复和发展，使成人教育在思想解放和发展经济的双轮驱动中勃兴。

二、积极恢复，兴办教育事业

1977 年 8 月 8 日，邓小平在科学与教育工作座谈会上发表重要讲话，指出教育还是要"两条腿走路"，就高等教育来说，大专院校是"一条腿"，各种半工半读的和业余的大学是"另一条腿"。

1977 年恢复高考，人们被压抑的对知识的渴望充分地释放出来，"学好数理化，建设四个现代化"成为当时民众的普遍心声。教育在经济建设中的地位被再次确立，教育的功能被再次强调。这些都为成人教育的恢复发展奠定了重要基础。

三、第一轮成人教育热

党的十一届三中全会拨乱反正，迎来了第一轮成人教育热。此时我国的成人高等教育充当了学历教育补充的角色。我国高等院校高度集中在中心大城市和经济、文化发达地区，许多老、少、边、穷地区的青年由于众多原因无法到那些大城市求学。而成人高等教育使"上门求学"变为"送学上门"，将我国高度集中的优质高等教育资源辐射到全国各地，使考生缓解了工学矛盾，降低了求学成本。特别是以这种方式培养的人才，大多数都留在本地工作，为本地区的经济建设服务，满足了本地区的人才需求。更重要的是，成人高等教育使各地区的年轻人都能获得受教育的机会，避免了高等教育资源分配不公平的不良后果。成人高等教育自筹经费办学，在不给国家财政增加压力的情况下，既没有占用过多的资源，又能够给社会培养大量的应用型人才。

第二节　成人教育学的制度基础

在我国成人教育制度的积极恢复阶段，重建各级工农教育管理机构，积极恢复农村成人教育、职工和干部培训、成人高等和中等教育制度。1985 年，《中共中央关于教育体制改革的决定》提出，"有关干部、职工、农民的成人教育和广播电视教育是我国教育事业极为重要的组成部分"，应"改进和加强这方面工作"。由此，大批的职工大学、广播电视大学、干部管理学院、成人中专等，都在这个阶段建立，尤其是夯实了成人教育的主要教育形式：职工教育、农村教育、扫盲教育、青年工人双补等，并确定了相应的培养目标、招收对象、修业年限和毕业要求，为社会主义现代化建设培养了大量的实用人才。这些重要的政策成为决定成人教育学科方向的思想与制度。

一、积极恢复扫盲教育制度

1978 年 11 月 6 日，《国务院关于扫除文盲的指示》发布，要求各地根据本地的情况，制订具体的扫盲计划，采取一系列有效措施，"一堵、二扫、三提高"。由此，扫盲教育制度正式恢复，扫盲的内容、形式和深度都发生了重大改变，扫盲步伐加快。

二、积极恢复农村成人教育制度

这一阶段，积极恢复农村成人教育，颁布了一系列政策措施。1982 年 6 月，教育部印发《县办农民技术学校暂行办法》。1987 年 1 月 23 日，国家教育委员会（现为教育部）发布《关于成人中等专业学校招生工作有关问题的通知》。1987 年 12 月，国家教育委员会、农牧渔业部、财政部印发《乡（镇）农民文化技术学校暂行规定》。扫盲的同时还面向农村劳动力开展了农村生产与经营等方面的实用技术培训，为后来大力推进农科教结合和三教统筹奠定了基础。

三、积极恢复职工业余教育制度

为了顺利实行第六个五年计划，党中央和国务院把大力加强职工教育作为一项战略措施，给予了高度重视。1981 年 2 月 20 日，国家正式颁布了《中共中央、国务院关于加强职工教育工作的决定》。
这是我国 20 世纪 80 年代初关于职工教育的重要的纲领性文件，它
的颁布标志着我国职工教育开始进入有计划地实行全员培训和建立
比较正规的职工教育制度的新阶段。

四、积极恢复成人高等教育制度

（一）广播电视大学

1978 年 11 月 26 日—12 月 3 日，教育部和中央广播事业局在北
京召开全国广播电视大学工作会议，讨论电视大学筹办工作的指导
思想，制订《中央广播电视大学试行方案》，对开办电视大学需要解
决的编制、经费、物质条件等问题做了安排。

（二）普通高等函授教育、夜大学

1980 年 4 月 10—16 日，教育部在北京召开高等学校举办函授、
夜大学工作会议。会议提出，两种教育制度的思想是完全正确的，
要发展我国的教育事业，必须"两条腿走路"。普通高校举办函授教
育、夜大学是业余教育的一种重要形式，是培养专门人才的有效途
径。新的历史时期，更要发展它，并将其纳入教育事业计划，积极
稳步地发展。

（三）高等教育自学考试

1981 年 1 月 13 日，国务院批准教育部的关于《高等教育自学考
试试行办法》的报告，决定建立高等教育自学考试制度。1982 年 3 月
10—16 日，教育部在北京召开高等教育自学考试试点工作座谈会。
1983 年 5 月 23—26 日，全国高等教育自学考试指导委员会在北京举
行第一次全体会议。

第三节　成人教育学科概况

积极恢复是成人教育学科能动的、全方位的和更新跨越式的恢

复。从属性功能到组织机制，从体系架构到理论成果，从队伍建设到对外交流，恢复成人教育学科应有的本性初衷，恢复成人教育学科本来的格局和作为。说成人教育学科是能动的恢复，不仅有成人教育学科名称的统一，而且有大量学者投身在理论研究中；说成人教育学科全方位的恢复，不仅有许多学科空白被填充，而且政策、理论、实践全方位跟进；说成人教育学科更新跨越式的恢复，不仅说它超越了之前 27 年的发展的总和，而且有在全新的视野上与世界成人教育学科发展进行积极接轨。

一、"成人教育"名称的统一

"成人教育"名称的统一为成人教育学科的形成和发展奠定了基础。1982 年 8 月 16 日，教育部经国务院批准，将此前设置的工农业余教育司改建为成人教育司。这是我国历史上首次以"成人教育"概念命名的政府职能部门。因此，从 1982 年起，我国正式把相关成人教育活动称为成人教育，为纷繁复杂的成人教育活动确定了统一的名称。"成人教育"的冠名，不仅为成人教育学科的形成和发展奠定了基础，而且为成人教育学科竖起了一面旗帜。名正则言顺，同时成人教育学科发展也有了坚实的组织保障。

二、恢复对成人教育学科体系建设的探讨

这一阶段的著作和论文主要分为两大类：一类侧重于对本土成人教育实践的思考，并且开始了对本土成人教育实践和学科体系建设的探讨；另一类侧重于对国外成人教育的介绍和对国外成人教育著作的翻译，论文多以论文集的形式由协会等出版，约有 10 部论文集，侧重于介绍国外的成人教育状况。这些著作和论文对于当时我国快速了解国外的成人教育状况、把握成人教育发展前沿和推动我国成人教育学科建设提供了有利途径，同时也引导国人开始了成人教育学科的本土化探索与建设。整体而言，后一类研究的比重较大。因此，这一阶段的成人教育学科知识主要来自对国外文献的翻译、

引进与借鉴。

（一）对本土成人教育实践和学科体系建设的探讨

体现这一特点的著作有：李本栋的《职工技术培训》（1981 年）、王守安与王显润的《职工教育经济概论》（1981 年）、中央教育科学研究所（现为中国教育科学研究院）教育制度研究室的《职工教育与人才培养》（1981 年）、余博的《农民技术教育初探》（1984 年）、施斌的《职工教育浅说》（1984 年）、李继贤的《工农教育与教学》（1984 年）、邵燮麟的《信息、控制、系统与成人教育》（1985 年）、臧永昌的《中国职工教育史稿(1915—1983)》（1985 年）、张正身与徐良驹的《职工教育学》（1985 年）等。论文有：余博在《中国成人教育的起源问题》（1982 年）一文中分析了中国成人教育的起源。① 高学镛在《建立成人教育体系的设想》（1982 年）一文中对构建成人教育体系提出了设想，认为要建立和完善成人教育体系必须遵循群众性和社会性原则、生产性原则、多样性原则、灵活性原则、衔接性原则。② 张健在《积极开展成人教育科学研究工作》（1984 年）一文中提出了建立适合中国国情的成人教育科学体系的构想。③ 还有张金川的《函授教育基本规律初探》（1984 年）、王垂芳的《成人教育的国际交流和研究趋势》（1984 年）等文章也对此进行了研究。

（二）国外成人教育思想的引进与借鉴

体现这一特点的著作有：人民教育出版社《外国教育丛书》编辑组的《业余教育的制度和措施》（1979 年）、孙世路的《外国成人教育》（1982 年）、杨连江与蒙定明的《国外企业职工教育》（1983 年）、《北京成人教育》杂志社的《成人教育调查报告选》（1984 年）、上海第二教

---

① 余博：《中国成人教育的起源问题》，载《成人教育》，1982(1)。
② 高学镛：《建立成人教育体系的设想》，载《成人教育》，1982(2)。
③ 张健：《积极开展成人教育科学研究工作》，载《北京成人教育》，1984(Z1)。

育学院与上海市成人教育研究室的《外国现代成人教育理论》(1985
年)、教育科学出版社编辑部的《联合国教科文组织成人教育简讯》
(1985 年)等。这些著作侧重于对国外文献进行翻译,对国外成人教
育进行介绍,并汇集一些成人教育调查报告。论文有:王健良的《瑞
典的成人教育》(1983 年)、周戎的《美国的成人教育组织》(1984 年)、
王恩发的《克鲁普斯卡娅论成人教育》(1985 年)、徐寅等人的《国外成
人教育的发展情况》(1985 年)、关世雄的《世界成人教育的发展趋势》
(1985 年)等。这些论文大多是对国外成人教育理论与实践活动的介
绍和引进。

三、相继设立成人教育研究机构

改革开放以后,成人教育学界开始拨乱反正,开始注重搭建学
术交流平台,设立相关成人教育研究机构,聚集成人教育研究者,
形成定期的学术讨论研究氛围。这一阶段开始设立了一些研究机构,
按照其组建主体,可以分为由官方组建的研究机构、由高校组建的
研究机构和由社会群众组建的学术团体三类。

由官方组建的研究机构有:1978 年重建后的中央教育科学研究
所成立了教育制度研究室(成人教育研究中心的前身),开始有了专
职的成人教育理论工作者。1979 年,教育部所属中央教育科学研究
所下设成人教育研究中心,标志着成人教育专门研究机构和专职理
论工作者的出现。随即,京、沪、津、黑、辽、豫等省(自治区、
市)各级政府教育行政部门和教育科学研究院也相应组建了成人教育
研究机构①,从而形成了从中央到地方完整的研究机构体系。此类
机构由政府行政部门负责组织与资助,其研究重点在于关注国家或
本地的成人教育改革与实践的重大理论问题和现实问题,并为各级

---

① 　董明传、谢国东、叶忠海等:《中国成人教育改革发展三十年》,277 页,北京,
高等教育出版社,2008。

政府提供相关的决策咨询与服务。

　　由高校组建的研究机构有：1981 年，华东师范大学最早设立我国高校成人教育研究机构——成人高等教育研究室。以华东师范大学成立成人高等教育研究室为起点，全国各高校亦相继组建了自己的成人教育研究机构①，华中师范大学、中央电视大学、上海第二工业大学等不少高校或独立设置的成人高校先后成立了成人教育研究所（中心、室）。②

　　由社会群众组建的学术团体有：1981 年，中国成人教育协会成立，它是我国群众性成人教育学科研究的组织。之后，相继设立了中国职工教育研究会、中国继续工程教育协会、中国职工思想政治工作研究会、中国老年教育协会等成人教育学术团体。各系统和各省区先后相继成立了成人教育研究的分支团体和地方学术团体。

　　成人教育研究机构的设立，为成人教育学科建设奠定了良好的研究队伍基础。全国范围内，形成了以少数专职研究人员为骨干、以建制研究人员为数量主体、专兼职相结合的成人教育研究队伍。③

四、初步创办成人教育专业刊物

　　这一阶段开始了首批成人教育专业刊物的创办。1980—1981 年，《成人教育》（黑龙江省教育学院主办）、《北京成人教育》（北京教育委员会主办）、《成人高等教育研究》（华东师范大学等主办）、《山西成人教育》（山西省教育委员会主办）等第一批刊物的创办，促使从中央到地方的各级各类研究机构、院校和组织纷纷创办自己的学术期刊。专业刊物的相继创办，为成人教育学科的发展奠定了学术交流和讨

①　董明传、谢国东、叶忠海等：《中国成人教育改革发展三十年》，246～247 页，北京，高等教育出版社，2008。

②　董明传、谢国东、叶忠海等：《中国成人教育改革发展三十年》，277 页，北京，高等教育出版社，2008。

③　董明传、谢国东、叶忠海等：《中国成人教育改革发展三十年》，277 页，北京，高等教育出版社，2008。

论的平台。

五、开始成人教育课题研究活动

课题研究即突破研究者的分散性、个别性、局部性的科研活动状态，转而由国家或地方政府出面组织起具有集中性、整体性、规模性的研究活动。自 20 世纪 80 年代始，国家实施了以 5 年为周期的教育科学规划。如表 2.1 所示，1983 年，第二次全国教育科学规划会议上，共有两项成人教育课题首次被纳入"全国教育科学规划"，分别是张腾霄的"干部教育问题研究"、王文林和余博的"成人教育概论"。从此，成人教育开始了自"六五"（"第六个五年计划"的简称）之后的课题研究，为日后有目的、有计划、有组织、有资助地开展成人教育学科建设提供了规划准备。

表 2.1　全国教育科学规划"六五"期间成人教育课题一览表

时间	序号	课题名称	课题负责人	工作单位	课题类别	立项年度
"六五"期间	1	干部教育问题研究	张腾霄	中国人民大学	教育部	1983
	2	成人教育概论	王文林、余博	黑龙江省函授学院、中央教育科学研究所	教育部	1983

第四节　成人教育学科成果

这一阶段我国成人教育学人在翻译引进国外成人教育学著作的基础上，真正开始着手积极恢复本土成人教育学的构建。学人的成人教育学科建构活动是富有开创意义的，也是负责担当、勇敢坚定的。面对早些理论研究滞后、学理探索匮乏的现状，如今有如此开创活动令人钦佩。关世雄的《成人教育的理论与实践》（1986 年）、邵燮麟的《信息、控制、系统与成人教育》(1985 年)、邓连林的《成人教育课程发展理论》(1986 年)这些专著在那个特定的阶段成为成人教育学科发展的重要路标。这一阶段的专著呈现出这样的特点：首先，有了最朴素的成人教育学科意识，模仿教育学的学科建构，由前一阶段单列的从干部教育、扫盲教育、函授教育等个别类型入手，转变为成人教育学科集中呈现，集体亮相，集体表达；其次，有理论，有实践，在实践的基础上着力进行理论阐释；最后，有本土智慧，也有国外经验。积极恢复阶段的成人教育学是对教育学遮蔽下的成人"教育"之学的探索。

一、关世雄的《成人教育的理论与实践》

由北京出版社出版的关世雄的《成人教育的理论与实践》(1986 年)，这本著作的问世在当时具有总结和集大成的作用，也成为成人教育学科发展转化的重要的过渡性标志。马克思主义的辩证唯物主义哲学理念在成人教育学科研究中起着重要的指导作用。它以成人教育制度论、成人教育通论、成人教育系统论三个独立部分构成理论体系。这本著作不仅融汇了当时本土成人教育的主要实践形式：职工教育、岗位培训、成人高等教育、自学考试、广播电视教育与函授教育，而且有老龄教育、农民教育等。同时，它也试图将国家政策引导下所产生的各种经验模式进行总结归纳，并在此基础上探讨成人教育的规律和特点、管理机制等实践中亟待解决的理论问题。更为重要的是，大众学习的理念突出，切中成人教育的核心价值，不仅强调工作中的学习，而且强调生活中的学习，以超越功利主义的辖制，充分体现了学习主体的多样性。这本著作所具有的成人教育学科应有的理论性、应用性、实践性凸显。其目录体系如下。

第一章　学习与贯彻党的教育方针政策
　　　　学习与贯彻中央《加强职工教育工作的决定》

这本著作的理论贡献体现在以下几个方面：第一，初创成人教育学体系，以成人教育制度论、成人教育通论、成人教育系统论三个独立而又有联系的部分构成理论体系。第二，成人教育政策、实践、理论三者高度融合统一，体现成人教育学科早期发展中应用学科的性质和特点。第三，这本著作的理论体系是一种既关注成人教育价值选择，又注重成人教育规律探讨的理论体系。第四，这一阶段的思想制度和成人教育实践经验乃是成人教育学科的核心所在，成为其理论体系的经验规准，并在实践中得到较为详尽和生动的描述。

二、邵燮麟的《信息、控制、系统与成人教育》

由重庆出版社出版的邵燮麟的《信息、控制、系统与成人教育》(1985 年)体现了懵懂的成人教育学科的科学化意识，试图以科学理念指导成人教育学科研究。这本著作以成人教育信息论、成人教育控制论、成人教育系统论三个独立部分构成理论体系。这本著作运用信息论、控制论、系统论的观点和方法研究成人教育这一社会现象，并运用控制论研究成人教学过程的系统模型，以及可靠、稳定的教学方法。它旨在运用信息论、控制论和系统论"三论"的思想与方法推动成人教育的研究。它借助信息、控制、系统科学理论体系来揭示成人教育学内在的规律性。它在方法论上努力摆脱应用性学科的桎梏，同时摆脱制度体系下的学科视野和功利倾向，还成人教育学科以学术性、科学性。方法论的突破给成人教育学科研究带来了本质意义的复归。信息接收与成人大脑结构、控制模型与成人教育模式的特异性、系统思维和成人教育的内在联系系统与外在开放系统，这些科学的研究直接揭示成人教育的本质和内涵，触及成人教育学科的逻辑起点，也切中成人教育学的体系构建等重要基础理论问题，为后世的成人教育学研究奠定了重要的科学基础。其目录体系如下。

这本著作的理论贡献体现在以下几个方面：第一，初创成人教育学的科学研究方法，以信息论、控制论、系统论三大科学理论为工具剖析成人教育学的三大基本问题：成人学习者、成人教学、成人知识的获得。第二，在政策统领的成人教育学科体系下，初步探索成人教育学科自主发展的新路和成人教育学科科学建构的方法，有着重要的创新性和开拓性。第三，这本著作的理论体系是一种既关注成人学习者的主体价值，又注重成人教育规律探讨的新理论体系。第四，成人学习者的大脑机制和学习特点成为研究的核心，在此基础上研究成人教学的开展以及成人获取信息的途径和来源。它在逻辑展开上具有前后承继的关系。

成人教育学应有自己的规律：它从培养目标、专业设置、课程安排到教学计划、教材选用等方面有特色，针对性要强，才能满足广大成人学生的需要，避免出现"成人不成，夜大不大"的现象。它强调专业要求和理论的系统性的同时，满足成人自身的需要和基本素质要求，重视动手能力和实践能力的提高；在教学方法上，不仅注重理论灌输和知识传授，而且重视对实践操作和运用能力的培养；在质量评价上，重视对学生的实践能力、运用能力、创新能力的考核。成人教育学在努力纠正成人教育"普教化"的现象，挖掘成人教育中教的独特性，避免成人教育隔断与社会的联系而限制其功能的发挥。

　　总体来说，该阶段的成人教育学著作的体系结构并不缺少宏大主题的叙事展开，不缺少构架体系的新颖创意，也不缺少结构布局的科学设置。特别是注重理论基础研究，尤其是加强实地研究、实证研究、理性研究以及诸如实验法、调查法、文献法、统计法等具体研究方法的交流与规范，通过研究成人教育学科族群的成长与成熟，发展和构建有成人教育学自身特色的研究范式与研究方法，用科学的方法引导成人教育理论研究，以先进理论指导成人教育实践，通过成人教育实践探索并推动成人教育理论的发展与方法创新，这些都显得弥足珍贵。

第五节　成人教育学科研究

　　在这一阶段，成人教育学科的理论成果主要体现在：成人教育体系建设"科学"打造，成人教育教学和业余教育教学等方面研究成为成人教育学科研究的重点。我们惊奇地发现，成人教育学科从恢复起，便坚持终身教育理念，坚持大众教育的价值诉求，在风起云涌的成人教育实践中保持着清醒的目标和方向，捍卫着学科根基，客观上也在实践的偏颇中行使着矫正功能。这些都与其优质、强大的学科基因有关，尽管微小，但胚胎优秀，发展向好。

一、成人教育教学论成为学科研究焦点

　　该阶段的理论研究从成人教育教学的原则、特点、方法、模型等入手展开分析，探讨其规律性。唐积文在《关于如何建立成人教育教学论的初探》(1982 年)一文中提出，成人教育教学论是成人教育学的重要组成部分。[1] 穆群在《成人教育教研机构建设刍议——试谈教

---

[1]　唐积文：《关于如何建立成人教育教学论的初探》，载《成人教育》，1982(2)。

研室的性质、任务、组织形式和工作方法》(1983 年)一文中强调成人教育教研机构对于开创成人教育教学研究新局面有重要的现实意义。[①] 张金川在《函授教育基本规律初探》(1984 年)一文中探讨了函授教育的基本规律、函授教育的先决条件和基本教学环节以及函授教学的基本原则。最后指出只要我们遵循函授教育规律办学，勇于改革，函授教学质量就能得到提高。[②] 邵景峰在《成人教育的教学原则》(1982 年)一文中系统地介绍了成人教育教学过程中须遵循的六项原则，指出成人教育的教学原则是彼此联系且相辅相成的，且教学过程中教学原则之间的相互配合使用是非常重要的。[③] 肖汉光在《对我国成人教育"速成"教学方针的再认识》(1984 年)一文中提出要重新认识"速成联系实际"的教学方针，强调成人教育的学制、课程、计划、大纲、教材、教法等方面要做到实事求是，一切从实际出发，理论联系实际，才能取得既速又成的教学效果，从而使我国成人教育教学工作取得更大成效，为我国的社会主义四化建设事业贡献更大力量。[④] 朱华在《论成人教学的特点》(1985 年)一文中从成人的学习动机来研讨成人教学的特点。[⑤] 邢颖在《成人教育教法探讨》(1985 年)一文中，从教学实践出发，提出要根据成人教育自身独有的特点选择新的教学方法，以找到符合成人教育规律的新型教学方法。[⑥] 孟庆福在《浅谈成人教育数学教学课型的设计》(1986 年)一文中，结合其自身的教学实践来探讨如何根据成人的特点设计数学课型，主要分析了三种类型：分析比较课型、自学指导课型和短讲长练课型。[⑦]

[①] 穆群：《成人教育教研机构建设刍议——试谈教研室的性质、任务、组织形式和工作方法》，载《成人教育》，1983(3)。

[②] 张金川：《函授教育基本规律初探》，载《高师函授》，1984(6)。

[③] 邵景峰：《成人教育的教学原则》，载《成人教育》，1982(4)。

[④] 肖汉光：《对我国成人教育"速成"教学方针的再认识》，载《成人教育》，1984(5)。

[⑤] 朱华：《论成人教学的特点》，载《职业教育研究》，1985(3)。

[⑥] 邢颖：《成人教育教法探讨》，载《北京成人教育》，1985(10)。

[⑦] 孟庆福：《浅谈成人教育数学教学课型的设计》，载《成人教育》，1986(2)。

鲁明健在《掌握成人业余教育特点 保证教学质量》(1986 年)一文中根据成人学习的特点，提出适合成人教学的方法以保证成人教学的质量。①

二、打造成人教育学科体系的"科学性"

在此阶段，研究者关注成人教育学科体系的"科学"打造。成人教育学科体系的建设涉及中国成人教育的起源、成人教育在积极恢复阶段所担当的使命、成人教育的体制与管理，以及成人教育学科体系建设的原则和在教育学学科体系中的地位等。特别值得一提的是，学者们关注到了成人教育在终身教育中的重要作用，提出要按照终身教育的原则完善和发展成人教育学科体系，同时强调成人教育的理论研究在学科体系建设中的重要作用，提出理论研究有建立适合中国国情的成人教育学科体系的神圣使命。探索其足迹不难看出，国外成人教育理论研究成果的介绍汇流其中，给我国成人教育理论带来了别样的风采。

关于成人教育学科体系建设的论文有：余博在《中国成人教育的起源问题》(1982 年)一文中分析了中国成人教育的起源。② 我国处于社会建设的恢复阶段，成人教育须肩负起社会建设的使命。此时，终身教育成为重要的教育思潮，成人教育有重要的价值和意义。田华麟在《终身教育浅议》(1981 年)一文中提出了成人教育会以终身教育为原则形成继续不断的统一的教育过程。③ 王旭在《成人教育与终身教育》(1985 年)一文中提出成人教育学的体系须按照终身教育的原则完善与发展，推动教育朝着终身教育化的方向发展。④ 从研究的视野中可以看出，国际终身教育的潮流对积极恢复阶段的成人教育

---

① 鲁明健：《掌握成人业余教育特点 保证教学质量》，载《学习与辅导》，1986(1)。
② 余博：《中国成人教育的起源问题》，载《成人教育》，1982(1)。
③ 田华麟：《终身教育浅议》，载《外国教育情况》，1981(2)。
④ 王旭：《成人教育与终身教育》，载《北京成人教育》，1985(1)。

有重要的影响，这个阶段是基于本土和国际视野的全新探究。

在此阶段，成人教育学科体系的建设涉及成人教育的体制与管理。从当时的著作中可以看出，成人教育政策对成人教育的管理起着重要的作用。关世雄的《成人教育的理论与实践》(1986 年)中第一章的内容就是学习与贯彻党的方针政策，具体的内容有：学习与贯彻中央加强职工教育的决定，学习《中共中央关于教育体制改革的决定》；提高职工素质，保证重点建设；实施成人高等教育与继续教育工程；推行高等教育自学考试制度。

在此阶段，成人教育学科体系的建设还涉及体系构建的原则和体系的地位与作用等重要问题。这个阶段既有对于成人教育学科体系独特性的思考，也有对于成人教育学作为教育学的二级学科存在的价值和意义的探讨。这个阶段成人教育学科的研究还停留在教育学下位学科的思考中。比如，高学镛在《建立成人教育体系的设想》(1982 年)一文中对构建成人教育体系提出了设想，认为要建立和完善成人教育体系必须遵循群众性和社会性原则、生产性原则、多样性原则、灵活性原则、衔接性原则。[1] 周蕴石在《成人教育在教育体系中的地位与作用》(1984 年)一文中基于终身教育的原则，阐释了成人教育是现代生产技术发展的需要，是学校教育的继续和"回归"，是整个教育体系中不可缺少的重要组成部分，对成人教育的实践和研究产生了重大影响。[2] 胡余生在《建设有中国特色的成人教育体系》(1984 年)一文中分析了成人教育的实际和特点，提出要为建设有中国特色的成人教育体系做出努力。[3]

在此阶段，成人教育学科体系的建设还涉及理论研究的使命和价值。张健在《积极开展成人教育科学研究工作》(1984 年)一文中提

---

[1]　高学镛：《建立成人教育体系的设想》，载《成人教育》，1982(2)。

[2]　周蕴石：《成人教育在教育体系中的地位与作用》，载《成人教育》，1984(4)。

[3]　胡余生：《建设有中国特色的成人教育体系》，载《北京成人教育》，1984(5)。

出了建立适合中国国情的成人教育科学体系的构想。①《成人教育科研要为经济体制改革服务》(1984 年)一文提出要围绕经济体制改革开展成人教育科研，围绕改革进行成人教育科研要解放思想，紧跟形势发展的需要，致力于建设具有中国特色的成人教育学科体系。②

三、建构系统的成人教育学分支学科群

这个阶段的成人教育学形成于本土实践的分支学科。从上文不难看出，此类学科主要是职工教育学、成人高等教育学和农村教育学等。它们分别是职工教育、成人高等教育和农村教育等传统类型的成人教育，经过多年的实践探索才积累而成。

在积极恢复阶段，关于业余教育的著作有：李本栋的《职工技术培训》(1981 年)是其对自己从事职工技术培训工作体会的总结，详细描述了职工技术培训的体系和所需的教材、教法等，有利于促进企业管理和社会教育体系的完善。余博的《农民技术教育初探》(1984 年)介绍了农民技术教育，包括农民技术教育的意义与特点、教学内容与教学规划、教学原则与教学方法等，对于从事成人教育的专职干部、从事农民教育的专职教师等都具有极大的参考价值，对成人教育教学的发展产生了重大影响。李继贤的《工农教育与教学》(1984 年)详细介绍了工农教育的地位与作用、教学方针与教育目的、教学原则、教学内容与要求以及工农教育的管理等，提出探寻工农教育的规律，推动工农教育的发展。施斌的《职工教育浅说》(1984 年)根据职工在社会生活中的地位和成年人的生理、心理特征，总结了职工教育的实践经验和职工教育在办学、教学、领导、管理等方面的基本规律，并适当介绍了一些国外职工教育的情况，为主管职工教育工作的各级领导、工矿企与事业单位培训教育科长、办学人员、

---

① 张健：《积极开展成人教育科学研究工作》，载《北京成人教育》，1984(Z1)。
② 《成人教育科研要为经济体制改革服务》，载《成人教育》，1984(6)。

教师提供了必要的参考材料。张正身与徐良驹的《职工教育学》(1985年)是一本向职工教育工作者进行理论业务教育的教材。全书主要介绍了四部分内容，并明确提出了我国职工教育教学的主要内容、方法和原则，为创建具有中国特色的职工教育学奠定了理论基础。

在成人教育学的所有分支学科中，职工教育学、成人高等教育学和农村教育学三个学科的知识成果最为丰富。概括而言，它们均表现出以下的共同主题或特点。

第一，问题框架。无论具体内容如何，此类学科均在如下问题框架的范围内进行研究与探索：学科的基本概念、产生与发展、目的与任务、性质与功能、地位与作用、本质与规律、教学与课程、教师与学员、办学与管理以及评价与改革等。比如，人民教育出版社 1979 年出版的《业余教育的制度和措施》一书介绍了国外业余教育发展的现状，主张借鉴国外业余教育发展的经验，结合我国的特色建立自己的业余教育体系。《办好职工业余大学的几点体会》(1983年)一文介绍了职工业余大学的办学指导思想、师资队伍、教学工作、教学任务等方面的经验，以便为"四化"建设做出更多的贡献。[①]

第二，热点论题。由于与实践领域联系密切，此类学科所探讨的论题，均是对各自领域中实践热点问题的及时反映。有时，其学科名称甚至会暂时被该热点问题的名称来代为表达。

例如，职工教育学就涉及岗位培训、企业职工教育、员工培训等。《开展职工业余教育　为四化建设培养人才——全国银行工会召开职工业余教育经验交流会》(1980 年)一文指出职工培训教育十分重要。[②] 陈太运在《浅论职工教育的经济效果》(1983 年)一文中探讨了职工教育的经济效果的特点、影响经济效果的因素及提高经济效果

---

① 广州业余大学：《办好职工业余大学的几点体会》，载《高教战线》，1983(12)。

② 《开展职工业余教育　为四化建设培养人才——全国银行工会召开职工业余教育经验交流会》，载《中国金融》，1981(2)。

的途径，总结出发展职工教育的重要问题是职工教育的经济效益的结论。[1] 殷明发的《职工高等教育的结构、教学、管理》(1984 年)以现行职工高等教育的方针和政策为依据，总结上海市职工高等教育工作中二十余年的办学和管理经验。其内容包括：职工高等教育的作用和形式；职工高等学校的举办和审批、招生和专业设置、机构和各级干部职责；职工高等学校的教学计划、教学过程的组织、教学质量管理、教学行政管理及校际协作。雷柏青和吴广才的《职业技术教育改革探索》(1985 年)介绍了"未来的教育和世界教育改革趋向""发展我国职业技术教育的战略思想""教学改革研究与实验"等内容，提出把握改革的方向，促进职业教育的发展。梁忠义的《职业技术教育手册》(1986 年)联系国内外职工技术教育的历史和现实，总结了国内职工教育发展的经验。周泽林的《职工教育学概论》(1986 年)结合我国多年来职工教育工作的实践，对职工教育的产生、发展、性质、特点、规律、方针、任务、政策、体制、教学、管理等方面的理论与实践活动做了较全面的和较系统的阐述。

成人高等教育学涉及高等教育自学考试、高等函授教育、成人高校教育等。比如，李昌隆在《关于大力发展业余高等教育的几个问题》(1983 年)一文中谈及了成人高等教育发展过程中需要重视统一思想、发展方向、教育质量、办学经费和用人制度等几方面的问题，提出要妥善解决这些问题，业余教育才可取得长足发展。[2] 关世雄的《成人教育的理论与实践》(1986 年)详细描述了成人教育的特点和规律、体制、培训、成人高等教育、自学考试等内容。关世雄、张念宏的《成人教育手册》(1986 年)是一本可以供教育行政管理、教学、科研等方面的成人教育工作者参考的工具书，涉及国内外成人教育的知识和心理学知识。

---

[1]　陈太运：《浅论职工教育的经济效果》，载《辽宁师院学报》，1983(1)。

[2]　李昌隆：《关于大力发展业余高等教育的几个问题》，载《计划经济研究》，1983(11)。

农村教育学涉及扫盲教育、农村职业技术教育、农村远程教育等。比如，金慧馨在《提高劳动力素质是农业现代化的战略重点》(1983 年)一文中指出教育是提高农业劳动力质量的重要手段；要抓紧抓好农村教育，一定要重视农村教育的舆论，同轻视教育、歧视教师的现象做坚决斗争；应当在全社会造成普遍重视农村教育的风尚，使人人都认识到农村教育是我国现代化建设事业的根本基础。① 黄志超在《幸福乡实行日校办民校》(1984 年)一文中介绍了幸福乡的实践经验，提出实行日校办民校，有利于实现农村教育的统一管理，有利于解决当前办民校缺校舍、少师资的困难，有利于提高农民业余学校的教育质量，有利于巩固和发展农民业余教育事业。② 日校可以密切与群众的关系；增强教师在农村两个文明建设中的责任心，丰富他们的知识，有利于促进教育改革。同时，日校可以使他们得到一定的经济收益。

第三，应用服务。首先，它们均与社会生产和经济生活有着最为直接的关系，特别强调各自学科的经济功能、市场功能或社会功能。比如，王永治、王永江在《必须充分重视劳动力质量的提高》(1980 年)一文中指出职工业余教育有利于提高劳动力质量，发展职工业余教育；抓好职工培训对我国具有巨大的战略意义，有利于推进四个现代化的建设。③ 王守安与王显润的《职工教育经济概论》(1981 年)强调了职工教育对经济繁荣的重要性。中央教育科学研究所教育制度研究室的《职工教育与人才培养》(1981 年)主要是对职工教育在"四化"建设中发挥的重要作用以及职工教育的方针政策做了阐述。路云在《智力开发与提高经济效益——山东省威海市职工业余

① 金慧馨：《提高劳动力素质是农业现代化的战略重点》，载《农业经济问题》，1983(11)。
② 黄志超：《幸福乡实行日校办民校》，载《成人教育》，1984(5)。
③ 王永治、王永江：《必须充分重视劳动力质量的提高》，载《北京大学学报(哲学社会科学版)》，1980(5)。

教育调查》(1982 年)一文中提出大力发展职工业余教育，要抓职工的文化和技术水平这个基础，从而开发智力，提高经济效益。[1] 其次，它们均以在职教育为主要形式，对学员进行基础文化知识、职业技能和政治思想道德水平等方面的全面提高与培养。比如，郑慕琦在《要重视对科技干部的培养》(1980 年)一文中谈及正规教育与业余教育的关系，提出国家对业余教育应设有专门机构，进行统一管理和制定必要的规章制度来巩固与发展业余教育，并确保其教学质量，发挥业余教育在提高整个民族的科学文化水平和加速培养建设人才中的重要作用。[2]《农民夜校教师手册》(1984 年)比较系统地为夜校教师提供办学和教学方面的有关资料。其内容包括"农民教育基本知识""语文基础知识""历史知识""地理知识""政治常识""自然科学常识""生活常识"七个部分。特别是"农民教育基本知识"部分的内容比较丰富，既有对教育理论的阐述，又有对实践经验的总结，还适当地介绍了一些国外有关农民教育的资料。最后，它们均以应用为主，具有实践性、简约性和经验性等特征。比如，赵逸轩、丰邨在《职工教育新貌——介绍常州市职工全员培训工作》(1980 年)一文中从常州市的职工培训这个实际出发，介绍其办学形式、初步效果、政策支持等来为职工培训提供经验。[3] 臧永昌的《中国职工教育史稿(1915—1983)》(1985 年)是叙述和研究在中国共产党领导下的我国职工教育与干部教育发展过程的专著，从而为实践和理论的研究提供帮助。

四、国外成人教育学科成果的引入异彩纷呈

随着生产力的发展，我国积极恢复研究国外成人教育实践和理

---

[1]　路云：《智力开发与提高经济效益——山东省威海市职工业余教育调查》，载《劳动工作》，1982(8)。

[2]　郑慕琦：《要重视对科技干部的培养》，载《科学学与科学技术管理》，1980(1)。

[3]　赵逸轩、丰邨：《职工教育新貌——介绍常州市职工全员培训工作》，载《人民教育》，1980(9)。

论。这些国家既有美、英、法、德、日等资本主义国家，也有朝鲜、苏联这样的社会主义国家，在广泛的国际视野下，先进的理念和经验被介绍进来，尤其是先进的成人教育法律、制度、办学方式更给我国恢复中的成人教育理论研究带来了生机和活力，带来了思想解放的一阵清风。知识成果更多地集中在翻译、介绍和学习国外各类成人教育理论上。学者们开阔的国际视野和兼容并蓄的治学态度，对中国本土的成人教育学科与世界进行接轨发挥了重要的作用，同时也为后来我国基础教育的改革，如通识教育、三生教育、新课程改革、素质教育等带来了重要的启示和经验。

比如，金岩在《朝鲜的业余教育——边工作边学习的教育体系》(1980 年)一文中介绍了朝鲜业余教育的发展状况、类型、教学内容与方法。[1] 陈福星在《法国在职人员的培训》(1981 年)一文中指出法国在政策、经费等方面大力支持在职人员的培训教育，以期发挥在职培训对经济发展的作用。[2] 翁可安在《丹麦的业余教育》(1980 年)一文中介绍了丹麦经济高度发达的原因在于科学技术的提高和教育事业的普及，其中业余教育的发达为经济建设做出了贡献。[3] 孙世路的《外国成人教育》(1982 年)全面系统地介绍了外国成人教育的理论、发展概况和发展趋势，对美、英、法、德、日、苏联、丹麦、瑞典等国的立法、机构、制度、办学方式、教学原理、教学内容和方法及国别特色等的介绍与评述尤为详细。它对我国的教育工作者、工会工作者、经济计划和劳动部门的干部、工厂商店的管理人员了解国外成人教育的情况与经验，进一步办好各种类型的成人教育会有一定的参考价值，也可为我国学校教育的改革提供某些借鉴。孙

---

① 金岩：《朝鲜的业余教育——边工作边学习的教育体系》，载《外国教育情况》，1981(2)。

② 陈福星：《法国在职人员的培训》，载《经济与管理研究》，1981(1)。

③ 翁可安：《丹麦的业余教育》，载《外国教育动态》，1981(1)。

启林在《朝鲜的社会主义建设事业与教育发展》(1982 年)一文中指出要通过加强业余成人教育，提高生产力水平，促进社会主义建设事业的发展。[①] 王恩发在《成人教育的一种独特形式——苏联人民大学发展概述》(1982 年)一文中提出，苏联人民大学作为社会教育的重要机构，可以发挥成人教育的独特优势，有效地促进了文化教育事业的普及，促进自学和提高干部的业务水平，已经发展为苏联的全民终身教育体系的一个重要组成部分。[②] 许人俊在《罗马尼亚的"农业之家"》(1982 年)一文中简要介绍了罗马尼亚"农业之家"的办学模式，指出这种教育形式，使罗马尼亚广大农业劳动者的科技水平不断提高，大大促进了农业生产的发展。[③] H·O. 别尤勒在《美国成人教育：问题和矛盾》(雷晓春译，1983 年)一文中指出了美国成人教育发展过程中存在的问题和矛盾。[④] 除介绍国外成人教育发展的境况之外，我国积极寻求与各国成人教育的合作和交流的机会。刘真在《苏联业余教育和函授教育概述》(1984 年)一文中介绍了苏联业余教育和函授教育的发展历程，提到苏联发展业余教育和函授教育的历史较长，经验比较丰富，出现的问题也不少，所有这些方面对于我国发展业余教育和函授教育都有一定的借鉴作用。[⑤] 王垂芳在《成人教育的国际交流和研究趋势》(1984 年)一文中指出随着生产力的发展，各国相继成立全国性的成人教育组织，而且成人教育理论研究的发展趋势是建立成人教育学的科学体系。[⑥] 关世雄、张念宏的《世界各国成人教育现状》(1986 年)详细介绍了世界各国的成人教育发展状况，

---

① 孙启林：《朝鲜的社会主义建设事业与教育发展》，载《外国问题研究》，1982(4)。
② 王恩发：《成人教育的一种独特形式——苏联人民大学发展概述》，载《苏联问题参考资料》，1982(1)。
③ 许人俊：《罗马尼亚的"农业之家"》，载《世界农业》，1982(10)。
④ [苏联]H·O. 别尤勒：《美国成人教育：问题和矛盾》，雷晓春译，载《教育论丛》，1983(1)。
⑤ 刘真：《苏联业余教育和函授教育概述》，载《外国教育研究》，1984(2)。
⑥ 王垂芳：《成人教育的国际交流和研究趋势》，载《北京成人教育》，1984(9)。

为建立具有中国特色的成人教育体系提供了借鉴之源。

第六节　积极恢复阶段的反思

这一阶段属于成人教育学科的准科学阶段，成人教育学科的发展还处在包含科学因素，但并不成熟的阶段。对这一阶段的反思如下。

一、未形成系统理性的成人教育学科认识

尽管成人教育学科建设已经取得了长足发展，但仍然存在诸多不容忽视的问题。宏观而言，成人教育学科体系、理论框架的构建不足；立足国情彰显成人教育特色不足；对蓬勃发展的成人教育实践跟进不足；追踪经济、政治、文化发展趋势的超前预测和规划不足；成人教育各学科发展严重不平衡。微观而言，缺失了对高远志向和终极价值的不懈追求；几乎完全屈从于外在的标准；从总体上忽视了成人教育中作为个体的人的具体而独特的存在价值；仅仅构筑于认识论的基础之上；往往把成人教育学科的根本属性仅仅归结为必然性。[1] 但是，我们不能忽视这一阶段的成果。正是这些积极的探索，开启了中国成人教育学科发展的前奏，开启了中国成人教育学科建设的初步尝试，为中国成人教育学科的起步与成型乃至成熟奠定了基础。

二、未形成严密的成人教育学科体系

无论专业术语的统一，还是各种文献载体的出现；无论研究机构的成立，还是国际交流活动的展开，都还停留在浅显的层面上，还没有形成系统的关于成人教育的理性认识。成人教育，甚至连自己研究的逻辑起点都没有找准，其学科体系、学科自信、学科建设

---

[1]　杜以德、柳士彬：《成人教育学科建设回顾与反思》，载《光明日报》，2005-03-28。

等还没有完善起来，理论研究滞后苍白，不能在成人教育实践当中起到很好的导引作用。在我国，成人教育虽早已产生，但过去多半局限在工农教育、干部教育、文化教育等方面，成人教育与基础教育、高等教育相比明显薄弱。1987 年，国务院批转的《关于改革和发展成人教育的决定》明确了成人教育的地位——我国四大块教育之一，这应该是中国成人教育发展的第一个春天。从这个文件算起，各种初、中、高级成人学校的发展历史较短。各级各类成人学校的总量不少，但质量有待提高，层次结构及学校布局不尽合理，无论从观念、认识上，还是从自身的发展规模和水平上，都显得不足。作为一种教育形式，成人教育本身的经验积累、师资积累以及其他教育资源的积累明显不够。在这样的情况下，我们还不能确实把握它的发展规律，理论研究充其量只能停留在经验描述和直观形象上。

第三章

成人教育学的稳步发展阶段(1987—1991年)

　　成人教育学的稳步发展是在经历了成人学历教育滑入"低谷期"的反思，也是在经历了"替代论""合并论""淡化论""分解论"后的超越。面对来自实践与理论的双重压力，也面对成人教育转向成人职业技能培训的变化，成人教育学开始反观自身的主体性，反观自身的独立性，因为面临困难所以成人教育学科发展的脚步更加稳健，自主发展的呼声越来越大。这个阶段反思了成人教育理论研究中存在的问题：只注重教育学理论框架下的理论研究，将成人教育理论公式化，僵化地将形而上的理论成果照搬和移植到成人教育学科的"土壤"上，导致严重后果。再加之成人教育大量的实践成为学历教育的补充，其质量被质疑，带来了种种诟病。存在还是消亡的危机迫使成人教育理论研究做出回答，也迫使这个学科迈向新的高度，使成人教育研究的本土化成为一个必然趋势。成人教育学人在这个艰难的过程中完成了学科的过渡，即从大教育的遮蔽下寻找属于成人教育学科的逻辑起点：成人技能、成人学习。成人教育学人不再是僵化地照搬和套用大教育学的理论成果，而是在用广视角关注国内外的先进经验和理论成果的同时，能够立足本学科，结合成人教育的现象与规律，推进具有本学科特色的成人教育学的建立。

第一节　成人教育学的实践基础

1987 年 6 月 23 日，国务院批转的《国家教育委员会关于改革和发展成人教育的决定》（简称《决定》），对成人教育的地位、作用、方针、政策、任务、措施等方面做了明确规定。在全国成人教育工作会议和《决定》的推动下，成人教育进入了改革发展阶段。随着《中国教育改革和发展纲要》《中华人民共和国教育法》的颁布，特别是为适应国家工业化、信息化、城市化的需要，成人教育越来越受到党和政府的高度重视，成人教育步入稳步发展阶段。

一、成人学历教育滑入"低谷期"

从 1986 年开始，成人学历教育滑入"低谷期"。成人教育下滑的原因有多方面：客观上，一方面是帮助人们圆了"大学梦"（想上又能考上的基本都上大学了），另一方面是企业实行承包经营责任制后加大了对职工学习的限制；主观上，一方面是 1986 年夏季开始实施的全国成人高等教育入学统一考试和招生计划的"刚性控制"，提高了"入学门槛"，另一方面成人教育的"普教化"以及连带产生的"学用脱节""工学矛盾"，也制约了成人学习的积极性。我国成人教育发展面临巨大的冲击，必将迫使我国成人教育的改革。

二、成人教育的价值受到质疑

"替代论""合并论""淡化论""分解论"等负面声音不绝于耳，我国成人教育在发展中出现了这样或那样的问题，尤其是学历教育面临危机和挑战。这直接导致成人教育学科话语的失声与旁落。

三、成人教育的重心转向岗位培训

现实出现的问题迫使理论研究者去追索成人教育发展的历史。经 1987 年后半年酝酿，1988—1990 年，一种入学门槛较低、更注重

"学用结合""按需施教"并克服"工学矛盾"的行业、岗位"专业证书"培训如火如荼地开展起来，在鼎盛时期曾达到年80万人的培训规模。这个阶段的标志性文件当属1987年6月国务院批转的《国家教育委员会关于改革和发展成人教育的决定》。《决定》提出"把开展岗位培训作为成人教育的重点"，并首次提出成人教育实行"三种证书制度"。我国的成人教育在痛定思痛中逐渐走出过分重视学历教育之路，借鉴西方国家终身教育的思想，与我国国情结合，在学历教育的基础上，进行非学历的"回归教育"。

第二节　成人教育学的制度基础

成人教育的主要任务被确定为岗位培训、成人基础教育、成人高等中等学历教育、继续教育、社会文化和生活教育。成人教育的重点由对青壮年的思想政治教育和文化技术补课转向岗位培训的这一重大改革，进一步体现了成人教育对提高劳动者素质、提高生产率和工作效率的重要作用。这样，成人教育逐步走向规范化、正规化、制度化，为构筑终身教育搭起了桥梁。自此，中国成人教育学科开始进入稳步发展阶段。

一、成人高等教育制度的稳步发展

1987年2月7日，国家教育委员会颁发的《普通高等学校函授教育暂行工作条例》共包括九章三十六条。为发挥高等学校的优势，扩大高等教育的规模，提高办学效益，促进函授教育的发展，国家教育委员会特制定本条例。

1988年3月3日，国务院颁发《高等教育自学考试暂行条例》。为建立高等教育自学考试制度，完善高等教育体系，根据《中华人民共和国宪法》第十九条"鼓励自学成才"的规定，制定本条例，自1988年3月3日起执行自学考试制度。自学考试制度已经成为发展中国家办大教育的有效形式，是有中国特色的社会主义教育制度的一项创举。

二、推进"三种证书制度"的确立

我国成人教育的长远目标是要坚持直接有效地为社会主义建设服务的方针，通过各种途径加强对劳动者的职业教育和在职继续教育，以提高劳动者的素质。为了适应这个要求，成人教育要按照经济建设和社会发展的实际需要，改善教育结构，即突破单一的培养规格，在成人高等和中等专业学校，对学员实行三种证书制度，即毕业证书、单科及格证书、专业证书三种证书制度。

三、推进岗位培训制度的建立

岗位培训是按岗位需要对从业人员在一定的政治文化基础上进行的以提高政治思想水平、工作能力和生产技能为目标的定向培训。它主要包括按岗位规范要求取得上岗(在岗)、转岗、晋升等资格的培训和根据本岗位生产(工作)发展需要而进行的多种适应性培训。

四、推进继续教育制度的建立

1981年开始，劳动人事部以及各部门、各地方政府相继设置了继续教育的管理机构，把我国的继续教育工作列入了重要的议事日程。1983年4月，"第二次世界继续工程教育大会"在巴黎召开，我国派出以张宪宏为团长的代表团参加。1984年11月，中国继续工程教育协会成立。同年，第六届全国人民代表大会第五次会议关于"七五"计划的报告明确指出，要逐步建立和完善对科技人员继续教育的制度。1986年5月，"第三次世界继续工程教育大会"在美国佛罗里达州的奥兰多市举行，我国派出以徐简为团长的代表团参加。通过制定重要政策和参加国际会议，我国继续教育制度逐步建立。

五、推进社会力量办学制度的建立

在这一阶段，国家重视社会力量办学，发布一系列政策措施。

1987 年 7 月 8 日，国家教育委员会发布《关于社会力量办学的若干暂行规定》；1988 年 10 月 17 日，国家教育委员会发布《关于社会力量办学几个问题的通知》；1988 年 10 月 24 日，国家教育委员会发布《社会力量办学教学管理暂行规定》等。

六、推进农村成人教育制度的完善

在这一阶段，农村成人教育的相关政策措施有：1988 年 2 月 5 日，国务院颁发《扫除文盲工作条例》；1988 年 4 月 11 日，农牧渔业部、国家教育委员会、国家计划委员会、财政部、商业部、劳动人事部、公安部、林业部联合发布《关于农业中等专业学校招收农村青年不包分配班的若干规定》，打通人才通向农村的渠道。"三教统筹"成为农村教育改革的重要抓手。

七、推进终身教育政策的探索发展

终身教育理念在我国传播的过程中，我国政府也开始引入"终身教育"这一专有名词。早在 1980 年 8 月，教育部发布的《关于进一步加强中小学在职教师培训工作的意见》，在强调教师进修院校对中小学在职教师的责任中涉及"终身教育"这一专有名词，这是政府政策文件中首次提及终身教育。

在这一阶段，终身教育政策处于探索发展阶段。其特点主要体现在两个方面：第一，终身教育理念的引入。终身教育这一理念受到人们的重视，在教师培训、成人教育、继续教育的发展过程中，终身教育作为新的发展理念，具有其必要性。第二，终身教育开始出现在国家有关教育工作的文件中，但这一理念与成人教育的发展相联系，针对终身教育概念的界定尚不明晰，呈现出逐步探索的特点。

第三节　成人教育学科概况

在这一阶段，成人教育学科的发展成果主要体现在：成人教育著作的类型呈现多样化，成人教育论文体现多层次性，成人教育课题研究的继续开展，成人教育学术团体的继续设立，参与成人教育国际交流，逐步开展成人教育国际交流活动。这个阶段成人教育学科的特点为：第一，借鉴前一阶段成人教育学科发展的经验和教训，反省成人教育学科体系在教育学学科理论框架下的遮蔽，寻求独立性；第二，实践中出现的困难，也迫使理论工作者在理论探索中寻找成人教育实践前行的出路；第三，积累理论研究的气血能量，寻求成人教育学科发展的突破口。

一、成人教育著作的类型呈现多样化

这一阶段的成人教育著作的数量激增，公开出版的成人教育著作有 200 部，年均产出成人教育著作 33.3 部，约是前一阶段年均产出著作的 6.85 倍。[①] 这一阶段的著作既涉及对国外著作的引进，又有国内学者的成人教育基础理论著作，还有一些成人教育工具书，呈现出类型上多样化的特点。

这一阶段，开始大量引进国外著作，译著约有 12 部。这些著作有马尔科姆·诺尔斯的《现代成人教育实践》(蔺延梓译，1989 年)；彼得·贾维斯的《成人教育和继续教育社会学》(贾宗谊等译，1989 年)；伊里亚斯和梅里安的《成人教育的哲学基础》(高志敏译，1990 年)；C. J. 泰特缪斯的《培格曼国际终身教育百科全书》(教育与科普研究所编译，1990 年)等。这些著作全面介绍了国外成人教育的发展

---

①　董明传、谢国东、叶忠海等：《中国成人教育改革发展三十年》，278 页，北京，高等教育出版社，2008。

状况。

在这一阶段，我国的成人教育专著大量涌现，开始出现一些对成人教育基础理论进行研究的著作，为成人教育学科的创建做了准备工作，涌现了一批带有"总论""概论"性质的成人教育学基础理论的研究著作。这些著作有熊华浩的《成人教育的理论与实践》(1987年)、王文林等人的《成人教育概论》(1988年)、刘国瑜等人的《成人教育概述》(1988年)、王茂荣和朱仙顺的《成人教育学基础》(1988年)、孙世路等人的《成人教育》(1989年)、秦向阳的《成人教育学》(1989年)、董纯朴的《中国成人教育史纲》(1990年)、张维的《世界成人教育概论》(1990年)等。其中出现了以"成人教育学"命名的著作，如王茂荣和朱仙顺的《成人教育学基础》(1988年)、秦向阳的《成人教育学》(1989年)等。这说明学者具备成人教育学科意识，将成人教育学作为一个学科来进行研究，标志着中国特色的成人教育学科创建有了一个开端。

这一阶段还出现了成人教育工具书。工具书有：徐学榘的《英汉成人教育词汇》(1988年)、关世雄的《成人教育辞典》(1990年)、房玉琦的《中国成人教育资料索引(1985—1991)》(1991年)等。成人教育工具书是成人教育的实践总结和研究结晶，它的出现是成人教育学科发展的必然前提。

二、成人教育论文体现多层次性

这一阶段的论文数量激增，在对成人教育基本理论开始较为系统研究的同时，又试图从多视角、多层次进行开拓研究，涉及诸多领域：高中后教育、成人高等教育、继续教育、成人学习心理、成人教育教学、自学考试、成人教育史、干部教育。这些论文的发表，为成人教育学分支学科的建立起到了积极的促进作用。

在成人教育论文中，有些论文还是侧重于对国外成人教育的引进与介绍，如孙世路的《北美成人教育研究大会见闻》(1986年)、戴剑梅的《希腊成人教育的管理》(1986 年)、崔振凤的《关于法国继续教育法规的研究》(1986 年)、卢岗的《苏联的函授教育》(1987 年)、赵克林的《苏联高等成人教育系统及其特点》(1987 年)、王恩发的《苏联成人教育七十年》(1987 年)、姜秀玉的《芬兰成人教育的几种形式》(1989 年)、崔跃武的《主要发达国家成人教育立法研究》(1991 年)等。

有些论文还进行中外成人教育的比较研究,如王辅文和高廷惠的《外国的成人教育与中国的成人教育》(1989 年)、张一东的《中美两国成人教育发展之比较》(1989 年)等。部分论文对我国成人教育实践进行了理论探讨,如建宁的《我国成人教育的发展趋势》(1988 年)、李世春的《成人教育课程设置研究》(1988 年)、孙世路等人的《成人教育的回顾与思考》(1989 年)、董明传的《我国成人教育的现状和任务》(1989 年)等。

同时,有些论文还涉及成人教育学科的基本问题探讨,注重推动成人教育学科建设。比如,吴遵民在《成人教育学》(1987 年)一文中探讨了成人教育学的产生以及中国特色的成人教育学构建的设想。[①] 寒松在《成人教育的艺术和科学——成人教育学》(1989 年)一文中主要介绍了诺尔斯的成人教育学思想。[②] 还有一些关于成人教育理论问题的探讨,如谌利平的《成人教育的产生和发展浅议》(1987 年)、刘奉光的《孟子的成人教育思想》(1990 年)、易滨的《试论成人教育的本质》(1991 年)等。

三、成人教育课题研究的继续开展

这一阶段共有成人教育课题 22 项,如表 3.1 所示,较积极恢复阶段有了明显的增长,不论在课题数量上,还是在研究主题上,都

---

① 吴遵民:《成人教育学》,载《北京成人教育》,1987(10)。
② 寒松:《成人教育的艺术和科学——成人教育学》,载《成人教育》,1989(12)。

呈现出逐步扩大的趋势。

在课题数量方面,"七五"期间,全国教育科学规划共确定课题148项,其中国家重点课题29项,教育部重点课题89项,其他中央部委重点课题27项(对我国教育事业有重要意义的当代中国教育卷、教育大词典及心理学大词典3项课题也被列为国家重点课题,但不申报社会科学基金)。在148项课题中,成人教育立项课题有7项,仅占立项课题总数的4.73%。课题立项单位主要是一些国家级的研究机构,高校较少。"八五"期间,全国教育科学规划各级各类课题有527项,其中重大课题1项,国家重点课题20项,中华社科基金课题23项,青年基金课题20项,教育部重点课题148项,其他部委重点课题49项,国防军事学科研究课题80项,教育部青年专项课题73项,规划研究课题113项。在527项课题中,成人教育立项课题有15项,约占立项课题总数的2.85%,较之"七五"期间立项课题多了8项,实现了数量上的大幅增长。但其在全国教育科学规划总课题的占比中,仍然是较低的水平。课题立项单位中,高校的占比开始逐步增长。

在研究主题方面,主要分为两大类:一是关于成人教育实践的课题研究;二是关于成人教育学科发展的课题研究。关于成人教育实践的课题研究,主要是涉及函授教育、高中后教育、扫盲教育的研究。比如,董明传的"高中后教育模式研究"(1987年)、范扬的"高等函授教育的发展和管理研究"(1987年)、富友仁的"成人学历教育研究"(1987年)、余博的"中国扫盲教育研究"(1991年)、黄清云的"成人高等学历教育的改革"(1991年)、曹永海的"成人教育教学的若干问题研究"(1991年)等。关于成人教育学科发展的课题研究,主要是关于成人教育体系和成人教育学科建设的理论研究、当代世界教育科学发展与成人教育研究等。比如,关世雄的"成人教育体系和成人教育学科建设理论研究"(1991年)、高志敏的"当代世界教育科学发展与成人教育"(1991年)等。

表 3.1　全国教育科学规划"七五""八五"期间成人教育课题一览表

时间	序号	课题名称	课题负责人	工作单位	课题类别	立项年度
"七五"期间	1	农民技术教育与农村经济发展的关系	余博等	中央教育科学研究所	国家	1987
	2	工商企业岗位职务培训的研究	孙世路	上海第二教育学院	国家	1987
	3	高中后教育模式研究	董明传	国家教育委员会	国家	1987
	4	以电子信息技术为主要教学手段的远距离教育研究	张达	中央广播电视大学	国家	1987
	5	高等函授教育的发展和管理研究	范扬	国家教育委员会	教育部	1987
	6	成人学历教育研究	富友仁	北京市成人教育科学研究所	教育部	1987
	7	高等教育自学考试的考试科学研究	潘懋元等	全国高等教育自学考试指导委员会	教育部	1987
"八五"期间	1	中国扫盲教育研究	余博	中央教育科学研究所	国家	1991
	2	中国岗位培训制度研究	董明传	国家教育委员会成人教育司	国家	1991
	3	企业教育综合改革的理论与实践	郝铁生	国家教育委员会城市教育改革办公室	国家	1991
	4	成人高等学历教育的改革	黄清云	上海第二工业大学	中华社科基金	1991
	5	当代世界教育科学发展与成人教育	高志敏	华东师范大学	青年社科基金	1991
	6	成人教育中的政治思想教育和职业道德教育	王茂荣	上海第二教育学院	教育部	1991
	7	社会力量办职业技术教育研究	邹天幸	中央教育科学研究所	教育部	1991

续表

时间	序号	课题名称	课题负责人	工作单位	课题类别	立项年度
"八五"期间	8	提高乡镇企业劳动者素质问题的研究	陈乃林	江苏省教育委员会	教育部	1991
	9	成人教育管理体制改革的研究	缪礼寅	天津市第二教育局	教育部	1991
	10	企业职工教育评估研究	马习军	辽宁省成人教育研究所	教育部青年专项	1991
	11	社会力量办学问题研究	项秉健	《上海教育》杂志社	教育部青年专项	1991
	12	成人教育体系和成人教育学科建设理论研究	关世雄	北京市成人教育学会	教育部规划	1991
	13	我国成人高等院校教员队伍建设的综合研究	叶忠海	华东师范大学	教育部规划	1991
	14	林业专业技术人员继续教育的研究	罗又青	林业部成人教育研究中心	教育部规划	1991
	15	成人教育教学的若干问题研究	曹永海	长春金融管理干部学院	教育部规划	1991

四、成人教育学术团体的继续设立

1988年12月，中国老年大学协会宣布成立，在全国各区县、基层街道、乡镇创办老年学校。甚至企事业单位、军队、高校、社会团体等也纷纷参与创办，到1990年年底，老年学校达2300多所，初步形成全国老年教育网络。1990年，中国职业技术教育学会、中国职工教育和职工培训协会等学术团体相继成立。中国职业技术教育学会是职业技术教育理论研究工作者和实践工作者组成的全国群众性学术团体。中国职工教育和职工培训协会是由全国各级各类企业、事业及行政单位从事职工教育、职业培训、职业技能鉴定工作的部门或个人自愿结合而成，具有法人资格的全国性社团，是联合各部门、各行业、各地区在确定的工作领域配合政府进行具体工作的全国性专业法人团体。

五、参与成人教育国际交流

1988 年 9 月，新加坡召开的亚太成人教育总会执委会会议上，一致通过中国成人教育协会加入亚太成人教育总会，成为其正式团体会员的决定。1989 年 5 月，"第四次世界继续工程教育大会"在我国北京召开。在这次大会上，国际继续工程教育协会正式成立。此后，国际继续工程教育大会由国际继续工程教育协会负责举办。会议规模庞大，内容丰富，几乎包括继续工程教育的所有方面。除大会发言外，还有 40 多个分组会，宣读的论文有 200 多篇，其主题有：继续工程教育的动力和需求、继续工程教育在培养创造性思维中的作用、研究机构中继续工程教育的途径、大专院校的经验、不同国家中的继续工程教育等。1990 年 1 月，国家教育委员会成人教育司司长董明传率团代表中国参加在泰国召开的国际成人教育协会第三届世界大会。会议交流了各国开展成人教育的经验，讨论了理事会的工作，选举产生了新一届理事会成员。[①]

六、逐步开展成人教育国际交流活动

1983 年，经国际成人教育理事会批准，中国成人教育协会作为会员，正式加入国际成人教育理事会。1984 年 5 月，国际成人教育协会和中国成人教育协会联合在上海举办了国际成人教育讨论会。1985 年，我国第一次派代表团参加了联合国教科文组织召开的第四

---

① 董明传、谢国东、叶忠海等：《中国成人教育改革发展三十年》，263 页，北京，高等教育出版社，2008。

次国际成人教育大会。国际交流活动，提供了我国成人教育学科与国际接轨的机会，加速了成人教育学科的形成。

第四节　成人教育学科成果

在这一阶段，成人教育理论研究者开始对成人教育学基本问题进行探讨，针对当时成人教育实践急需的基本观念和认识，从不同角度探讨了成人教育的概念、对象、方针原则、基本规律、内容形式等，初步形成了我国成人教育学的理论框架。作为教育学的一门拓展的分支学科，我国成人教育学是在借鉴模仿普通教育学著作体系的基础上，逐渐完善并形成了自身独有的理论体系。在这一阶段，成人教育学原理的建构，更多的是对教育学当中一些相关理论体系的简单模仿和套用；成人教育实践是处于教育学遮蔽下的成人"教育"实践；成人教育思想是孕育在教育学母体中并简单地被成人教育借鉴的成人"教育学"思想。国内成人教育实践家与理论研究工作者开启了探索和构建成人教育学自身的独有理论体系之路。在这一阶段，成人教育学科的"自主意识"开始逐渐发展和凸显，完成了华丽转身，取得了一些学术成果。

一、王文林等人的《成人教育概论》等

有些成人教育著作的架构体系侧重于对普通教育学框架体系的模仿和选择性借鉴，只是在普通教育学原有框架体系的每个支点上简单纯粹地加了"成人"二字，其写作的整体思路也是对教育学框架体系的一种单纯的模仿和套用，如由湖南教育出版社出版的王文林等人的《成人教育概论》(1988 年)。其目录体系的部分内容如下。

第一章　绪　　论
第二章　成人教育的性质、特点与作用

第三章　成人教育的方针和目的

第四章　成人教育制度

第五章　成人教育的经济意义

第六章　成人教育的办学形式

第七章　成人教育的教学内容和教学原则

第八章　成人教育的教学组织形式和教学方法

第九章　成人思想政治教育

第十章　成人学校的教师

第十一章　成人教育管理体制

第十二章　成人学校(教育中心)管理

　　这本著作的理论贡献如下：第一，有了构建成人教育原理的学科意愿，将成人教育学作为教育学下设的二级学科，依照教育学的框架结构来架构成人教育学体系，其大致体例是教育学的学科模板。第二，在某些章节的处理上，如第五章"成人教育的经济意义"，分别就成人教育投资的性质、成人教育与社会生产的关系、成人教育的经济效益等方面进行了论述，有些许地对成人教育特点的考量。第三，旧瓶装新酒。有优有劣：好的方面是成人教育学作为教育学下设的二级学科，与教育学具有同一性，模仿教育学的学科框架有其必然性，也有一定的合理性，避免了在成人教育学科发展中因探索走更大的弯路；不好的方面是客观上限制了成人教育学科独特性的表达，限制了成人教育学科的格局和视野，事实上还是走了弯路。

二、王茂荣、朱仙顺的《成人教育学基础》等

　　有些成人教育著作在模仿普通教育学理论体系架构的基础上尝试探讨成人教育的规律，尝试凸显成人教育学科的自主体系，如刘国瑜等人的《成人教育概述》(1988 年)、董纯朴的《中国成人教育史纲》(1990 年)等。从对这些相关著作的框架体系及其主要特征的分析

中，可以发现如下规律。

有的著作以教育学的构架简单引入后，结合成人教育的独特类型来安排章节，以突出成人教育的学科特点，并对成人教育的目标、功能、学习者、教学组织形式、教学方法、工作者、监控和面授函授等教育方式进行介绍，如由职工教育出版社出版的王茂荣、朱仙顺的《成人教育学基础》(1988 年)。其目录体系的部分内容如下。

导　　论　现代成人教育的历史发展与成人教育学基础研究

第一篇　成人教育的基本原理

第二篇　成人、成人学习者和成人教育工作者

第三篇　成人教育的教学理论

全书共有十章内容，但特色鲜明，重点突出，尤其第二篇"成人、成人学习者和成人教育工作者"、第三篇"成人教育的教学理论"，突出了对成人学习、成人工作者特点的分析，有了鲜明的学科意识。

有的著作从成人教育的独特类型入手来安排章节，多视角、多层次开拓研究，如高中后教育、成人高等教育、继续教育、成人学习心理、成人教育教学、自学考试、成人教育史、干部教育，以突出成人教育的学科特点，如由职工教育出版社出版的王茂荣的《成人教育面面观》(1988 年)。其目录体系的部分内容如下。

第一章　扫盲和扫盲后的农民教育

第二章　新形势下的农村成人教育

第三章　企业内的职工教育

第四章　新形势下的干部教育

第五章　大学后的继续教育

第六章　残疾人的教育

第七章　成人的学校教育

第八章　大学里的成人教育

第九章　远距离教育

第十章　成人的自学考试制度

第十一章　成人教育的教师及管理干部的培训

第十二章　成人的社会教育

三、孙世路等人的《成人教育》等

有些成人教育著作从成人教育的规律和特点入手来尝试构架学科体系，结合成人教育的独特类型来安排章节，努力摆脱教育学体系框架对成人教育学的限制，如由黑龙江教育出版社出版的孙世路等人的《成人教育》(1989年)。其目录体系如下。

第一章　什么是成人教育

　第一节　关于定义的探索

　第二节　辩证的内部关系

　第三节　辩证的外部关系

　第四节　学习化社会的前景

第二章　成人教育的产生和发展

　第一节　成人教育的产生

　第二节　成人教育的发展

第三章　终身教育与成人教育

　第一节　终身教育

　第二节　回归教育

　第三节　成人教育与终身教育的关系

类似的著作还有秦向阳的《成人教育学》(1989 年)、余博的《中国成人教育新探》(1989 年)。学者们开始对成人教育的基础理论进行较为系统的研究。从成人教育学的内部与外部之间的辩证关系来看，我国的成人教育著作认为成人教育学的研究对象应着眼于成人教育实践中的各种现象，同时在此基础上揭示成人教育学作为一门社会科学的特有规律。尤其是对成人教育学科结构体系的研究来说，学者们认为从结构学的角度来考虑，成人教育学科结构体系的架构需要具备两个要素：一是应对成人教育学科自身的研究对象进行准确定位。离开对成人教育学科的研究对象及其特点的考察，建立起来的成人教育理论体系形同空中楼阁。二是强调以成人教育实践为着眼点。他们认为实践作为人们外部活动的基本形式是成人教育学的研究对象存在的基础，对成人教育学的研究和探讨要充分凸显实践性。这些著作确定了研究对象，对成人教育学科做了多视角、多层次的开拓研究，形成了中国特色的成人教育学科创建的开端，为中国特色的成人教育学科的完善发展积淀了系统的建制与知识储备。作为一个新型的学科，探求其独有的研究对象，寻找其特有的逻辑起点，一直是成人教育学科发展的重要根本。

这个阶段的研究中，学者们开始有意识地将成人或学习作为特定的研究对象进行整体研究，如由黑龙江教育出版社出版的孙世路的《成人教育》(1989 年)。其目录体系的部分内容如下。

第七章 成人学习者
　第一节 成人学习者的基本特征
　第二节 成人的学习能力
　第三节 成人的学习动机

由江苏教育出版社出版的秦向阳的《成人教育学》(1989 年)的目录体系的部分内容如下。

第五章 成人学习的特点与方法
　第一节 成人学员学习的基本特点
　第二节 成人学习的动机
　第三节 成人学习的方法

也有学者将成人学习作为逻辑起点，其研究更加深入具体，如由气象出版社出版的余博的《成人教育工作者岗位培训教程：成人教育基础》(1990 年)。其目录体系的部分内容如下。

学习篇

第十五章　成人学习概述

　　一、成人学习的意义

　　二、成人学习的性质和特点

第十六章　成人学习的心理特征

　　一、成人学习的心理机制

　　二、成人学习的心理障碍

　　三、成人学习的智力因素

第十七章　成人学习能力的培养

　　一、观察力的培养

　　二、注意力的培养

　　三、记忆力的培养

　　四、想象力的培养

　　五、思维能力的培养

　　六、自学能力的培养

　　七、实践能力的培养

第十八章　成人学习方法指导

　　一、开拓多种学习途径

　　二、优化成人学习方法

　　三、遵循成人学习基本原则

　　还出现了有关的专著，如由农村读物出版社出版的唐超群、王思文的《成人教育学习方法论》(1989 年)。其目录体系的部分内容如下。

第一章　学习的意义与类型

第二章　培养和提高自学者的学习能力

在这个阶段,成人教育学表现出的主要特点为:开始定位于基础理论学科;研究重心在范式研究;寻求成人教育的逻辑起点,逻辑起点从成人教学向成人学习过渡;成人教育学的相关教材著作出版;成人教育的自主场域得以确立,体系成型。

第五节 成人教育学科研究

稳步发展阶段属于成人教育学科的前科学阶段。成人教育学科的发展摆脱了准科学阶段的幼稚与不成熟,知识理论开始初具严整的面貌,向系统性迈进,学术研究成果丰富,向多样化、系统化、多视野、多层次迈进。尤其是著作《中国成人教育史纲》的问世,为成人教育学科体系的建立增添了重要的历史依据和理论自信。成人教育学科体系的丰富与完善在这一阶段表现出一些特点。

一、董纯朴的《中国成人教育史纲》

成人教育在中国历史久远。这本著作从历史的角度厘清成人教育在我国发展的阶段性，并探索其在各阶段存在的主要形式和特点。从原始社会、奴隶社会、封建社会到中国近现代社会的成人教育，再到当代社会的成人教育，它们是推动社会发展的重要力量，是社会变革的重要因素。这本著作站在历史的高度，充分肯定成人教育的价值和功能，准确把握成人教育在不同历史时期的定位和存在方式，采用辩证唯物主义和历史唯物主义的哲学方法，用具有史诗般的气度和风格呈现了我国成人教育发展的宏伟历史。这本著作客观上对成人教育学科体系的完善和独立起到了重要的推动作用。

由中国劳动出版社出版的董纯朴的《中国成人教育史纲》（1990年）的目录体系的部分内容如下。

第一编　中国古代成人教育（原始社会—鸦片战争前）
第二编　中国近代成人教育（鸦片战争—五四运动时期）
第三编　中国现代成人教育（五四运动—中华人民共和国成立）
第四编　中国当代成人教育

这本著作的理论贡献如下：第一，从史学的角度研究成人教育，对每个阶段的成人教育把握准确，评价客观，有史学家的风范和严谨；第二，对于中国古代成人教育的挖掘，有重要的历史意义和文化传承作用；第三，能够以现代成人教育思想审视我国现当代成人教育现象，并做出客观评价和描述。

二、探索分支学科函授教育学科体系

函授教育不断蓬勃发展，在成人教育教学中扮演着重要的角色，是我国教育制度的重要组成部分。系统研究函授教育理论，探究其规律，从而运用理论指导成人教育实践，发挥成人教育过程中函授教育的作用至关重要。函授教育的研究中，不仅有基本理论的探索，而且有针对函授教育的特点、规律的在改革与管理层面的实践应用，从而不断探索函授教育理论，指导教育实践，以不断提高成人教育质量，推动成人教育的发展完善。

首先，准确理解函授教育的概念。关于函授教育的概念研究有：《最早的函授教育》(1986 年)一文指出，函授教育是一种用通信方式进行教学，以自学为主的教育形式。[①] 它的特点是自学，通信辅导。具体办法是函授学校将教学大纲、教材、教学进度和学习方法指导等材料邮寄给学生；学生将学习情况、作业和疑问函告教师，教师收到后加以批改、答疑、指导，再寄给学生。函授生学完规定课程，经毕业考试合格，可以得到与全日制学校毕业生同等学力的毕业证书。张冉将函授教育总结为"分散自学、函面辅导"八个字。戴明浚在《函授教育的"函"浅论》(1988 年)一文中通过对"函"的概念、内容、方式的探讨，总结出突出"函"字、掌握函授教育的基本规律、办好函授教育的结论，认为自学是函授教育的生命线，"函"是函授教育的重要标志和主要特点，"面"是函授教育的辅助手段。[②] 高寒在《函授教育概念初探》(1986 年)一文中通过考察函授教育发生、发展、成熟的历史，研究其现状，认为函授教育是以函授为主，辅以其他教学手段，通过有组织、有计划、有指导、有目的的自我教育活动来实现教育目的的一种成人教育形式。这种教育形式与其他教育形式的区别，主要表现在教学手段、实现教育目的的活动方式和适用对象三个方面。[③]

其次，把握函授教育的规律和特点，对于函授教育教学起着至关重要的作用。关于函授教育的规律和特点的研究有：何志斌在《按

---

① 《最早的函授教育》，载《高师函授》，1986(1)。
② 戴明浚：《函授教育的"函"浅论》，载《高师函授》，1988(5)。
③ 高寒：《函授教育概念初探》，载《高师函授》，1986(4)。

照函授教育的特点和规律组织函授教学过程》（1986 年）一文中指出，函授生是以工作为主、利用业余时间进行学习的成年人。[1] 从学习上看，他们具有一定的实践经验，理解能力较强，政治上比较成熟，学习自觉性较高。由于教学采取远距离传递信息的形式，学生在学习过程中，不能及时得到教师的帮助和指导。王凤灵具体针对面授教育展开研究，在《函授教育面授教学的特点和规律》（1990 年）一文中指出函授教育中的面授教学与全日制课堂讲授是不同的。函授教育中的面授教学有以下五个特点：第一，要善于高度概括，掌握宏观讲授的情况和规律；第二，在学科内容的讲授中，教给学生科学的思维方法；第三，要善于精讲，掌握微观突破的教学规律；第四，在面授过程中，要针对学生的实际情况，进行启发式教学；第五，面授教学中必须注意不断地把该学科的最新研究成果贯彻到教学中。[2] 还有从成人学员入手针对入学、学籍和考试等方面论述函授教育的特点的研究。比如，《根据函授教育特点 强化教学管理工作》（1990 年）一文针对学员多层次、分散性与双肩挑和时间间断性的特点，提出因材施教、自学为主、原则性与灵活性相结合、"少而精"的教学原则。[3]

在函授教育的实践探索中，管理和改革是必不可少的环节。符合函授教育的特点与规律的管理和改革，有利于函授教育质量的提高和成人教育实践的发展完善。

关于函授教育管理和改革方面的研究有：安传鹏在《也谈函授教育改革》（1986 年）一文中指出函授教育改革方向应关注以下三个重

---

① 何志斌：《按照函授教育的特点和规律组织函授教学过程》，载《水利电力高教研究》，1986(1)。

② 王凤灵：《函授教育面授教学的特点和规律》，载《菏泽师专学报（社会科学版）》，1990(1)。

③ 承德地委党校函授站：《根据函授教育特点 强化教学管理工作》，载《理论教学》，1990(4)。

点：函授教材要适合成年人获得知识的口味；图书馆应成为函授生获得知识的源泉；指导、辅导性资料尽量减少与书本雷同。① 这一论述主要是从教材与辅导资料等方面展开的。姚职仁在《谈谈函授教育管理工作》(1986 年)一文中针对函授教育管理工作需要注意的问题展开论述，指出函授教育管理要注意制订教学计划、做好教学工作，并且注意关于教材及辅导资料和备课面授、组织教师队伍、开展教学研究的问题。② 同时，管理工作的方法主要分为深入实际、调查研究，集体领导、集思广益，运用典型、抓好重点，落实安排、做好安排四个方面。另外，针对函授教育管理工作的特殊性来谈函授教育管理也不容忽视。例如，王强在《函授教育中的管理工作》(1986年)一文中针对函授管理与全日制高校管理的不同点，从办学范围、学员身份、教学形式、师资队伍组成和组织管理的艰巨性五方面展开论述，总结出函授教育管理的重要作用。③ 除此之外还有从函授教育教学环节入手谈函授教学管理。总的来说，关于函授教育的研究具有多层次、多维度、多方面的特点，不仅涉及基础理论，而且有实践探索；不仅有教育教学，而且有教材资料和改革管理等方面的内容。也就是说，函授教育的发展是这一阶段成人教育发展过程中突出的特点。

三、国外成人教育学科成果的继续借鉴

在这一阶段，学者们在探索中国成人教育学科构建的过程中，加大了对国外成人教育学科的引入和学习。国外著作的大量引进，对于我们全面了解国外成人教育学科的发展状况具有重要意义。国际化的渐趋深入，为中国成人教育学科的形成提供了国际化的视野，加速了中国成人教育学科的形成。这一阶段，正是通过对国外成人

---

① 安传鹏：《也谈函授教育改革》，载《高师函授》，1986(2)。
② 姚职仁：《谈谈函授教育管理工作》，载《高师函授》，1986(3)。
③ 王强：《函授教育中的管理工作》，载《江苏高教》，1986(5)。

教育学科的学习和国人的本土化探索，再加之国家交流的渗入，使中国成人教育学科具备形成的起步机制。彼得·贾维斯的《成人教育和继续教育社会学》(贾宗谊等译，1989 年)掀起了我国成人教育社会学研究的浪潮。这本著作共分为四个部分：第一部分为社会学观点，第二部分为教与学课程的社会学，第三部分为从社会背景看成人教育和继续教育，第四部分为从组织角度看成人教育和继续教育。这种将社会学理论知识和成人教育学知识相融合的理论体系值得我们借鉴。

第六节　稳步发展阶段的反思

一、成人教育学科的魂魄在哪里

改革开放以前，我国的成人教育大多定位在扫盲教育层次上；改革开放以后，我国的成人教育沦为高等教育的补充，成为一种补偿性高等教育。因此，成人教育价值定位实际上还因袭功利性特征，体现极强的功利性色彩。在因袭高等教育模式，质量遭到诟病后，我国的成人教育又转而为经济发展服务，成为经济增长的手段，在目标定位上仍然体现浓重的功利性色彩。成人教育的本质、本源被弱化，成人教育的使命旁落，成人教育的价值被警醒。在种种功利性的驱使下，在种种工具理性的反复误导下，成人教育学的价值理性处于失语的尴尬境地，成人教育学也因此缺少了"魂魄"。这样的结局就是，本学科要不沦为教育学教科书的翻版，要不在工具理性下沦为为经济、社会服务的不利学科。价值诉求不仅是一个学科的灵魂，而且是一个学科发展的方向，价值的苏醒才能使学科具有生命。同时，学科要获得应有的地位和尊严，也必须在其发展过程中高举价值。只有这样，成人教育学才能摆脱教育学二级学科的卑微地位，摆脱被替代、被取消、被合并、被终结的悲剧下场，彰显成宏大叙事，坚定健康和自信的步伐。中国成人教育学本土化呼唤大师和力作，呼唤成人教育学的思想和灵魂的苏醒，呼唤中国的"爱弥儿""林哈德和葛笃德"，呼唤中国的"裴斯泰洛奇""林德曼""葛龙维"。

二、成人教育学科如何定位

此阶段我国正式出版的成人教育学研究专著不计其数，发表的论文数量甚丰，为成人教育学科理论体系的建立和日趋完善做了不懈努力。然而从其研究思路和运用方法的维度来分析，我们很容易发现此阶段的成人教育理论研究的学科建树意识尚差，独立性研究还有很大的不足，存在较大的移植化倾向。首先，成人教育学研究的基本问题没有被厘清，使我国成人教育学著作在构建其理论体系时，更多地关注成人教育的"教"，而忽视本应有的"学"，即内部"教的内容"多于"学的内容"。架构成人教育学科体系时，很少关注成人的特点，忽视了成人教育学的本质在于"成人性"，把本应关注的成人学习搁置一旁，转而在"普教化"上加大笔墨。我国成人教育学著作，用大篇章节来写教学、研究、管理等，却很少在章节上对成人学习、本质属性等方面做论述。这种"教科书化"的成人教育学著作，没有主导思想，没有成人性，没有价值理念。这种体系结构，势必对我国的成人教育实践活动产生误导。其实，成人教育学应该定位在关注成人的着力点上，关注成人"学什么""如何学"，关注成人"学"的背景与内在需求，关注如何建构"学"的支架，关注"生活范畴"和"使人成长"的价值理性。其次，成人教育学的移植化倾向主要体现在过多地借鉴普通教育的理论、观点来开展成人教育研究，从而导致成人教育研究带有较大的"普教化"倾向。教育学的分支学科有教育社会学、教育经济学、教育哲学、教育心理学、教育管理学、教学论等，成人教育学的分支学科也就有了成人教育社会学、成人教育经济学、成人教育哲学、成人教育心理学、成人教育管理学和成人教学论等。似乎只要教育学有的分支学科，成人教育学都应该有，只不过需要在前面加上成人二字。不可否认，成人教育学的确需要借鉴教育学的研究成果，但借鉴不是移植，更不应该是简单挪用。审视成人教育学的现有研究成果，试问成人教育的学科特色在哪里？成人特色在哪里？研究思路的移植化倾向过重只能导致人们产生这样一种想法：构建成人教育学科体系有必要吗？其价值何在？其路在何方？①

---

① 张夫伟、张红艳：《我国构建成人教育学科体系存在的障碍与对策》，载《成人教育》，2005(5)。

第四章

成人教育学的快速发展
阶段(1992—2001 年)

1992 年 11 月,《中华人民共和国学科分类与代码国家标准》(简称《国家标准》)颁布,"成人教育学"作为二级学科,被列入该国家标准,代码为 88057。1997 年,在国务院学位委员会与国家教育委员会联合颁布的《授予博士、硕士学位和培养研究生的学科、专业目录》中,成人教育学位列其中,专业代码为 040107。《国家标准》的颁布,一方面标志着成人教育学科作为一门独立的现代科学被国家认可;另一方面又大大地激发了成人教育研究工作者的学科意识,使他们构建成人教育学科体系的内在积极性得到了充分调动,成人教育学科得以快速发展。在这一阶段,成人教育学科的发展成果主要体现在:著作和论文的不断涌现,学术刊物的发行和网络载体的出现,学科硕士学位点的设立,课题研究的深入推进,国际交流合作的逐步加强。成人教育学科的社会化特征凸显,教育学内部与外部的融通力提升。从此,中国成人教育学科的话语发声响亮,成人教育学科得以成型,进入快速发展阶段,定位于独立的分支学科。在这一阶段,成人教育学初步摆脱依附与从属"(普通)教育学"的地位,获得独立、自主的发展。大量的探索研究发现,成人教育学是从分析、研究成人教育过程中的诸多现象入手,揭示其作为一门独立的社会科学的特有规律的一门科学。

第一节　成人教育学的实践基础

在多年的发展中，成人教育谱写了辉煌篇章。它以深广的社会属性、丰富的教育体系，拓宽了教育服务的路径，打通了教育和社会的通道。特别值得强调的是，它对于社区教育、终身教育、学习型社会的孕育都产生了重要的奠基作用。追溯成人教育发展的历史，可以清晰地发现，没有成人教育的实践活动，就不会有社区教育、终身教育、学习型社会的产生；没有成人教育奠定的丰厚坚实的理论基础就不会有社区教育、终身教育、学习型社会的理论壮大；没有成人教育不断地超越更新，就不会有社会与教育如此的融通、共享，教育也不会像今天这样与普通人的生活有那样紧密、亲切的联系。成人教育对于社区教育、终身教育、学习型社会的发展有重要的价值和意义。

一、实践助推：第二轮成教热

1992 年初，邓小平南方谈话发表后，我国社会主义现代化建设掀起了新高潮，顺应经济、社会高速发展的人才需求，上海、天津、北京等地率先启动"紧缺人才培训工程"，由此引发我国"第二轮成教热"。成人教育以岗位培训和继续教育为重点，各级各类成人教育进入快速发展的新阶段。这个阶段出现的成人教育形式非常多，诸如扫盲教育、函授夜大、电大教育、职工业余教育、自学考试、远程教育、岗位培训、职业教育、继续教育、社区教育。其中社区教育包括社区老年教育、社区妇女儿童教育、社区处境不利群体教育、社区下岗人员教育、社区流动人口教育、社区闲暇教育。

二、机构调整：机构大撤并的管理分散

从 20 世纪 90 年代中期开始，"替代论""合并论""淡化论""分解论"又掀波澜。终于，在 1998 年国务院机构改革中，教育部原成人教育司与职业教育司"合并"为"职业教育与成人教育司"，而原成人

教育司的大部分职能则被"分解"到发展规划、基础教育、高等教育、高校学生四司中去了。教育部成教、职教部门的调整,引发了从上而下省市县区到企业、镇村的成教机构撤并。不过,这也说明,成人教育具有的职能需要政府统筹才能够完成,并不是教育这一个系统能够协调和承担的,成人教育具有的社会化职能需要政府各部门协调统合才能够实现。

三、学习型社会理论及实践的影响

自从 1990 年 9 月美国彼得·圣吉出版了《第五项修炼——学习型组织的艺术与实务》一书,提出学习型组织这一现代管理理论后,学习型组织这一概念随着知识经济的热起而在社会各个机构、组织间得到广泛的认同,并得以实践。

同时期,全纳教育兴起于 20 世纪 90 年代。联合国教科文组织于 1994 年 6 月在西班牙萨拉曼卡召开的"世界特殊需要教育大会"上通过了《萨拉曼卡宣言》和《特殊需要教育行动纲领》两个重要文件,在文件中首次正式提出全纳教育的核心思想。

1997 年 7 月,"第五届国际成人教育大会"在德国汉堡召开,发表《汉堡成人学习宣言》,提出成人教育变得更具有力量,成为一种欢迎、一种工具、一种权力、一种共享的责任。在终身教育、终身学习、创建学习型社会的新理念指导下,我们要重新认识成人教育的地位、职能与作用,肯定成人教育在终身教育体系中的独特地位,树立成人教育为成人学习服务的宗旨,重视成人教育在构建全民参与的学习型社会中不可替代的作用,从而为成人教育理论研究与学科建设提供新理念和开拓新方向。

这几年一系列有关终身教育的政策出台,并且以法律的形式确定了终身教育的重要地位。事实上,我们提出的"学习化中国"理论,已经在世界同行中引起了极大的关注。中国在 1998 年引入《第五项修炼——学习型组织的艺术与实务》一书,从而传播开学习型组织的概念，已经将其应用在许多方面。

在知识经济迅速发展的社会下，成人教育的发达程度在一定意义上就代表了整个社会迈向学习型社会的进程。这些无疑促发了成人教育学科建设的一些新思考。

第二节　成人教育学的制度基础

从 1992 年起，我国成人教育进入了快速发展阶段。在这一阶段，成人教育工作加大了力度，岗位培训和社会化培训逐步规范化与制度化。所以此阶段开始着力于我国成人教育的制度建设和完善。

一、终身教育制度的确立

1993 年 2 月，中共中央、国务院印发的《中国教育改革和发展纲要》明确指出："成人教育是传统学校教育向终身教育发展的一种新型教育制度，对不断提高全民族素质，促进经济和社会发展具有重要作用。"第一次在我国政府文件里出现了终身教育的概念。1995 年 3 月 18 日，第八届全国人民代表大会第三次会议通过的《中华人民共和国教育法》首次用法律形式确立了终身教育在我国教育事业中的地位。

1999 年，第三次全国教育工作会议明确指出："终身学习是当今社会发展的必然趋势。"1999 年，国务院批转的教育部《面向 21 世纪教育振兴行动计划》强调，终身教育将是教育发展与社会进步的共同要求，并提出了 2010 年我国要基本建立起终身学习体系的改革目标。

2001 年，第九届全国人民代表大会第四次会议通过的国民经济和社会发展"十五"计划纲要，确定了在今后 5 年及更长一段时期内逐步形成大众化、社会化的终身教育体系。成人教育是终身教育体系中的关键环节。大力发展成人教育是穷国办大教育的必然趋势，是实施我国终身教育体系的重要战略步骤。

二、继续教育制度的建立与完善

1993年,《中国教育改革和发展纲要》提出,国家建立与完善岗位培训制度、证书制度、资格考试和考核制度、继续教育制度。以此为标志,继续教育作为一项教育制度得以建立与完善。

2000年10月11日,中国共产党第十五届中央委员会第五次全体会议通过的《中共中央关于制定国民经济和社会发展第十个五年计划的建议》提出,积极发展各类职业教育和培训;完善继续教育制度,逐步建立终身教育体系。

三、成人高等教育制度的改革

此阶段,成人高等教育实行了一系列改革措施:从1996年起各类成人高等学校实行全国统一招生考试;招生单位是按照国家有关规定,经省、自治区、直辖市、计划单列市人民政府或国务院有关部门批准,并报经国家教育委员会审定备案的广播电视大学、职工高等学校、农民高等学校、管理干部学院、教育学院(教师进修学院和卫星电视高师班)、独立设置的函授学院和普通高等学校举办的干部专修科、教师班、函授部、夜大学、培养大学专科和本科毕业生的各类成人高等学校;学制以两年以上大专为主;招生对象以在职职工(含集体企业、事业单位职工、合同制职工)为主,广播电视大学、普通高等学校举办的函授部还可招收社会青年等。

四、社区教育实验政策的探索

《面向21世纪教育振兴行动计划》明确提出:"开展社区教育的实验工作,逐步建立和完善终身教育体系,努力提高全民素质。"为落实此目标,2000年4月17日,教育部发布《关于在部分地区开展社区教育实验工作的通知》,明确了开展社区教育实验工作的目的、意义、目标和具体要求;确定在北京市朝阳区、上海市闸北区、天津市河西区、江苏省苏州市、山东省济南市历下区、山西省太原市杏花岭区、四川省成都市青羊区、福建省厦门市鼓浪屿区（今属思明区）启动社区教育实验工作。社区教育也将重心由中小学校外教育逐渐转向了社区成人教育。自 2001 年教育部在全国确定 28 个全国社区教育实验区后，社区教育实验工作迅速开展。自此多种形式的社区教育蓬勃发展，成为成人教育发展的一个新的增长点。

五、老年教育制度的确立

1994 年，中央 10 个部委联合制定了《中国老龄工作七年发展纲要（1994—2000 年）》，这是我国老龄事业发展进程中第一次以指导性文件形式对老龄工作和老龄事业发展做出全面规划。它的发布推广，标志着我国老龄工作和老龄事业开始走上有计划的发展轨道。1996 年 8 月，在《中华人民共和国教育法》颁布并施行一年之后，《中华人民共和国老年人权益保障法》颁发，明确赋予了老年人"老有所学"的权利，也意味着我国老年教育开始走上"有法可依"的阶段。① 国家出台并规定了老年人有继续受教育的权利，发展并鼓励社会要办好老年教育，标志着老年教育走上了法制规范化的道路，老年教育开始走向社会基层，有了相当的法律依据。

六、处境不利群体培训制度的确立

此阶段，开始针对处境不利群体颁布一系列政策措施。比如，2001 年 4 月 10 日，国务院批转的《中国残疾人事业"十五"计划纲要（2001—2005 年）》提出了"十五"计划期间残疾人事业的主要目标和指导原则。5 月 14 日，教育部发布的《关于中等职业学校面向农村进城务工人员开展职业教育与培训的通知》指出，中等职业学校面向农村进城务工人员开展职业教育与培训，是贯彻教育为社会主义现代化建设服务方针、扩大职业教育服务面和拓宽办学渠道、推进终身教

---

① 李峰：《教育社会学主要理论流派及其视野下的成人教育》，载《中国成人教育》，2006(2)。

育体系建立与完善的重要举措，对于提高我国劳动者的整体素质和促进城市的经济社会发展具有重要意义。5 月 22 日，国务院印发《中国妇女发展纲要(2001—2010 年)》，其中在"妇女与教育"部分提出了目标。5 月 28 日，教育部、劳动和社会保障部、民政部、中国残疾人联合会联合印发的《残疾人职业教育与培训"十五"实施方案》提出了任务目标。

七、远程教育制度的确立

传统的大学，从某种意义上说是以封闭性为基本特征的。而现代远程教育以其具有扩大教育对象和教育空间、快速传播知识和大规模培养人才的特有优势满足了终身教育的客观内在要求，当今时代远程教育已成为世界趋势。我国政府在《面向 21 世纪教育振兴行动计划》中指出，要实现现代远程教育工程，以现有的中国教育科研网和卫星视频传输系统为基础，利用现代信息技术，形成覆盖全国城乡的现代教育网络，构建终身教育体系。远程教育以其现代化和不受时空限制的优势在中国的教育中发挥越来越重要的作用，推动教育的深刻变革，成为我国构建学习型社会的重要组成部分。

八、社会力量办学制度的确立

20 世纪 90 年代以来，特别是"九五"期间，全国民办教育的机构数量和在学人数均呈现迅速增加的态势。1997 年 12 月 4 日，《国家教委办公厅、劳动部办公厅关于实行社会力量办学许可证制度有关问题的通知》发布。社会力量办学范围从成人教育、职业培训延展到基础教育、职业教育和高等教育等各个领域。

第三节　成人教育学科概况

学科的快速发展伴随着学科成型。成人教育学科开始成为严格意义上的成熟的科学思想和学科：具备较为清晰的概念、定律和原理；具有基本的、齐备的理论要素；具有条理化、稳定化的体系；具有基本的、特有的认识与指导功能。这一阶段成人教育学科的特点有：其一，成人教育学科基本成型。为了创建具有中国特色的成人教育学科体系，以我国高校成人教育研究机构为主体，研究人员致力于对成人教育学科的构建，全面探讨成人教育学科建设的基本问题，分别从成人教育学科的概念、范畴、理论、原则、方法等基本理论问题进行研究，基本形成了成人教育学科的框架结构。现代成人教育研究迅速发展，开始注重成人教育学科建设，成人教育学科群体——研究生学位点不断涌现。其二，成人教育学科快速分化。成人教育学不仅呈现教育学的分化规律，而且呈现出社会学的分化特点，站位高，延展性强，所涉领域哲学、社会学、心理学、文化学、人类学等学科不一而足。其三，成人教育学科的国际意识增强。我国开始承办国际会议，在国际交流与合作中上升至新台阶。在这一阶段，我国成人教育学科在确立与博弈中开始了发展的新步伐，向高质量、高活力、高保障的新方向发展。成人教育学的社会学特征凸显。

一、成人教育著作和论文的不断涌现

在这一阶段，我国成人教育著作和论文不断涌现，在研究内容上也呈现出丰富性。

我国成人教育方面的著作有 459 部，年均出版著作近 46 部，比前一阶段年均出版著作数多出近 13 部。[①] 专著有：毕淑芝和司荫贞的《比较成人教育》（1994 年）、陈明欣等人的《成人教育学》（1995年）、韩宗礼的《成人教育学》（1995 年）、张维的《成人教育学》（1995年）、张维的《国际成人教育比较研究》（1996 年）、叶忠海等人的《成

---

① 董明传、谢国东、叶忠海等：《中国成人教育改革发展三十年》，279 页，北京，高等教育出版社，2008。

人教育学通论》(1997 年)、高志敏的《当代世界教育科学发展与成人教育》(1997 年)、王北生和姬忠林的《成人教育概论》(1999 年)、程凯的《成人教育教学论》(1999 年)、冀鼎全的《成人教育心理学》(1999年)、黄富顺的《成人教育导论》(2000 年)等。为了创建具有中国特色的成人教育学科，我国高校成人教育研究机构的研究人员致力于对成人教育学科的构建。最具代表性的是，以华东师范大学成人高等教育研究所为主体，组织上海、浙江、重庆等地的成人教育研究、教学和管理人员，共同撰写并出版了"成人教育理论丛书"(1997 年)。这套丛书包括《成人教育心理学》《成人教育学通论》《成人教育管理》《国外成人教育概论》《大学后继续教育论》。此后，河南大学成人教育研究机构又组织山东、湖北等地的成人教育学者，撰写并出版了由《成人教育概论》《成人教育教学论》《成人教育管理概论》《河南成人教育史》4 本著作组成的"成人教育研究丛书"(1999 年)。① 译著有S. C. 杜塔的《第三世界的成人教育》(赖春明、艾湘玫编译，1994 年)和联合国教科文组织国际教育发展委员会的《学会生存——教育世界的今天和明天》(华东师范大学比较教育研究所译，1996 年)等。工具书有纪大海和赵家骥的《成人教育百科全书》(1992 年)、林崇德等人的《中国成人教育百科全书：社会·历史》(1994 年)、齐高岱和赵世平的《成人教育大辞典》(2000 年)等。

　　这一阶段的成人教育学论文以上万的数量迅速增长，在研究内容方面，以应用研究为主，理论研究开始逐步受到学者的重视。这些理论研究对于成人教育学科的发展具有重要的价值。具有代表性的论文有：赵国芬的《论成人教育理论研究的科学化问题》(1993 年)、张维的《试论发展和完善我国成人教育体系问题》(1993 年)、刘国钧的《中国农村成人教育研究动态分析》(1994 年)、关世雄的《进一步加

---

　　① 董明传、谢国东、叶忠海等：《中国成人教育改革发展三十年》，279 页，北京，高等教育出版社，2008。

强我国成人教育理论建设》(1995 年)、宋尚桂的《成人教育研究选题初探》(1996 年)、张翠珠的《北京市成人教育科学研究"九五"规划概述》(1997 年)、韩宗礼与胡保利的《关于成人教育概念的探讨》(1997 年)、赖立的《成人教育理论研究的进展及其改进》(1997 年)、朱涛的《成人教育理论研究现状堪忧》(1998 年)、张继革的《成人教育教材"成"字特征分析研究》(2000 年)、姚远峰的《试论成人教育研究的研究》(2000 年)、高志敏的《"成人教育科学"概念浅析》(2000 年)、肖力维的《总结与开拓——谈世纪之交的成人教育理论研究》(2001 年)等。

二、成人教育学术刊物、网络载体的发行与出现

1992 年,创刊发行了全国性成人教育报刊,如《中国成人教育》(中国成人教育协会、山东省教育厅、山东成人教育协会主办),《中国成人教育信息报》《中国培训》(人力资源和社会保障部、中国职工教育和职业培训协会主办)等。以此为标志,成人教育学术期刊进入了调整与更新阶段,后又趋于稳定。1998 年,开通中国成人教育信息网等成人教育类网站。

三、成人教育学硕士学位点的渐趋设立

高校学位点对于成人教育学科的发展而言具有更加基础的独特意义。高校学位点汇聚了一批我国优秀的成人教育专家、学者,以及博士、硕士等高级专业人才。他们在大学自由的学术氛围下开展独立的研究工作,除了为成人教育学科发展传播、积累和创造知识外,还对成人教育学科体系本身进行专业性的基本理论探究。1993 年,华东师范大学设立我国第一个成人教育学硕士学位授予点,成为我国成人教育学研究生教育的开端。1997 年,《授予博士、硕士学位和培养研究生的学科、专业目录》中,第一次把成人教育学列为教育学的一个二级学科。此后,曲阜师范大学、西南大学、北京师范大学、同济大学、四川师范大学等高校也先后设立成人教育学硕士

学位授予点。河南大学、华中师范大学等在 20 世纪 90 年代后期将
成人教育学作为其他教育专业的研究方向，也招收了成人教育学研
究生，形成了成人教育学科群体。成人教育学科群体是成人教育学
科体系建设的主力军；我国成人教育学科群体的涌现，是成人教育
学科体系形成的关键所在；成人教育学科群体的成长，特别是其中
的中青年学者的成长，是我国特色的成人教育学科体系走向成熟的
希望所在。

四、成人教育课题研究的深入推进

在这一阶段，如表 4.1、表 4.2 所示，全国教育科学规划成人教
育立项课题数与日俱增，研究主题更加多元化，成人教育课题约 88
项。1996 年，成人教育课题有：黄尧的"面向 21 世纪中国成人教育
发展研究"、刘乾瑜的"农村成人教育与农村剩余劳动力资源开发和
转移培训研究"、高志敏的"成人教育科学体系的构建与发展研究"、
黄健的"成人教育的课程理论与课程开发"等。2001 年，成人教育课
题有：杜以德的"21 世纪中国成人教育学科体系结构及其分类研究"、
黄健的"成人教育学专业的建设研究"、高志敏的"回应新世纪发展的
成人教育社会学研究"等。

此外，成人教育立项课题中，研究者注重探索成人教育的理论
和方法，积极借鉴其他学科的理论和研究方法，如历史学、社会学、
人类学、哲学等理论和方法，改变了以文献分析、逻辑思辨为主的
单一化状态，同时也避免了单纯的应用研究，开始注重成人教育学
科体系建设的探索，形成了一些重要的学科研究团队，如高志敏、
杜以德等。同时，课题负责人所在单位虽日渐增多，辐射我国各省
市地区，一定程度上表明了成人教育学科的发展空间逐渐拓展，高
校研究团队占绝大多数。不可忽视的是，成人教育基础理论的研究
仍然不足。"九五"期间，在全国教育科学规划的立项课题中，基础

理论课题只有 2 项，占成人教育规划课题总量的 5.88％。① 成人教育课题研究中，关于成人教育学科的定义、基本概念、研究范围等尚有争议的问题，以及成人教育学科体系建设，对已有的体系、框架、理论和观点进行重新思考与评价等问题，力争摆脱普通教育理论体系的束缚，形成体现本质特色的新的学科体系方面，还有待重视。

表 4.1　全国教育科学规划"九五""十五"(2000—2001 年)期间
成人教育课题一览表

时间	序号	课题名称	课题负责人	工作单位	课题类别	立项年度
"九五"期间	1	跨世纪现代企业教育综合改革	郝铁生	国家教育委员会城市与农村教育综合改革办公室	国家重点	1996
	2	面向 21 世纪中国成人教育发展研究	黄　尧	国家教育委员会成人教育司	国家重点	1996
	3	农村成人教育与农村剩余劳动力资源开发和转移培训研究	刘乾瑜	西南师范大学成人教育学院	国家重点	1996
	4	当前女性教育中存在的问题及成因调查研究	郑新蓉	北京师范大学教育系	社科一般	1996
	5	培训原理与实践研究	尹道墨	北京石油管理干部学院	社科一般	1996
	6	跨世纪现代企业教育综合改革的研究	林树强	中国船舶工业总公司	社科一般	1996
	7	中国广播电视大学实现现代开放教育的研究	孙绿怡	中央广播电视大学	社科一般	1996

---

　　① 肖力维：《总结与开拓——谈世纪之交的成人教育理论研究》，载《西北成人教育学报》，2001(3)。

时间	序号	课题名称	课题负责人	工作单位	课题类别	立项年度
"九五"期间	8	农村妇女环境教育实验研究	王　素	中央教育科学研究所	社科一般	1996
	9	理工科高等函授教育教学改革研究	李记泽	武汉水利电力大学	青年社科	1996
	10	当前女性教育存在的问题、成因及对策研究	郭　戈	中共中央办公厅调研室	青年社科	1996
	11	应用家政推广进行农村妇女教育的理论和实践研究	蒋爱群	中国农业大学	青年社科	1996
	12	普通高校成人学历教育质量及其监控的研究	余小波	长沙电力学院教育科学研究所	青年社科	1996
	13	职工教育管理与评估指标体系构建研究	彭建明	水利部人事劳动教育司	青年社科	1996
	14	经济增长方式转变中的现代企业教育与人力资源开发研究	吴国存	南开大学	教育部	1996
	15	全国中小学教师继续教育的基本模式及实践研究	邵宝祥	北京教育学院	教育部	1996
	16	中国成人教育课程目标体系及教学模式	何艳茹	东北师范大学成人教育学院	教育部	1996
	17	扫盲后继续教育研究	谢国东	中央教育科学研究所	教育部	1996
	18	农村成人教育改革与发展研究	李家林	国家教育委员会成人教育司	教育部	1996
	19	终身学习社会的理论与学习社会的形成研究	李广义	山东省成人教育研究所	教育部	1996

续表

时间	序号	课题名称	课题负责人	工作单位	课题类别	立项年度
"九五"期间	20	关于构建"双轨同步"教学体系的理论与实践——黑龙江省成人大中专教学 季东亮 整体改革研究	季东亮	黑龙江省教育学院	教育部	1996
	21	我国普通高校成人教育课程发展的地位和作用的研究	李旭初	华中师范大学成人教育研究中心	教育部	1996
	22	面向 21 世纪中小学骨干教师培训模式与管理对策的研究与实验	常家忠	吉林省教育学院	教育部	1996
	23	企业在职教、成教改革发展的地位和作用的研究	徐荣旋	四川省自贡市人民政府	教育部	1996
	24	成人教育科学体系的构建与发展研究	高志敏	华东师范大学	教育部	1996
	25	农村妇女发展与文化素质教育和培训研究	杜芳琴	天津师范大学	教育部	1996
	26	小学教师继续教育发展模式研究	阮忠训	浙江省教育委员会	教育部	1996
	27	中国城乡女性教育中存在的问题及成因的调查研究	马桂新	沈阳师范学院	教育部	1996
	28	农村地区扫盲教育的实验研究	刘义兵	西南师范大学	教育部	1996
	29	21 世纪中国社区中的终生学习的调查与研究	宣兆凯	北京师范大学哲学系	教育部	1996
	30	远距离教育电视促进老区农村文化和经济发展的效果模式研究	钟志贤	江西师范大学传播系	教育部青年专项	1996

续表

时间	序号	课题名称	课题负责人	工作单位	课题类别	立项年度
"九五"期间	31	远距离教育管理人员的远距离培训系统的规划与开发研究	薛理银	北京师范大学现代教育技术研究所	教育部青年专项	1996
	32	成人学历教育制度的研究	楼一峰	上海市教育科学研究院	教育部青年专项	1996
	33	农村成人教育在农村劳动力资源开发中的作用、实施目标及发展机制的研究	周逸先	北京师范大学教育科学研究所	教育部青年专项	1996
	34	成人教育的课程理论与课程开发	黄　健	上海第二教育学院	教育部青年专项	1996
	35	西北贫困地区扫除青壮年文盲的对策研究	陈　鹏	陕西师范大学教育系	教育部青年专项	1996
	36	成人教育促进人力资源开发——面向 21 世纪的发展战略	王松涛	中央教育科学研究所	教育部青年专项	1996
	37	成人教育课程设置和教学内容改革的理论与实践研究	王根顺	兰州大学高等教育研究所	教育部规划	1996
	38	农村成人教育在贫困县经济发展中的地位和作用	王盛录	昆明理工大学成人教育部	教育部规划	1996
	39	农村妇女教育与培训研究	赵　莹	东北师范大学德育教研室	教育部规划	1996
	40	现代企业教育的目的、任务、模式及其效益评估研究	李龙森	上海第二工业大学	教育部规划	1996
	41	21 世纪初我国经济发达地区成人高等教育结构模式研究	陈汉荣	中山大学高等继续教育学院	教育部规划	1996

时间	序号	课题名称	课题负责人	工作单位	课题类别	立项年度
"九五"期间	42	安子介识字教学法在成人扫盲中应用和发展的研究	朱群爱	浙江省青田县教育局	教育部规划	1996
	43	成人女性教育问题及对策研究	张 定	北京市成人教育科学研究所	教育部规划	1996
	44	缺憾家庭女性教育研究	魏传宪	四川省绵阳市师范高等专科学校	教育部规划	1996
"十五"期间（2000—2001 年）	1	21 世纪中国成人教育学科体系结构及其分类研究	杜以德	曲阜师范大学继续教育学院	国家重点	2001
	2	关于新世纪我国成人教育培训与劳动就业问题研究	王北生	河南大学成人教育学院	国家一般	2001
	3	21 世纪初中国社区教育发展研究	叶忠海	华东师范大学继续教育学院	国家一般	2001
	4	企业学习型组织建设的机制与模式研究	张再生	南开大学经济学院	教育部重点	2001
	5	以学习者为主体的远程教育支持服务体系的研究	徐伯兴	华东师范大学网络教育学院	教育部重点	2001
	6	成人教育学专业的建设研究	黄 健	华东师范大学成人及继续教育研究所	教育部重点	2001
	7	回应新世纪发展的成人教育社会学研究	高志敏	华东师范大学继续教育学院	教育部重点	2001
	8	学习型社区成人学习动力研究	赖 立	中央教育科学研究所成人教育研究中心	教育部重点	2001
	9	新时期城市教育综合改革研究	张昭文	教育部职业教育与成人教育司	教育部重点	2001

续表

时间	序号	课题名称	课题负责人	工作单位	课题类别	立项年度
"十五"期间（2000—2001 年）	10	县乡成人文化技术学校的作用与能力建设研究	谢国东	中央教育科学研究所	教育部重点	2001
	11	推进我国社区教育发展的实验研究	张志坤	教育部职业教育与成人教育司	教育部重点	2001
	12	中国大中城市老年教育组织实施的实验性研究	马 超	北京教育科学研究院	教育部重点	2001
	13	符合我国国情的现代远程教育管理模式和评价体系研究	薛晓东	电子科技大学继续教育学院	教育部重点	2001
	14	人口老龄化过程中的中国老年教育研究	姚 远	中国人民大学人口研究所	教育部重点	2001
	15	社区教育理论及发展趋势的研究	龙德毅	天津市教育委员会	教育部重点	2001
	16	网络社会的终身教育问题研究	张 劲	浙江大学成人教育学院	教育部重点	2001
	17	学习型社区和学习型组织的理论与实验研究	厉以贤	北京师范大学教育学院	教育部重点	2001
	18	现代远程教育基础理论和实践模式的研究	丁 新	华南师范大学现代远程教育研究所	教育部重点	2001
	19	成人基本文化技能素质评价模式研究	张竺鹏	中央教育科学研究所成人教育研究中心	教育部重点	2001
	20	成人教育改革与发展的国际比较研究	乐传永	曲阜师范大学继续教育学院	教育部青年专项	2001
	21	基于网络的成人学习策略研究	王松涛	中央教育科学研究所成人教育研究中心	教育部青年专项	2001
	22	成人非正规教育研究	顾晓波	上海市教育科学研究院成人教育研究所	教育部青年专项	2001

续表

时间	序号	课题名称	课题负责人	工作单位	课题类别	立项年度
"十五"期间（2000—2001 年）	23	适应农业发展新阶段农村职业、成人教育改革绩效评价与控制体系研究	翟书斌	郑州工程学院	教育部青年专项	2001
	24	成人终身学习的国际比较研究	郭宝仙	华东师范大学继续教育学院	教育部青年专项	2001
	25	让我们更有自信和力量——农村妇女社会性别教育研究	张喜阳	天津师范大学	教育部规划	2001
	26	国有及国有控股大中型企业教育改革研究	郭正庸	辽宁省职业技术教育研究所	教育部规划	2001
	27	西部地区成人文盲学习需求导向型扫盲实验研究	欧本谷	西南师范大学扫盲教育研究与培训中心	教育部规划	2001
	28	成人教育的管理社会化与运行市场化研究	周嘉方	华东师范大学继续教育学院	教育部规划	2001
	29	WTO 框架下我国农村成人教育支撑体系的耦合研究	李崇光	华中农业大学	教育部规划	2001
	30	农村劳动力转移与教育的对策研究	邱建新	扬州大学	教育部规划	2001
	31	西部贫困地区农村妇女扫盲教材和读物的调查分析与开发研究	任一明	西南师范大学教育科学研究所	教育部规划	2001
	32	中国农民技术教育模式研究	朱启臻	中国农业大学	教育部规划	2001
	33	现代远程开放教育教学质量保证的研究	孙绿怡	中央广播电视大学	教育部规划	2001
	34	创建学习型学院的理论与实践	凌培亮	同济大学继续教育学院	教育部规划	2001

续表

时间	序号	课题名称	课题负责人	工作单位	课题类别	立项年度
"十五"期间（2000—2001 年）	35	构建黑龙江省远程教育支持服务体系的试验研究	陈晓东	哈尔滨工业大学远程教育学院	教育部规划	2001
	36	社区教育专职工作者的素质与培训研究	高卫东	北京教育科学研究院	教育部规划	2001

表 4.2　全国教育科学规划其他相关成人教育课题一览表

序号	课题名称	课题负责人	工作单位	课题类别	立项年度
1	学习化社会与社区教育发展研究	楼一峰	上海市教育科学研究院	教育部重点	2001
2	学习型社区建设与社区教育发展研究	季国强	上海市教育科学研究院	教育部重点	2001
3	21 世纪初 10 年中国煤炭企业教育发展研究	吕世兴	中国煤炭教育协会	教育部重点	2001
4	构建我国的社区终身教育体系：理念更新与资源配置	谭　琳	南开大学	教育部重点	2001
5	西部贫困农村社区教育发展的理论与实践研究	景　民	甘肃省教育科学研究所	教育部重点	2001
6	三峡库区移民教育可持续发展战略研究	万明春	重庆市教育科学研究所	教育部重点	2001
7	西部大开发与教育发展研究——西部少数民族社区教育发展的区域差异及成因分析	钱民辉	北京大学	教育部重点	2001
8	构建大城市中心区学习化社区教育网络的实践与研究	杜文生	北京市西城区成人教育局	教育部重点	2001

五、成人教育国际交流合作的逐步加强

1994 年 9 月，国家教育委员会成人教育司司长董明传率团代表中国参加了在埃及召开的国际成人教育理事会第三届和第四届世界大会。会议交流了各国开展成人教育的经验，讨论了理事会工作，选举产生了新一届理事会成员。1999 年，我国主办了"第三届亚洲扫盲论坛"，标志着我国成人教育在国际交流与合作中迈出了新的一步。为了加强中国与英国在成人教育上的交流合作，山东师范大学和英国诺丁汉大学经过多次会谈与协商，于 1987 年在山东济南签署了成人教育合作协议书。根据协议书的规定，两所学校多次进行互访，分别考察了我国和英国的成人教育，互相交流成人教育方面的资料、图书；英国诺丁汉大学为山东师范大学培养成人教育研究生；两所学校共同开展成人教育方面的科学研究等。1992 年出版了《中国成人高等教育》，分别由英国诺丁汉大学出版社出版英文版、中国山东教育出版社出版中文版。

第四节　成人教育学科成果

成人教育学在此阶段快速爆发式地扩容并成型，主要有三个方面体现。第一，关于成人教育学分支学科的专著大量出现，有程凯的《成人教育教学论》（1999 年）、冀鼎全的《成人教育心理学》（1999 年）、毕淑芝和司荫贞的《比较成人教育》（1994 年）、叶忠海等人的《成人教育学通论》（1997 年）、张维的《国际成人教育比较研究》（1996 年）、高志敏的《当代世界教育科学发展与成人教育》（1998 年）等。第二，在原有体系中新增成人教育类型，迅速向社区治理、社会老龄化等社会问题延伸聚焦，其著作的社会学特征凸显，有王荣纲和曹洪顺的《老年心理与教育》（1994 年）、黄云龙的《社区教育基础》（1994 年）、叶忠海的《大学后继续教育论》（1997 年）、张定和司荫贞的《妇

女教育概论》(1999 年)、贺向东和蔡宝田的《中国社会力量办学概论》
(2000 年)。第三，伴随终身教育、学习型社会理念的传播和实践，
以先进的成人教育理念撰写的专著大量出现，终身教育、学习型社
会成为成人教育学科的另一个社会化代名词，有吴遵民的《现代国际
终身教育论》(1999 年)、谢国东和赖立的《构建学习社会》(1997 年)
等。成人教育学科体系爆发式地扩容，迫使其必须做出摆脱对教育
学一级学科的依附性存在的选择。

　　自成人教育学科产生以来，其学科地位就饱受争议，遭受"多余
论""兼并论""替代论""萎缩论""淡化论"等观点的挑战。[1] 这主要源
于成人教育学科的依附性存在，导致其学科话语的缺失。[2] 成人教
育学科要摆脱其依附性存在，在其发展中有这样的经验：其一是正
确处理与教育学学科的关系。成人教育学科必须摆脱其母体的案臼，
突破教育学学科的架构模式，清除成人教育学科体系中充斥着的各
种教育学的影子，还学科本来面目。其二是正确处理与其他学科的
关系，特别是与哲学、社会学、心理学等的关系。对其他学科的理
论体系进行简单的移植和模仿，很容易形成成人教育学科体系的"拼
盘"，使其成为每个学科汇集的"园地"，丢失了属于自己的学科场
域。成人教育学科要正确处理与教育学学科和其他学科的关系，对
于重塑成人教育学科话语的地位至关重要。此阶段处理成人教育学
科和其他学科的关系问题变得紧要。伴随着成人教育学的社会学、
终身教育、学习型社会属性凸显，成人教育学面临再一次的蜕变。

一、韩宗礼的《成人教育学》等

　　这时以成人教育学冠名的著作有陈明欣等人的《成人教育学》
(1995 年)、韩宗礼的《成人教育学》(1995 年)、张维的《成人教育学》

---

① 高志敏：《关于成人教育科学的认识论问题》，载《成人教育》，2001(5)。
② 娄立志：《教育科学学科体系与成人教育学科体系的构建》，载《成人教育》，2002(5)。

(1995 年)、王北生和姬忠林的《成人教育概论》(1999 年)、黄富顺的《成人教育导论》(2000 年)等。这些著作反映了较强的成人教育学科的自主意识,研究的基本理论问题形成共识,成人教育学科内在体系成型。

1995 年 1 月,河北教育出版社出版了韩宗礼的《成人教育学》。全书共十八章,包括绪论、成人教育与社会发展、成人教育方针与培养目标、成人教育的特点、成人教育体制、成人教育类型、成人教育结构与办学形式、成人教育的心理学问题、成人教育的教学过程、成人教育的教学原则、成人教育的教学内容与教学方法、成人教育的教学组织形式、电化教育、成人教育中的思想政治教育、成人教育教师、成人教育计划与招生管理、成人教育管理、发达国家的成人教育。

1995 年 8 月,福建教育出版社出版了张维的《成人教育学》。全书共十二章,包括成人教育科学理论的发展、成人教育学的研究对象和任务、成人教育的目的与任务、成人教育的性质和功能、成人教育结构、成人教育的特点和规律、成人教育教学论、成人教育的思想政治教育、成人教育科学研究、成人教育工作者、成人学校管理、成人教育行政管理。

1997 年 12 月,上海科技教育出版社出版了叶忠海等人的《成人教育学通论》。全书共十五章,包括绪论,成人教育的内涵、属性和特征,成人教育体系,成人教育的功能,成人教育目的,成人教育德育论,成人教育教学论,成人教育课程发展理论与实践,成人教育教员,岗位培训,现代企业教育,社区成人教育,农村成人教育,自学考试,面向 21 世纪成人教育发展的特点和趋势。

1999 年 1 月,河南大学出版社出版了王北生和姬忠林的《成人教育概论》。全书共十七章,包括绪论,成人教育体系制度论,成人教育目的论,成人教育功能论,成人教育课程论,成人教育教学论,成人教育教师论，成人教育学员论，成人教育德育论，岗位培训论，社区成人教育论，农村成人教育论，自学考试论，终身教育论，成人教育科研论，成人教育学科论，成人教育如何迎接知识经济。

张维的《成人教育学》(1995年)一书提到，成人教育学既然属于教育学的一门分支学科，那么以教育学为参照系，成人教育学就是研究成人教育现象，揭示成人教育规律的各门学科的总称。成人教育学应着重研究成人教育自身形成和发展的规律，同时也要重点研究这些规律在成人教育实践中的应用。

二、周嘉方的《成人教育管理》

成人教育学在发展过程中，向其他社会科学延伸，其中也汲取了管理学的思想和方法，不断探索成人教育管理的特点和规律。从成人教育政策法规的制定到管理决策，再到战略规划，以及从计划到组织，再到评价，成人教育的有效性来源于管理的有效性。由上海科技教育出版社出版的周嘉方的《成人教育管理》(1997年)的目录体系如下。

第一章　成人教育管理概述
　第一节　管理、教育管理和成人教育管理
　第二节　成人教育管理的基本模式
　第三节　构建科学的成人教育管理学科体系
第二章　现代科学管理原理与成人教育管理
　第一节　管理哲学与成人教育管理
　第二节　系统科学与成人教育管理
　第三节　现代科学管理原理原则与成人教育管理
第三章　成人教育政策法规
　第一节　教育政策及其制定与实施
　第二节　教育法规及其制定与实施

这本著作的理论贡献如下：第一，以管理学的学科视野来系统研究成人教育的过程管理，以实现成人教育的科学管理和有效管理。第二，不仅在学理上延展了成人教育学的公共服务功能，而且为成人教育学的完善提供了重要的方法论启示。第三，为成人教育学向独立的社会科学迈进奠定了重要基础。

三、毕淑芝等人的《比较成人教育》

成人教育学在发展过程中，也产生了一门重要的学科——比较成人教育。成人教育学科发展的早期，便有国外的成人教育理论和经验的研究与介绍，但是仅限于介绍和翻译。在快速发展阶段，《比较成人教育》这本著作问世。它是一个国际视野下的比较，不仅有成人教育发展动力和运行机制的比较，而且有成人教育发展历程的比较，更有成人教育职能和结构体系的比较，还有成人教育学习者、工作者和成人教育管理的比较。这些比较中凸显了中国成人教育本土化的特点，揭示了制度和文化等深层次的发展归因。由北京师范大学出版社出版的毕淑芝和司荫贞的《比较成人教育》(1994 年)的目录体系如下。

这本著作的理论贡献如下：第一，开启了跨国比较成人教育研究的新视域；第二，丰富了比较成人教育的理论体系；第三，有益于本土成人教育学在建构中借鉴吸收有益的理论成果，能够在价值理念、制度建设等方面对世界成人教育学理论做出贡献。

四、吴遵民的《现代国际终身教育论》

任何事物都有自我重新建构的功能，即在原有元素的结构产生的基础上，通过结构上的调整，重新排列，产生新的存在。

终身教育以打造快乐人生为前提，强调欣赏与体验人生，注重人生生活质量的提高。它倡导教育观念的革命，提倡人性化的快乐教育，是对长期以来应试教育弊端的挞伐。它推崇"活到老，学到老"的终身学习新理念，通过终身学习，终身接受教育，尽情享受快乐人生。终身教育也以打造完美人生、促进社会发展为出发点和归宿。一个人只有在不断地学习，才能形成适应社会发展的技能和自我完善的本领，最终在不断学习和接受教育的过程中跟上时代的步伐，完善自我，同时促进社会的发展。正是基于此，"学会认知，学会做事，学会共同生活，学会生存"的呼声一浪高过一浪，成为终身教育实践的四大支柱。

由上海教育出版社出版的吴遵民的《现代国际终身教育论》（1999年）的目录体系如下。

上　篇　现代终身教育的基本理论

第一章　现代终身教育论的产生及其社会背景

　第一节　终身教育——一个现代社会面临的古老课题

　第二节　现代终身教育论的基本概念

第二章　现代终身教育论的发展、演变与深化

　第一节　1965 年后终身教育论的演变与深化

　第二节　民主与实践的终身教育论的诞生

第三章　现代终身教育理论展开的国际动向和主要课题

　第一节　终身教育理论展开的国际动向

　第二节　现代终身教育面临的主要课题

下　篇　世界各国终身教育的实践和发展动向

第四章　日本终身教育的实践和展开

　第一节　日本终身教育理念的导入和展开

　第二节　日本终身教育的实践与发展现状

第五章　美国终身教育的结构和现状

　第一节　美国终身教育发展的社会条件

　第二节　美国终身教育的特征及问题

第六章　英国终身教育的发展动向和现状

　第一节　英国开展终身教育的历史

　第二节　英国继续教育、高等教育和职业技术教育的开展

第七章　法国终身教育的现状和展望

这本著作的理论贡献如下：第一，以成人教育的历史发展为线索，在成人教育历史的坐标中定位终身教育的理念、体系、功能。成人教育具有革命性的教育理念，奠定了终身教育的思想基础。我们考察其教育对象、教育原则、教育形式和内容，可以深切感到这样的特征。成人教育以民众为对象，服务于民众，以提高民众的整体素质为目的，总体提升民众融合社会、改造社会、自我发展的水平，充分体现教育对民众的关怀。因此成人教育是民众教育、大众教育。它兴起于民众，最终以终身教育为落脚点，最大限度地体现民众性。这是以前任何教育形式所没有的特点。成人教育的特质在于：首先，它是一种全民教育，即打破教育的等级性，追求教育的民主、平等；全国民众，不分男女老幼、贫富贵贱、有知识无知识，都是教育的对象。其次，成人教育是终身教育，即教育的历程不限于学校教育阶段，成人教育以人的全部生命时间为受教时间。最后，成人教育是整个人生的教育，即其内容包括人生全部的活动。凡和人生有关的事项，如文字、生计、政治、健康、休闲、家事、社交等都在施教之列。这些教育思想都为终身教育理念的孕育提供了可贵的滋养。

第二，用大量史实说明成人教育以其丰富的内容和形式构成了终身教育的宝库，其广泛的社会性、终身性、全民性、适应性、多样性、灵活性的特点和终身教育相吻合。终身教育是随着成人教育的发展而出现的，终身教育是在成人教育、继续教育的影响下产生的最具革命性的教育理念。现代教育理念认为，终身教育应该是人生所受教育的总和，其实质是国家与社会为人的一生提供所需要的受教育的机会与环境。对于个体来说，人一生都要学习，也有能力学习，活到老，学到老，社会应该按上述目标构建教育体系。终身教育是人类教育思想与实践的一场大革命，是人类教育的美好理想。

第五节　成人教育学科研究

一、重释成人教育学科概念，推导"成人教育科学"

学科概念是学科存在和发展的基础，推崇和使用"成人教育科学"的概念具有里程碑的意义。韩宗礼、胡保利在《关于成人教育概念的探讨》(1997 年)一文中分析了成人教育的几种概念，探讨了与成人教育相关的几种概念，准确把握了成人教育的关键所在。① 马超在《关于成人教育概念的几个问题》(1999 年)一文中详细陈述了成人教育的定义、特征、目的及类别。② 高志敏在《"成人教育"概念辨析》(2000 年)一文中考证并展示国内外对成人教育概念的多样化理解；分析并揭示成人教育概念的多样化理解中所蕴含的确定性——

---

① 韩宗礼、胡保利：《关于成人教育概念的探讨》，载《河北成人教育》，1997(2)。
② 马超：《关于成人教育概念的几个问题》，载《北京成人教育》，1999(1)。

倾向明确和一致的成分；审视并发现成人教育概念的多样化理解中所存在的不确定性——模糊乃至分歧的地方；思考并提出关于深化成人教育概念认识的若干建设性意见。这四个环节的逻辑推进对成人教育这个概念形成了一种尽可能科学、准确的认识。高志敏在《"成人教育科学"概念辨析》(2000 年)一文中试图从"科学"概念着手，经由对"教育科学"概念的阐述，进而来尝试推导和阐明术语"成人教育科学"这一概念。① 娄立志在《教育科学学科体系与成人教育学科体系的构建》(2002 年)一文中在分析教育科学学科体系构成的基础上，结合目前我国成人教育学科体系构成中所存在的问题，从理论上论述了目前构建我国成人教育学科体系的启示。②

二、重释成人教育学科的终身教育功能

1997 年 7 月，第五届国际成人教育会议的《汉堡宣言》建议，今后 10 年内，各国应把迅速发展校内与校外的成人教育，作为优先的教育发展目标之一。《中国教育改革和发展纲要》也指出，"成人教育是传统学校教育向终身教育发展的一种新型教育制度"。这个阶段的理论研究者从终身教育的视域来定位成人教育学科的重要作用。

高志敏早在《终身教育理论对成人教育意义的若干认定》(1991年)一文中谈及随着终身教育理论的形成与发展，成人教育在人与社会发展中的意义便会得到较为全面的、深层的揭示。③ 高志敏在《关于终身教育与学习化社会理念的探讨》(2001 年)一文中分析终身教育与学习化社会这两个理念的基本内涵，通过它们的社会背景，揭示它们的基本宗旨，并论述构建终身教育体系、建立学习化社会对中

---

① 高志敏：《"成人教育"概念辨析》，载《陕西师范大学继续教育学报》，2000(1)。

② 娄立志：《教育科学学科体系与成人教育学科体系的构建》，载《成人教育》，2002(5)。

③ 高志敏：《终身教育理论对成人教育意义的若干认定》，载《成人教育》，1991(Z2)。

国的意义。① 袁馨泉在《从单纯准备就业式的教育到"多价教育"——建立以学生为主体的终身教育、学习化社会》(1995 年)一文中提出随着经济的发展、科学技术的进步，大众传播媒介的增加，社会分工的精细，以及某些地区人口的飞速增长，经济、政治生活的变动，导致了人类需求的大量增加，职业难以置信的多样化和就业机会急剧波动，使那种依靠十多年教育一劳永逸地获得一套终身受用的知识或技术的教育目标已经过时了，应该向以学生为主体的多价教育目标的终身化教育和学习化社会发展。② 林纬华、黄健在《终身学习：人类打开 21 世纪大门的钥匙》(1997 年)一文中论述了终身教育与终身学习的基本理论，国家或地区的终身教育与终身学习的政策，终身教育与终身学习的实施对策，信息化社会与终身教育、终身学习的内容。③ 陈乃林、经贵宝在《终身教育略论》(1997 年)一文中论述了终身教育整合性的本质特征、终身教育对教育发展改革的意义，总结出终身教育是改变了传统教育一次性和一种模式的选择机制，使教育成为伴随人一生的多次回归教育，成为包括正规与非正规、正式与非正式教育在内的丰富多彩的教育"百花园"的结论。④ 王留国在《略论终身教育对人和社会发展的意义》(1997 年)一文中认为终身教育是全面提高国民素质的必要手段；终身教育是实现学习化社会理想的基石；终身教育具有推动社会进步和发展的作用。因而，我们要充分意识到成人教育法规建设是传统教育向终身教育发展的重要依据，从而使成人教育真正走上依法治教的轨道。⑤ 程倍元在《用终身教育的思想构筑学习化社会——日本成人教育一瞥》(1997

---

① 高志敏：《关于终身教育与学习化社会理念的探讨》，载《教育研究》，2001(3)。

② 袁馨泉：《从单纯准备就业式的教育到"多价教育"——建立以学生为主体的终身教育、学习化社会》，载《新疆师范大学学报(哲学社会科学版)》，1995(3)。

③ 林纬华、黄健：《终身学习：人类打开 21 世纪大门的钥匙》，载《上海成人教育》，1997(11)。

④ 陈乃林、经贵宝：《终身教育略论》，载《教育研究》，1997(1)。

⑤ 王留国：《略论终身教育对人和社会发展的意义》，载《平顶山师专学报》，1997(4)。

年)一文中介绍了日本政府积极推进"终身教育"和构筑"学习化社会"的举措，启示我们在缩小同发达国家发展水平差距的过程中，着眼点应是全方位的，其中成人教育理应成为一个重要方面。① 黄尧在《关于构建终身教育体系和学习化社会的几点思考》(1999年)一文中从构建的重要性阐释了终身教育的内涵和对基本任务的理解以及建立中国特色的终身教育体系和学习化社会的指导思想及目标，最后提出构建终身教育体系和学习化社会的基础及条件保障。② 贺向东在《成人教育在终身教育体系中的地位和作用》(1999年)一文中认为终身教育是成人教育发展的产物，建立终身教育体系应当以成人教育实践为基础；成人教育与终身教育有着天然的联系，成人教育是终身教育思想产生的实践基础；成人教育最能体现终身教育的特征和原则，是终身教育的主要组成部分；成人教育在推进终身教育发展的过程中起到"火车头"的作用，是终身教育的重要实践领域；成人教育的发展使终身教育从教育理论走向教育实践，为世界各国成人教育的发展所证实。③ 李小融在《"终身教育"与"学习化社会"——21世纪教育发展的主导思想》(1999年)一文中阐释了终身教育与学习化社会的含义，且剖析了两者之间的关系。④ 张忠华在《终身教育与学习化社会》(2000年)一文中介绍了终身教育与学习化社会提出的历史必然性、终身教育的含义、终身教育与学习化社会的关系、终身教育与学习化社会述评。⑤ 陈桂生在《终身教育的精义何在》(2000年)一文中对"终身教育"的精义与"制度化教育"的区别进行辨析，认

---

① 程倍元：《用终身教育的思想构筑学习化社会——日本成人教育一瞥》，载《上海成人教育》，1997(12)。

② 黄尧：《关于构建终身教育体系和学习化社会的几点思考》，载《中国职业技术教育》，1999(12)。

③ 贺向东：《成人教育在终身教育体系中的地位和作用》，载《北京成人教育》，1999(8)。

④ 李小融：《"终身教育"与"学习化社会"——21世纪教育发展的主导思想》，载《四川省干部函授学院学报》，1999(2)。

⑤ 张忠华：《终身教育与学习化社会》，载《继续教育研究》，2000(1)。

真分析了"制度化教育"的命运和在中国实现"终身教育"的前景。[1]张淑霞在《论继续教育在构建终身教育体系、形成学习化社会中的作用》(2000 年)一文中介绍了终身教育与学习化社会是 21 世纪教育发展的必然趋势；继续教育是终身教育的重要组成部分；继续教育在构建终身教育体系、形成学习化社会中的作用。[2] 胡凤英在《成人教育改革与发展：聚焦终身教育和学习化社会》(2000 年)一文中聚焦终身教育和学习化社会是成人教育的使命；坚持"四全"，拓展外延，按需发展，整体推进。[3] 荀渊、张晨在《学习化社会中的成人教育模式》(2001 年)一文中介绍了成人教育是学习化社会的实现途径，是终身教育体系中不可或缺的重要部分；成人教育的发展有赖于包括目标模式、组织与机构模式和课程模式等多层面的发展模式的有效组织与实施。[4] 徐荣远在《论终身学习与学习化社会》(2001 年)一文中从终身学习和学习化社会的界定、特征、形成条件等方面阐述终身学习、学习化社会的重要性，并提出了对创建学习化社会的断想：立足于学习化社区的建设；坚持人的可持续发展战略；重视学校内部的改革；实施"全民教育"战略；加速实施开放教育与现代远程教育的进程；建立各种类型的学习型组织。[5] 黄尧在《构建终身教育体系 建设学习化社会》(2001 年)一文中谈到了从我国的实际情况出发，我们在构建终身教育体系、建设学习化社会方面，要大力发展职业教育与培训，发展成人教育和各种形式的继续教育；积极推进全国社区教育实验工作；大力发展远程教育等。[6]

---

[1] 陈桂生：《终身教育的精义何在》，载《上海教育科研》，2000(4)。

[2] 张淑霞：《论继续教育在构建终身教育体系、形成学习化社会中的作用》，载《继续教育研究》，2000(4)。

[3] 胡凤英：《成人教育改革与发展：聚焦终身教育和学习化社会》，载《中国成人教育》，2000(10)。

[4] 荀渊、张晨：《学习化社会中的成人教育模式》，载《甘肃理论学刊》，2001(6)。

[5] 徐荣远：《论终身学习与学习化社会》，载《成人教育》，2001(8-9)。

[6] 黄尧：《构建终身教育体系 建设学习化社会》，载《职教论坛》，2001(10)。

三、重解成人教育学科的建设路径

学习型社会的本义在于它突破了对人一生受教育机会的限制，突破了过去教育仅仅强调对人的职业获得性的帮助及对经济增长的贡献的局限，它追求的是"向人生真正价值实现的目标转换"，以建设一个"最终人应该是从劳动中被解放出来的社会"。然而，近代工业文明在给人们带来福祉的同时，也将人们对教育的态度深深地束缚在功利主义的枷锁之中。学习型社会是立足于终身教育思想，将学习的过程贯穿于人的一生，使受教育者能在工作与学习的两个世界不断地根据自己的需要便捷地变换的社会。因此，对传统学校教育必须做全方位的变革，才能更好地奠定终身学习型社会的基石。

针对中国传统学校教育在当代社会发展中所遇到的问题，政府在积极进行教育体制改革和以"素质教育"为核心的现代教育。此外，随着建设学习型社会的开始，学校"包打天下"的局面已经被打破，形成了包括学校教育系统、行业(企业)教育系统、社会教育系统、网络教育系统在内的体现终身教育思想的现代教育结构体系。

薛焕玉在《教育要先行，教育为未来，创建学习化社会》(1991年)一文中分析了教育要先行政策下教育发展的情况，提出教育是未来的事业以及创建学习化社会。[1] 高志敏在《论成人教育的社会功能》(1993年)一文中认为成人教育的社会功能主要表现为成人教育的政治功能和成人教育的经济功能。[2] 高志敏在《论成人教育与社会文化的关系》(1995年)一文中认为成人教育社会体系不仅有自己的文化，而且也与大社会的文化相互影响和作用。[3] 按照教育文化社会学的看法，这种相关性无非包括两个方面：一是社会文化对成人教育的影响；二是成人教育对社会文化的贡献。蔡棋瑞在《学习化——21世

---

① 薛焕玉：《教育要先行，教育为未来，创建学习化社会》，载《未来与发展》，1991(1)。

② 高志敏：《论成人教育的社会功能》，载《中国成人教育》，1993(4)。

③ 高志敏：《论成人教育与社会文化的关系》，载《中国成人教育》，1995(2)。

纪教育大趋势》（1996 年）一文中通过分析国外学习化的情况，提出学习化对我国未来社会发展的重要性。[1] 熊哲萍在《学习化社会的形成条件》（1997 年）一文中讨论了创建学习化社会已经具备的条件和需要创建的条件。[2] 熊雷在《学习化社会的特点及发展》（1998 年）一文中分析了学习化社会的基本特性、学习化社会系统及其角色特点以及学习化社会的良性运行机制，最后提出发展我国学习化社会的策略。[3] 张虹在《开发社会闲暇教育　创造学习化社会》（1999 年）一文中探讨了发展社会闲暇教育的必要性和重要性以及探讨发展社会闲暇教育的可能性。[4] 赵利在《试论我国学习化社会的构建》（1999 年）一文中解释了学习化社会的概念与特征，提出构建学习化社会的必要性以及对策与思路。[5]

四、重构成人教育学科体系的序列

成人教育主体广泛的社会参与，客观上要求成人教育活动的社会化，要求成人教育更加多样、灵活、开放、有效。特别是社区教育、远程教育、老年教育等新型的教育形式成为成人教育学新的分支学科。

有关社区教育的研究有：李春芳在《试探社区教育功能》（1991 年）一文中分析了社区教育的社会化教育功能、督导管理功能、服务功能、精神文明建设功能、统筹社会支教投资功能、科研咨询功能。[6] 黄逸在《社区教育的实践与思考》（1991 年）一文中介绍了社区教育的定义、模式、职能以及对社区教育发展的思考。[7] 詹振权、

---

[1]　蔡棋瑞：《学习化——21 世纪教育大趋势》，载《成人教育》，1996(12)。
[2]　熊哲萍：《学习化社会的形成条件》，载《中国成人教育》，1997(6)。
[3]　熊雷：《学习化社会的特点及发展》，载《上海高教研究》，1998(12)。
[4]　张虹：《开发社会闲暇教育　创造学习化社会》，载《成人教育》，1999(12)。
[5]　赵利：《试论我国学习化社会的构建》，载《东岳论丛》，1999(3)。
[6]　李春芳：《试探社区教育功能》，载《教育科学》，1991(4)。
[7]　黄逸：《社区教育的实践与思考》，载《教育理论与实践》，1991(2)。

谢朔南在《关于社区教育的实践探索和理性思考》(1992 年)一文中介绍了社区教育的由来、五个"共建"以及关于进一步发展社区教育的设想。[①] 谢丽娟在《上海的社区教育》(1992 年)一文中介绍了上海社区教育的发展概况以及开展社区教育的价值追求。[②] 郎业伟在《社区教育理论研究》(1992 年)一文中认为社区教育是一种崭新的教育模式，并结合实际探讨了社区教育的结构、特征和机制，对发展我国社区教育提出了积极的建议。[③] 金世柏在《现代教育的困惑与出路——社区教育的地位和作用》(1993 年)一文中分析了社区教育是现代教育摆脱困境的途径，以及展示了社区教育在国际上其他国家教育体系中的重要作用。[④] 厉以贤在《社区教育、社区发展、教育体制改革》(1994 年)一文中探讨了我国社区教育面临的问题，如何把握正确的方向，在理论和实践的结合上把社区教育提高一步，试图探索我国社区教育发展的新思路。[⑤] 黄利群在《关于发展我国社区教育的几点思考》(1994 年)一文中认为要将社区教育纳入教育体制改革，要形成我国社区教育特定的运行方式，要不断健全社区教育发展的保障机制。[⑥] 张爱芝、李志晨在《建立共建共管共育的社区教育模式全面优化育人环境》(1995 年)一文中提出要增强改革意识，构筑"一主两翼"的社区教育机制；发挥社会的依托作用，激励社会各界参与教育工作；发挥家庭的基础作用，共同培育"四有"新人。[⑦] 黄利群在《关于构建社区教育模式的几个问题》(1996 年)一文中提出实践经

---

① 詹振权、谢朔南：《关于社区教育的实践探索和理性思考》，载《温州师范学院学报(教育科学研究专辑)》，1992(3)。

② 谢丽娟：《上海的社区教育》，载《人民教育》，1992(6)。

③ 郎业伟：《社区教育理论研究》，载《佳木斯教育学院学报》，1992(4)。

④ 金世柏：《现代教育的困惑与出路——社区教育的地位和作用》，载《科技导报》，1993(8)。

⑤ 厉以贤：《社区教育、社区发展、教育体制改革》，载《教育研究》，1994(1)。

⑥ 黄利群：《关于发展我国社区教育的几点思考》，载《教育研究》，1994(1)。

⑦ 张爱芝、李志晨：《建立共建共管共育的社区教育模式　全面优化育人环境》，载《中国教育学刊》，1995(S1)。

验的积累是构建社区教育模式的基础，理论体系的成熟是构建社区教育模式的前提；多样化是我国社区教育模式的基本特点，地域统筹型社区教育模式是我国社区教育的基本模式；完善的保障措施、明晰的工作内容和以实体为依托是巩固和发展各类社区教育模式的基本保证。① 赵忠刚在《促进社会教育化 深化社区教育实践》(1997年)一文中分析了社会教育化的内涵和特征，认为社会教育化是时代发展的必然趋势，提出实现社会教育化的战略措施是社区教育。② 董明传在《关于社区教育与终身教育的思考》(1998年)一文中对终身教育理论的发展历程进行了简单回顾，分析了我国的国情和经济社会发展目标的实现需要终身教育体系的有力支持；提出社区是实现终身教育、学习化社会的基地和基本单位以及发展社区教育和终身教育要解决的几个问题；认为社区教育是实现终身教育的标准和目标的重要途径。③ 王继平在《终身教育 成人教育 社区教育——终身教育思想的传入、实践和展望》(1999年)一文中从终身教育思想在我国的传入和确立，我国终身教育的实践，开展社区教育实与向学习化社会和终身教育迈进三方面阐述了终身教育思想的传入、实践和展望。④ 宁安生在《我国社区教育回顾与展望》(2000年)一文中对我国社区教育的产生、发展、变化的历程进行必要的回顾，以利于我们从中发现规律、总结经验、得到启示，并促进社区教育事业更加健康的发展。⑤ 陈文兵在《终身教育理论视野中的社区教育》(2001年)一文中论述了社区教育在现代终身教育中的重要作用，勾勒了社区教育的职能目标及发展态势以及社区教育对实现终身教育的意义，

---

① 黄利群：《关于构建社区教育模式的几个问题》，载《普教研究》，1996(6)。
② 赵忠刚：《促进社会教育化 深化社区教育实践》，载《教育改革》，1997(6)。
③ 董明传：《关于社区教育与终身教育的思考》，载《上海高教研究》，1998(12)。
④ 王继平：《终身教育 成人教育 社区教育——终身教育思想的传入、实践和展望》，载《中国职业技术教育》，1999(12)。
⑤ 宁安生：《我国社区教育回顾与展望》，载《辽宁教育研究》，2000(12)。

最后提出创建中国特色的社区教育体系。① 桑宁霞在《社区教育：终身教育的重要途径》(2001 年)一文中从终身教育基本思想、社区经济的发展、学习型组织、社区学习网络等方面讨论了社区教育的重要性。②

从出版的专著来看，社区教育研究具有"突破原有范式，进行创新实践"的特色。主要代表作有：叶忠海的《社区教育学基础》(2000 年)，对社区教育研究的主要内容进行了划分，构成了社区教育学的主要骨架③；厉以贤等人的《社区教育的理论与实践》(2000 年)；沈金荣等人的《社区教育的发展和展望》(2000 年)。

有关远程教育的研究有：萧树滋在《远距离教育在我国的产生及发展》(1991 年)一文中介绍了我国远距离教育发展的基本情况，并提出了今后我国远距离教育需要注意的问题。④《远距离教育与科学教学》(1992 年)一文简要地介绍了过去二三十年来发展起来的远距离教育的定义和实践。⑤ 在此期间，远距离教育已从许多教育体系的边缘转至中心位置，并有着各式各样的表现形式，在有着不同寻常的挑战和机遇的科学教学中特别如此。霍在强在《远距离教育发展的历程及其现状与展望》(1993 年)一文中回顾了远距离教育的历史发展，描述了远距离教育发展的现状，展望了远距离教育的发展趋势。⑥ 李志锋、李志刚在《远距离教育的历史分期和理论基础初探》(1994 年)一文中对远距离教育发展进程进行分期，找寻现代远距离教育的

　　① 陈文兵：《终身教育理论视野中的社区教育》，载《陕西师范大学继续教育学报》，2001(3)。

　　② 桑宁霞：《社区教育：终身教育的重要途径》，载《太原师范专科学校学报》，2001(4)。

　　③ 叶忠海：《社区教育学基础》，9 页，上海，上海大学出版社，2000。

　　④ 萧树滋：《远距离教育在我国的产生及发展》，载《现代远距离教育》，1991(1)。

　　⑤ Ian Mugridge：《远距离教育与科学教学》，夏光译，载《科学对社会的影响》，1992(4)。

　　⑥ 霍在强：《远距离教育发展的历程及其现状与展望》，载《潍坊教育学院学报(综合版)》，1993(2)。

理论基础。① 刘敬发、高媛、聂德坤在《远距离教育运行原理的研究》(1995 年)一文中阐释了远距离教育运行机制的概念和原理。② 虞和询在《现代教育条件装备对未来教育的影响》(1996 年)一文中阐述了教育条件装备的发展将促进教学内容的改变、教学方法的改进、教师作用的转变、教育机构的改革。③ 谷玛利在《"没有围墙的大学"——论大众传播潜在的教育功能》(1997 年)一文中论述了大众传播在教育领域中的作用。它使传统教育由封闭走向了开放；使中国落后的教育面貌得到了改变；在 21 世纪，它是教育发展不可缺少的技术动力。④ 李瑾瑜在《远距离教育中的师生沟通问题初探》(1998 年)一文中从远程教育与传统教育的区别上分析两种教育中师生沟通的差异性，提出了便于师生在远程教育中沟通的一些举措。⑤ 刘春丽在《电大远程教育中的终身教育思想》(1999 年)一文中提出在实现终身教育的过程中，现代远程教育将起着举足轻重的作用，以及电大在整个教育过程中体现了终身教育原则。⑥ 冯少舟在《构建学习化社会现代远程教育体系》(1999 年)一文中主要论述了在学习化社会和知识经济时代，运用现代远程教育发展人的素质和改变人的状态的有效途径。文中还论述了学习化社会的基本特征、知识经济的基本内涵和现代远程教育的基本体系。⑦ 张光在《我国虚拟大学的构建》(2000 年)一文中介绍了现代远程教育中的虚拟大学的一般概念和种种模式，分析了虚拟大学构建中的若干问题，提出了构建我国虚拟

---

① 李志锋、李志刚：《远距离教育的历史分期和理论基础初探》，载《现代远距离教育》，1994(1)。

② 刘敬发、高媛、聂德坤：《远距离教育运行原理的研究》，载《中国电大教育》，1995(6)。

③ 虞和询：《现代教育条件装备对未来教育的影响》，载《上海高教研究》，1996(6)。

④ 谷玛利：《"没有围墙的大学"——论大众传播潜在的教育功能》，载《江苏广播电视大学学报》，1997(4)。

⑤ 李瑾瑜：《远距离教育中的师生沟通问题初探》，载《电化教育研究》，1998(6)。

⑥ 刘春丽：《电大远程教育中的终身教育思想》，载《天津电大学报》，1999(4)。

⑦ 冯少舟：《构建学习化社会现代远程教育体系》，载《现代远距离教育》，1999(4)。

大学的方式，指出了"合作模式"将是我们的发展方向。^① 姜鹏、高福安和郭娅莉在《现代远程网络教育——一种新型的教育方式》(2001年)一文中介绍了现代远程网络教育的概念和发展，提出我国现阶段实施现代远程网络教育的重点任务以及现代远程网络教育的设计与实现。^② 张凤龙、吴国祥、邓幸涛等人在《现代远程开放教育"人才培养模式"概念探索》(2001年)一文中通过对普通高等教育"人才培养模式"的文献调研、分析研究、理论探索和多次研讨，尝试给现代远程开放教育人才培养模式下定义，阐述了其概念的内涵和外延，提出了现代远程开放教育人才培养模式的宏观理论模型，以对电大人才培养模式改革实践有所启示。^③

有关老年教育的研究有：郭远发在《我国老年教育的新趋势——访中国老年大学协会秘书长刘平生》(1991年)一文中介绍了农村老年学校的兴起、特点，呼吁全社会应该重视农村老年学校的发展。^④ 高时良在《我国老年教育的历史传统及其借鉴意义》(1992年)一文中试图就我国历史上所揭示的老年教育的可能性、必要性，以及所提供的丰富的老年教育经验，建议建立一门新的学科——老年教育史的研究。^⑤ 谢国东在《谈我国老年教育事业的现状与发展》(1993年)一文中介绍了老年教育的概念、形式和特点。^⑥ 章明在《风靡世界的老年教育》(1994年)一文中介绍了方兴未艾的老年大学，提出老年教育要从老年人的实际需要出发，以及剖析了老年教育发展的原因。^⑦

---

① 张光：《我国虚拟大学的构建》，载《计算机工程》，2000(S1)。

② 姜鹏、高福安、郭娅莉：《现代远程网络教育——一种新型的教育方式》，载《北京广播学院学报(自然科学版)》，2001(4)。

③ 张凤龙、吴国祥、邓幸涛等：《现代远程开放教育"人才培养模式"概念探索》，载《中国远程教育》，2001(12)。

④ 郭远发：《我国老年教育的新趋势——访中国老年大学协会秘书长刘平生》，载《瞭望周刊》，1991(48)。

⑤ 高时良：《我国老年教育的历史传统及其借鉴意义》，载《教育评论》，1992(4)。

⑥ 谢国东：《谈我国老年教育事业的现状与发展》，载《中国成人教育》，1993(2)。

⑦ 章明：《风靡世界的老年教育》，载《国际展望》，1994(5)。

章光普在《试论老年教育学的理论基础和特点》(1995 年)一文中介绍了老年教育学研究的理论基础、老年教育学的研究意义、老年教育的特点。[1] 吴凤亭、于明波在《我国老年教育学研究的兴起与发展及其主要成就》(1996 年)一文中介绍了我国老年教育学研究的兴起与发展以及 10 余年来我国老年教育学研究的主要成就和发展趋势。[2] 杜子才在《有中国特色的社会主义老年教育刍议》(1997 年)一文中论述了教育是有中国特色的社会主义老年教育的基础属性;平等机会是有中国特色的社会主义老年教育的对象追求;余热生辉是有中国特色的社会主义老年教育的主导目的;重返社会是有中国特色的社会主义老年教育的始发方向;民族文化是有中国特色的社会主义老年教育的重要内容;学为结合是有中国特色的社会主义老年教育的施教方针。[3] 谢权贤在《老年教育理论研究的重点》(1997 年)一文中根据老年教育的状况,从全局与局部的关系的矛盾、大教育与老年教育的关系的矛盾、教与学的矛盾来确定老年教育理论研究的重点。[4]《老年教育教学原则初探》(1998 年)一文提出并分析了老年教育的教学原则,即科学性与思想性相结合、统一要求与因求施教相结合、循序渐进与讲求速成相结合、教师主导作用与学员主体作用相结合、"学"与"为"相结合。[5] 司荫贞在《简论老年教育的性质与特点》(1999 年)一文中介绍了老年教育是全民教育的重要组成部分;老年教育是终身教育的最后环节;老年教育是老年人社会化的过程;老年教育是提高老年人生活质量的途径;老年教育是构筑共融、共建、共享

---

①　章光普:《试论老年教育学的理论基础和特点》,载《中国老年学杂志》,1995(4)。

②　吴凤亭、于明波:《我国老年教育学研究的兴起与发展及其主要成就》,载《中国老年学杂志》,1996(5)。

③　杜子才:《有中国特色的社会主义老年教育刍议》,载《中国老年学杂志》,1997(2)。

④　谢权贤:《老年教育理论研究的重点》,载《成才》,1997(4)。

⑤　江汉油田老年大学:《老年教育教学原则初探》,载《华中师范大学学报(人文社会科学版)》,1998(6)。

社会的重要条件。① 王红漫、慧曼在《老年人再教育必须为国家和社会服务》(2000年)一文中从中国当代老年人的知识结构的不合理,以及中国老年人教育本身所存在的不足,简要论述了当前一些社会现象——气功热的负面宣传,宗教、类宗教的盲目信仰的产生过程和表现形式以及对社会的不良影响,进而对社会老年教育重新提出要求。② 郭雯霞在《二十一世纪的老年教育》(2000年)一文中从老年是人类生命时期的"第三年龄",老年人接受教育是基本人权,社区教育办学是老年教育的一种有效途径,老年教育是21世纪我国人口老龄化的选择四个方面剖析老年教育的重要性。③ 付兵在《老年教育的特点及组织实施》(2001年)一文中介绍了老年教育组织管理的社会参与性和福利性,教育目标的多向性和内容的多样化,组织形式的灵活性、群体性和活动性,教育范围的区域性,效果评价的社会性和主体感受性,提出从组织形式、内容、方法、过程等各方面采取针对性的措施,为成人教育的发展开拓出一个新的天地。④ 陈世林在《关于老年教育问题的思考》(2001年)一文中试对老年教育工作的开展提出以下建议:第一,国家应十分关注老年群体,像对待其他年龄段的群体一样,重视老年教育工作。第二,要教育老年人转变落后的教育观念,用终身教育思想指导老年人的晚年生活。第三,努力形成学习化社区的良好氛围。第四,建立老年教育和老龄问题的研究机构。⑤

五、成人教育学科理论研究体系趋于完备

赵国芬在《论成人教育理论研究的科学化问题》(1993年)一文中

---

① 司荫贞:《简论老年教育的性质与特点》,载《北京成人教育》,1999(8)。
② 王红漫、慧曼:《老年人再教育必须为国家和社会服务》,载《南方人口》,2000(1)。
③ 郭雯霞:《二十一世纪的老年教育》,载《北京成人教育》,2000(12)。
④ 付兵:《老年教育的特点及组织实施》,载《中国成人教育》,2001(8)。
⑤ 陈世林:《关于老年教育问题的思考》,载《西北成人教育学报》,2001(3)。

讲述了成人教育科学理论的体系问题以及成人教育科学研究的方法问题。① 周简叔在《美国的成人教育理论研究》(1995 年)一文中从成人教育中理论与实践的关系、成人教育与文化发展、国际成人教育的比较研究和政治教育与民权运动四个方面介绍了美国的成人教育。② 赖立在《成人教育理论研究的进展及其改进》(1997 年)一文中论述了 20 世纪 80 年代以来我国成人教育研究的发展变化。③ 朱涛在《成人教育理论研究现状堪忧》(1998 年)一文中介绍了我国成人教育理论研究的薄弱现状,探析了成人教育理论研究薄弱的原因以及需要加强成人教育理论研究的具体措施。④ 张典兵在《当代成人教育理论发展的突出特征》(1999 年)一文中综观近几年成人教育的改革和发展,提出成人教育是强调因材施教与按需施教的个性教育;注重适合成人特点的健康的教育氛围和学习环境的营造;注意成人经验潜能的开发与实践环节的拓展。⑤ 胡秀锦在《对我国成人教育评价体系建构的基本理论问题》(2001 年)一文中从成人教育评价面临的问题出发,重新探讨了成人教育评价的内涵、功能、对象、原则及方法、过程等问题,并从理论和实践两方面对成人教育评价体系的科学建构做了一定的分析和阐述。⑥

第六节　快速发展阶段的反思

成人教育学的理论研究离不开基本范式的演变、逻辑起点的追寻、方法论的更替以及理论派别的追溯探析。作为学科本身,成人

---

① 赵国芬:《论成人教育理论研究的科学化问题》,载《北京成人教育》,1993(2)。
② 周简叔:《美国的成人教育理论研究》,载《成人高教学刊》,1995(3)。
③ 赖立:《成人教育理论研究的进展及其改进》,载《北京成人教育》,1997(8-9)。
④ 朱涛:《成人教育理论研究现状堪忧》,载《中国成人教育》,1998(11)。
⑤ 张典兵:《当代成人教育理论发展的突出特征》,载《函授教育》,1999(3)。
⑥ 胡秀锦:《对我国成人教育评价体系建构的基本理论问题》,载《成人教育》,2001(2/3)。

教育学远比社会学更加鲜活生动，也远比教育社会学的延展度更强。在快速发展阶段，社会形态的成人教育异常活跃，与之相反，成人教育学理论的发展却严重滞后。

一、成人教育学应该定位于社会学的下位学科吗

在成人教育学科发展过程中，社会化的延伸成为重要特征。在给定的社会学框架中对成人教育中的社会结构、社会流动、社会群体、师生关系、成人社会化与继续社会化等问题进行社会层面的解释成为成人教育学科面临的重要任务。社会学研究涉及与社会相关的种种问题，包括社会学视角、社会文化、社会化、社会结构和互动、社会网络、科层制、越轨、全球分层、阶级、社会性别、种族、老年、经济、政治、婚姻家庭、教育、宗教、医疗健康、人口与城市化、集体行为和社会运动、社会变迁与环境等方面。[①] 成人教育学理论的研究面临不断扩展的中心问题的梳理。比如，成人教育中的社会结构是什么，成人教育中的社会流动应从哪些方面研究，成人教育面临的是一个怎样的社会群体，成人教育中成人学习者与社会的关系、成人教育者与社会的关系以及成人学习者与教育者之间的关系是怎样的。另外，这种研究必须弄清楚其与社会学所涉及的几个问题之间的内在关系。比如，社会结构包括经济结构、政治结构、文化结构和传递结构，其与成人教育之间存在的关系；社会差异与成人教育公平之间的关系；社会变迁与成人教育变迁之间的关系。成人教育社会学还必须弄清自身社会系统的内部关系，如成人教师、成人学生、成人学校、成人课程、成人教学之间的关系。成人教育社会学研究的集中点应该是成人教育对社会发展与变革的作用，而非仅仅在社会背景下的成人教育；成人教育可以引发新的社

---

① 钱民辉：《当代教育社会学研究的核心主题及理论建构》，载《北京大学教育评论》，2006(1)。

会形式，是一种促进社会变革的社会教育，是民主经验的实验室，是解决社会问题的有效途径。此外，成人教育学理论研究的价值取向问题、学科归属问题、自身理念问题都需要进一步梳理。另外，在当代社会科学领域，现代性、后现代性已经形成了一条特殊的逻辑线索，并以主题的形式进入了社会科学的各个研究领域。① 在此时代背景下，成人教育学理论研究的核心主题和理论建构是否也需要围绕这条逻辑线索等问题都要求将成人教育学定位于一个独立的社会科学提到议事日程上来。

成人教育学理论研究多集中于扫盲运动、社会政治变革，对这些特定视角的关注有历史发展的原因，但是从现实社会的复杂性来说则显得不足。比如，社会分层研究方面多集中于成人教育的公平现象，成人教育对象研究中多关注农民工、"城市新市民"（失地农民）、农村女性等处境不利群体的流动现象，而对于那些处境有利群体的研究以及老年人、少数民族、退役军人群体的研究则明显不足。我国成人教育学的研究要想深入，其知识涵盖面如研究范围、内容、方法都必须拓宽，理论创新应该全力跟进。

从这些方面来看，我国成人教育学的研究缺少宏大的科学合理的理论架构，没有形成一门学科该有的基点、方法和体系。整个研究是小范围的或处于局部摸索阶段，形成的一些研究成果也多从教育社会学中寻求模板或者在社会学中生拉硬套一些理论作为自身论述的背景基点，研究缺乏独创性，研究的力度和深度都远远不够。英国教育哲学家奥康纳在其《教育哲学导论》（*An Introduction to the Philosophy of Education*，1957）中专门研究了教育学理论的性质，并认为任何教育学理论总是包括三种命题系统，即形而上学的陈述、价值判断的陈述和经验的陈述。只有成人教育学理论具有了内在的

---

① 钱民辉：《当代教育社会学研究的核心主题及理论建构》，载《北京大学教育评论》，2006(1)。

严密的逻辑体系，能够呈现自身独有的某种体系和结构，成人教育学作为学科的自我意识才能逐渐形成，才能形成一门成熟的学科。

二、成人教育学的框架如何建立

成人教育学的诞生与成人教育的社会化有密切的联系，因为成人教育的本质特点就是它的社会性。在大量的成人教育实践中，社会形态的成人教育占有极大比重，而且成人教育思潮又与民主革命和社会运动思潮紧紧地联系在一起。再加之成人教育的办学主体、教学课程、教学场所等方面的社会化，这些都使成人教育浸染上了浓重的社会化色彩。因此，现今的成人教育学理论研究将大量的成人教育社会实践纳入自己的研究视野，并希望通过这样的研究完成成人教育学的理论建构。成人教育学科体系的进一步丰富，出现了社会学视域下的成人教育学、文化学视域下的成人教育学、公共管理视域下的成人教育学、终身教育与学习型社会视域下的成人教育学……在这样的情形下，成人教育学理论的框架模型如何建立？

发展到目前，成人教育学面临两大突破：一个是来自教育学本身对于它的限制；另一个是来自社会学对于它的影响，要形成自主体系，必须做到"了然无痕"。按照常规，成人教育学应从四个方面着手应对。一是从成人教育学科本身出发，要充分界定成人教育学科要素，追溯成人教育学科发展。二是从成人教育学的社会背景出发，将成人教育学与社会学有机结合，详尽论述社会结构、社会差异和社会变迁等与成人教育之间的内在逻辑，关注成人教育实践中已经成熟或者处于前沿的问题，如成人教育的公共产品属性、成人教育中的社区教育与公共管理以及成人教育网格化社会管理等问题。三是从成人教育学的内部系统出发，论述成人教师、学生、学校、班级、课程和教学扮演的社会角色。其关注点不仅要放在普通成人群体上，而且应关注老年人、妇女、残疾人和退役军人等特殊群体。四是从成人教育的社会功能出发，避免将成人教育仅仅看作一种社会工具，把成人教育引向更高的社会层面，如社会文化的再更新、和谐社会的建立以及人类的文明与进步。日本教育社会学会原会长新崛通也早就提出，教育社会学有三个研究对象：其一是"作为社会现象的教育"，其二是"从社会到教育"，其三是"从教育到社会"。成人教育是否也应如此？目前不乏这样的研究，如经验总结，或政策诠释。

经验总结是在成人教育实践的基础上进行的归纳总结，体现成人教育的实践特色，感性而零散，缺乏应有的理性与系统。在成人教育学方法论的架构上，经验总结占据部分比重，成人教育理论研究经验化的倾向明显。理论源于实践经验，但从实践经验升华为理论，还需要抽象与加工的过程。用经验总结代替理论研究，往往导致理论的粗糙与感性，忽略成人教育学理论的理性总结与系统规范，不利于成人教育学专业话语的形成与发展。我国的成人教育学理论研究中经验总结倾向明显，单纯将有关成人教育的各种经验加以总结而汇集成理论，缺乏细致的归纳分析、科学的研究探讨、高深的理论升华。这种对成人教育经验进行"粗加工"得来的成人教育理论成果，无疑是"粗理论"，难以上升到成人教育学该有的理论高度，更不能成为成人教育学的专业话语。方法论要有利于丰富成人教育学的理论体系，要真正服务于"使人成人"的理性价值。成人教育学不能成为传统教育学知识体系的粗糙延伸，更不能成为具体成人教育实践形式的简单介绍。这些成人教育学著作中所表达的农村成人教育、休闲教育、自学考试、远程教育，基本上是成人教育形式的简单归纳和类型说明；用一般性研究代替学科性研究，以为只要将成功的经验照搬回来就会大功告成；存在整章地介绍各种各样的形式，缺少了理论建设和提升。成人教育学研究应该从经验总结出发，在经验总结的基础上进行深入的理论研究，再从理论研究的角度回归实践问题，反馈实践经验；从宏观角度深入微观层次，推动成人教育研究向更高水平层次发展；使成人教育学科理论体系跟其他社会学科，特别是与教育学廓清界限。

政策诠释是指教育政策研究与教育理论研究的混淆，这种倾向忽视了教育政策研究与教育理论研究的区别，过分依靠对政策的研究来取代对理论的探求。教育理论与教育政策作为教育研究关注的两个命题，两者有显著区别：教育理论属于学术话语，教育政策属于政治话语。因此，必须将两者区分开来，政策诠释不能取代理论探求。我国的成人教育学著作中明显体现出单纯幼稚的政策诠释倾向，靠解读"新型城镇化""小康""民生"等众多政策词汇来取代成人教育学理论研究。这种成人教育理论政策化的倾向，导致我国成人教育学的政治文化侵入色彩明显，势必偏离理论的学术精神，以政策口号来取代理论研究，导致理论的政策化，不利于我国成人教育学理论的深入探索，不利于我国成人教育学专业话语的形成和发展。

这些成人教育学理论研究取向尽管表现形式各不相同，但都会对我国的成人教育学研究产生危害。缺乏深刻性的理论演绎使我国成人教育学难以达到专业独特性的高度，浮泛的经验总结阻碍了系统、细致的理论研究的进展，单纯幼稚的政策诠释将我国成人教育学理论研究方法引向了歧途。其共性之处在于忽视了成人教育学的独特性，忽视了"成人性""成长性"，从而忽视了成人教育学研究本该有的高度和价值使命，不利于我国成人教育学学术合法性的提升，阻碍我国成人教育学理论研究的进展。美国成人教育家达肯沃尔德和梅里安认为："教育哲学的主要任务是对构成实践基础的假说进行系统的考察，人们如何去分析和解释成人教育的实践，这取决于人们的哲学观点。"[①]以上的研究视角让成人教育社会学研究的疆域更加广阔。如果我们能够站得更高，并对于这些具体的成人教育实践

---

① ［美］达肯沃尔德、［美］梅里安：《成人教育——实践的基础》，刘宪之、蔺延梓、刘海鹏译，44页，北京，教育科学出版社，1986。

所产生的理论进行再提升和再概括，那么将有助于建构更具价值引领的成人教育学科理论体系。成人教育学理论研究亟待整体的、系统的、科学的规划和重建，而不能成为社会学的截面和局部扫描。

中国成人教育学的"中国性"作为"教育文化"的概念，尚未能做到传统文化与现代文明相融合，本土与西方相适应，理论和实践相结合；中国成人教育学的"中国性"的"应然"标准不突出，中国本土成分"被输入"。价值理性的模糊、"元模型"的偏离、方法论的旁落，这些在中国成人教育学本土化过程中产生的问题与偏差，必须加以重视。"理论"与"实践"的相互促进是中国成人教育学运行的"动力"机制，但本土"实践"缺少本土生长的"理论"的有力支撑，本土"理论"的生成也缺乏本土"实践"给予的养料，本土"理论"与本土"实践"相脱离。本土化的成人教育学理论应为中国成人教育实践服务，我们应构建中国式的话语体系，解决中国成人教育的实际问题；构建中国自己的成人教育学派，形成有中国特色的成人教育理论；扎根本民族文化土壤，放眼世界成人教育背景。剖析中国成人教育学本土化的实质所在，发掘中国成人教育学本土化问题的根源之基，促进中国成人教育学本土化的健康发展，构建中国特色的成人教育学。

第五章

成人教育学的规范发展
阶段(2002—2011 年)

　　成人教育学科的发展保持着张弛有道的特点，从快速发展阶段进入了规范发展阶段。进入 21 世纪后，党和国家为我国社会主义现代化建设做出了一系列战略决策。2002 年 11 月，党的十六大做出了"全面建设小康社会"的战略决策，其中包括"构建终身教育体系""形成全民学习、终身学习的学习型社会，促进人的全面发展"的战略任务。这个阶段地方终身学习法出台，社区治理跟进，老年教育、社区教育等制度更加成熟。成人教育学科兼容并蓄，吸纳众多学科的滋养，体系结构规范，学术语境规范。这个阶段是成人教育学科在爆发井喷后开始进入规范发展的阶段，其逻辑起点转向广泛的成人生活，不断摆脱来自哲学、社会学、心理学等相关学科的影响，避免成为这些社会学科的拼盘。

第一节　成人教育学的实践基础

一、建设人力资源强国

　　党的十七大报告指出，"优先发展教育，建设人力资源强国"。我国成人教育的形态从扫盲到大学后继续教育，从学校教育到自学考试，从课堂教学到远程教育，从单一证书到多种证书，从岗位培训到社会文化生活教育……这种初步形成的成人教育制度已表明，成人教育突破了人力资源一次性开发的观点，使人力资源得到连续不断的开发，使人的含金量逐渐提高，使人的素质不断提高。不难看出，成人教育在建设人力资源强国的过程中发挥着不可替代的重要作用。至此，《学会生存——教育世界的今天和明天》一书中所提出的"教育过程的正常顶点是成人教育"等含义也在于此。

二、推进学习型社会建设

党的十七大报告指出，"建设全民学习、终身学习的学习型社会"。成人教育是终身教育体系的重要组成部分，在建设全民学习、终身学习的学习型社会中有着不可估量的作用。大力发展成人教育是实现终身教育、构建学习型社会的关键环节。没有发达的成人教育就难以形成学习型社会。我国在构建终身教育体系、建设学习型社会方面，进行了积极的探索和努力，取得了明显的成效，有了良好的工作基础。我国的国情决定了学习型社会的创建只能优先在经济社会较为发达的城市进行。构建学习型社会，必须围绕学习型组织、学习型社区及终身教育体系的构建进行。

三、构建终身教育体系

上海、萧山、太原、济南等地在构建终身教育体系、建设学习型社会中不断进行实践与理论探索。尤其是上海从管理、制度、经费、立法等方面提供了较为全面又可操作的经验。这些地区在构建终身教育体系的探索中迈出了坚实的步伐。上海等地的经验表明，对成人教育的地位、作用的认识应在管理中体现，在经费上保障，在政策上扶持。有为才能有位，有位才能更好地作为。太原在实践与理论上也进行了有益的尝试，推出了《创建学习型城市太原在行动》(2009 年)《太原市创建学习型城市运行与评价》(2011 年)等系列丛书，贡献了重要经验。

第二节　成人教育学的制度基础

加强重点人群的成人教育政策扶持力度，促进成人教育均衡化发展，是这一阶段的重要任务。此外，这一阶段在较高的经济增长率下，一些发展中的问题也越来越明显地表现出来，经济结构的不合理性已经引发许多社会问题，如流动人口问题，包括流动人口的教育、医疗、居住等社会保障问题及其子女的教育问题等。流动人口的文化教育、技能培训问题是伴随着经济发展产生的，经济发展对劳动力的需求促使农民流入城市。如何让农民在城市有生存的一技之长，如何使农民融入城市文化生活等问题的解决必须依靠教育。尤其是成人教育在其中起到至关重要的作用，这又是成人教育政策规范发展的重要原因。

一、建设学习型社会的制度

2002 年 11 月，党的十六大报告强调要加强职业教育和培训，发展继续教育，构建终身教育体系。2003 年 12 月 26 日，《中共中央国务院关于进一步加强人才工作的决定》明确指出构建中国特色的终身教育体系，加强各类人才的培训和继续教育工作。2004 年，教育部发布的《2003—2007 年教育振兴行动计划》指出继续教育是终身教育体系的一部分，是沟通各类教育形态的桥梁和中介，需要推进继续教育与学校正规教育的对接。2007 年，党的十七大报告继续强调继续教育对于终身教育体系构建的意义和作用。2010 年，《国家中长期教育改革和发展规划纲要(2010—2020 年)》的出台，进一步从政策上理顺了继续教育发展的范畴与方式，使一直从属于成人教育的继续教育独立开来，成为一个独立的教育体系，而成人教育的概念则从官方文件中消失了。2012 年，党的十八大报告在阐释中国教育整体政策的时候，将继续教育与职业教育、高等教育、基础教育并列论述，显然此时的继续教育已经是国民教育体系中的一种独立类型。
2012 年，教育部在《关于加快发展继续教育的若干意见》中进一步明
确了继续教育的政策定位，强调继续教育是正规学校教育后的教育；
明确了继续教育的范畴，突出了继续教育与正规教育并列的地位。
由此可见，进入 21 世纪之后，继续教育在政策表达上日趋规范化，
逐渐与国际社会通行的继续教育形态、内涵保持一致。

二、地方终身教育法出台

（一）第一部地方终身教育条例

2005 年，《福建省终身教育促进条例》是中国大陆制定的第一部
地方终身教育条例。该条例明确规定："为发展终身教育，鼓励终身
学习，提高公民素质，促进人的全面发展，根据有关法律法规，结
合本省实际，制定本条例。"

（二）《上海市终身教育促进条例》

经过多年的探索与尝试，《上海市终身教育促进条例》于 2011 年
1 月 5 日正式通过，并于 2011 年 5 月 1 日起正式实施。此条例是继
福建省 2005 年 9 月 28 日公布开始施行的《福建省终身教育促进条
例》后由我国地方政府正式启动立法程序给予制定的第二部地方终身
教育条例。《上海市终身教育促进条例》的制定充分证明了上海市政
府对终身教育工作的重视，其中某些内容也具有开创性的意义。

三、规范发展社区教育制度

此阶段，一系列规范发展社区教育的制度相继确立，如 2004 年
《2003—2007 年教育振兴行动计划》、2004 年《教育部关于推进社区
教育工作的若干意见》、2007 年《教育部关于加快发展社区教育的意
见》、2010 年《国家中长期教育改革和发展规划纲要（2010—2020
年）》、2010 年《关于进一步推进社区教育的若干意见》、2010 年《中
等职业学校服务社区教育工作的指导意见》、2010 年《社区教育工作

者岗位规范》、2011 年《社区服务体系建设规划(2011—2015 年)》等。

四、规范发展老年教育制度

我国明确提出构建终身教育体系、建设学习型社会的要求是在 2002 年党的十六大上,这使老年教育的重要地位得以彰显出来,成为终身学习、终身教育和学习型社会建设不可或缺的力量。2007 年,《国家教育事业发展"十一五"规划纲要》发布,第一次将老年教育列入国家教育整体规划,此后我国老年教育发展的步伐加快。2010 年 7 月,《国家中长期教育改革和发展规划纲要(2010—2020 年)》提出以加强人力资源能力建设为核心,重视老年教育,把老年教育纳入继续教育和终身教育体系,对各级政府将老年教育提上发展议程进行了权威性提示,加快了各地政府对老年教育事业的统筹规划和制度保障,吹响了老年教育发展的号角。① 相对于教育法律,老年教育的这些政策文件更加具有时效性与影响力。随后全国各省(自治区、市)在制定当地教育规划纲要时无一例外地将"重视老年教育"具体化,结合实际制定了诸多促进老年教育发展的举措,推动了全国各地全方位、多层次、多功能、开放式的老年教育教学体系的形成。

五、规范发展农村劳动力培训制度

进入 21 世纪以来,为适应农村经济的发展和解决三农问题的需要,在党中央、国务院的统筹领导下,大力开展了农村劳动力转移培训。2002 年发布《教育部关于进一步加强农村成人教育的若干意见》。2004 年以来,国家教育部、农业部等六个部委联合启动了农村劳动力转移培训阳光工程,教育部实施了农村劳动力转移培训计划,召开了进城务工人员职业现场工作会议,动员组织教育系统积极开展农村劳动力转移培训、农民工职业技能技术培训和农村实用技术培训,要求各级各类成人学校和职业学校以及相关的培训机构开展

---

① 雷振香:《基于政策视角的老年教育发展研究》,载《速读》(中旬),2017(8)。

丰富多彩的农村劳动力转移培训。

六、规范发展下岗失业人员培训制度

2002 年,《中共中央 国务院关于进一步做好下岗失业人员再就业工作的通知》提出,在充分利用全社会现有资源的同时,政府对于针对下岗失业人员的能力培训与服务项目给予资金补贴,以提高他们的就业能力和整体的就业率。2005 年,《国务院关于进一步加强就业再就业工作的通知》指出,要广泛调动、充分利用全社会的教育培训资源,积极开展成人就业技能训练和再就业能力提升的培训工作;各地统筹安排所需的资金和费用,旨在提高失业人员的就业能力和创业能力。

七、规范发展现代远程教育制度

2001 年,教育部办公厅关于公布《现代远程中等职业教育与成人教育资源建设工程》首批开发项目的通知指出,现代远程中等职业教育与成人教育资源建设是教育部现代远程教育工程的重要组成部分,对于促进职业教育的发展、加快职业教育信息化建设具有重要意义。同时,教育部还下发了《现代远程职业教育资源建设项目申报表》《网络课程开发基本要求》《现代远程教育资源建设技术规范(试行)》等文件,共计 31 个项目通过了评审,被确定为工程的首批开发项目。

第三节　成人教育学科概况

这个阶段的主要成果有:成人教育著作和论文的大量出现,成人教育学术刊物的成熟和网络载体的不断涌现,成人教育学硕士学位点的迅速增加与博士学位点的相继设立,成人教育课题研究的继续深入推进,成人教育研究范围的不断拓展,成人教育研究团队的深化形成,成人教育国际交流与合作的不断扩大。

一、成人教育著作和论文的大量出现

这一阶段我国成人教育的著作与论文数量较上一阶段又有较大的增长。这一阶段的著作和论文围绕一些成人教育的重点问题展开深入研究，如"成人教育与终身教育体系构建""成人教育与学习型社会构建""成人教育与社会和谐建设""成人教育与社会主义新农村建设""成人教育与创新性国家建设""社区成人教育的研究""成人教育教学手段的研究""成人学校教育转型与创新的研究""成人教育改革与发展研究""教师继续学习需求和有效培训模式的研究""社区学习型自组织与社区学习共同体研究""成人素质教育的研究""成人教育基本理论和学科建设的研究""成人教育国际比较的研究"等。

在我国成人教育学科逐步由"自在"走向"自为"，并逐渐走向自主独立的过程中，成人教育学科体系问题成为该阶段的重点课题，首次做了系统性研究。主要涉及三个方面：一是我国成人教育学科体系构建的前提研究，即成人教育学科的独立不可替代的研究；二是我国成人教育学科体系如何构建的研究，即成人教育学科体系构建的策略研究；三是我国成人教育学科结构的基本框架研究。代表性的著作有：谢国东、赖立、刘坚的《面向 21 世纪中国成人教育学科建设研究》(2002 年)，杜以德、韩钟文、何爱霞等人的《中国成人教育学科体系结构及其分类研究》(2006 年)，娄宏毅、宋尚桂的《成人教育学》(2002 年)，王娅、陈静、陈双平等人的《成人教育教学论》(2005 年)，冀鼎全的《成人教育心理学》(2006 年)，桑宁霞的《中外视野下的成人教育》(2006 年)，何爱霞的《成人教育社会学研究》(2007 年)，曾青云的《当代成人教育发展研究》(2009 年)，叶忠海的《现代成人教育学研究》(2011 年)等。2004 年 12 月，北京师范大学出版社出版了黄尧的《90 年代中国教育改革大潮丛书：成人教育卷》。全书共八章，包括 90 年代中国成人教育改革的背景，90 年代中国成人教育改革和发展的指导思想、总体目标，扫盲与农村成人教育的

改革及其进展，岗位培训的改革及其进展，成人高等学历教育的改
革及其进展，成人中等专业教育的改革及其发展，社会力量办学的
改革及其进展，90 年代中国成人教育改革和发展的成绩、经验与
展望。

　　大量论文开始出现，包括：丁红玲的《成人教育学科发展评价与
建构》（2011 年），杨平、王一凡的《成人教育学概念的内涵考察》
（2010 年），李中亮的《成人教育学中国化的意义和途径》（2008 年），
曾青云、胡谓峰的《成人教育学科"范式课程"体系建设策论》（2007
年），杜以德的《成人教育学科体系的逻辑起点》（2006 年），朱涛的
《成人教育学科体系建设刍论》（2004 年），娄立志的《教育科学学科体
系与成人教育学科体系的构建》（2002 年）等。在成人教育学科体系结
构及其分类研究中，研究者提出了中国成人教育学科体系应与中国
成人教育体系相配合，以构建多序列、多层次、多形式的立体网络
结构体系的设想。[①] 这些成果的取得，表明了成人教育学科体系进
入系统研究的新阶段，有了新的突破，并逐步走向成熟。

二、成人教育学术刊物的成熟和网络载体的不断涌现

　　成人教育的学术刊物和各种网络载体已经形成丰厚积累，并构
成成人教育学科发展中非常重要的文献物质载体和思想交流平台。
成人教育学术期刊呈现出蓬勃发展的态势，一些学术期刊的发行量
逐年增加，采稿量大幅增加。《中国成人教育》《成才与就业》《继续教
育研究》《成人教育》《继续教育》《高等函授学报》《湖北大学成人教育
学院学报》《体育成人教育学刊》《中国远程教育》《河北大学成人教育
学院学报》《西北成人教育学报》《开放教育研究》《乌鲁木齐成人教育
学院学报》《成人高教学刊》等成人教育学术期刊刊登成人教育方面的

---

①　杜以德、韩钟文、何爱霞等：《中国成人教育学科体系结构及其分类研究》，129
页，北京，高等教育出版社，2006。

论文达上万篇。一些综合性学术期刊，如《河北师范大学学报（教育科学版)》《江苏技术师范学院学报（职教通讯)》《中国农村教育》《中国校外教育》《湖南师范大学教育科学学报》《当代教育论坛》等也开辟专栏刊登成人教育研究方面的论文。一些大学、学院的学报也比较关注成人教育科学研究方面的学术成果。人大报刊复印资料《成人教育学刊》全文转载的成人教育科学研究的论文数量逐年攀升，所选论文在一定程度上代表了当前我国成人教育理论研究的热点与发展方向。

2002 年 7 月 26 日，中国职业教育与成人教育网在长春举行了开通仪式。2003 年中国成人教育协会网络中心和 2004 年教育部社区教育实验网站等成人教育类网站相继开通。此外，成人教育期刊论文或图书出版物的电子版亦被具有全国影响力的各大网络电子数据库收录，如中国知识资源总库、维普中文期刊数据库、万方数字化期刊、中国人民大学复印报刊资料数据库和超星数字图书馆等。网络载体的建成与扩大，一方面使成人教育学科知识成果的信息量更大，而且愈趋集中；另一方面使成人教育学者之间的信息互动和交流变得更加便捷与高效。

三、成人教育学硕士学位点的迅速增加与博士学位点的相继设立

在这一阶段，成人教育学硕士学位点不断增加。2003 年以后，山西大学、河南大学、福建师范大学、华南师范大学、陕西师范大学相继设立；2005 年以后，河北师范大学、浙江大学、河北大学、云南大学等相继设立。成人教育学博士学位点也逐步设立。2004 年，华东师范大学职业教育与成人教育研究所创建了我国第一个成人教育学博士学位授予点，高志敏、黄健开始招收成人教育学博士生；2007 年，西南大学刘义兵、靳玉乐、廖其发教授开始招收成人教育学博士生。北京师范大学等学校也设立了成人教育学博士学位点。

2002 年，中国成人教育协会重新组建全国成人教育科学研究工作委员会，在各学位点之间形成定期会晤的机制，并开始就学科建

设和研究生培养等问题进行专门的交流与合作。各学位点的专业研究方向有：成人教育基本原理、终身教育、终身学习与学习型社会、成人教育哲学、成人教育社会学、成人教育心理学、社区教育、继续教育、比较成人教育等。

四、成人教育课题研究的继续深入推进

这一阶段的课题研究呈现出多元化特点，继续深入推进。成人教育重点问题研究得以拓展而深化，成人教育基本理论研究取得了新进展，成人教育学科体系研究取得了新突破，成人教育类别研究取得了多方面进展，国外成人教育研究得以较为全面的展开。比如，2003 年，成人教育课题有：陈乃林的"基于网络的成人学习特点与教学模式研究"、龚小兰的"创建学习型社会与成人教育发展问题研究"、柳士彬的"成人潜教学的价值及其实施"等，如表5.1 所示。2005 年，成人教育课题有：李志远的"中部地区农村成人教育研究"、樊琪的"成人学习心理的实证研究——动机、偏好、方式及策略"等。2006 年，成人教育课题有：高志敏的"成人教育学科体系的批判与重构研究"等，如表 5.2 所示。2010 年，成人教育课题有：汪国新的"成人教育共同体建设研究——以杭州为例"等。2011 年，成人教育课题有：孙立新的"成人教育促进社会阶层流动的路径与机制研究"等，如表 5.3 所示。

表 5.1　全国教育科学规划"十五"期间（2003—2005 年）成人教育课题一览表

时间	序号	课题名称	课题负责人	工作单位	课题类别	立项年度
"十五"期间（2003—2005 年）	1	基于网络的成人学习特点与教学模式研究	陈乃林	江苏广播电视大学远程开放教育研究所	教育部重点	2003

续表

时间	序号	课题名称	课题负责人	工作单位	课题类别	立项年度
"十五"期间（2003—2005年）	2	学习型企业在学习型社会中的地位与作用以及创建的研究	杨树雨	北京广播学院	教育部重点	2003
	3	产业结构调整与农村人技术培训	黄世杰	广西大学商学院	教育部重点	2003
	4	贫困地区妇女教育模式与全面建设小康社会	夏海鹰	西南师范大学扫盲教育研究与培训中心	教育部重点	2003
	5	中国农村数字图书馆研究	吴　民	中国成人教育协会	教育部重点	2003
	6	高等教育大众化进程中的成人高等教育研究	李继峰	陕西师范大学继续教育学院	教育部重点	2003
	7	创建学习型社会与成人教育发展问题研究	龚小兰	南昌大学成人教育研究中心	教育部重点	2003
	8	小城镇社区教育模式的构建与运行研究	张爱莲	浙江省杭州市萧山区人民政府	教育部重点	2003
	9	远程教育公共服务体系在边远贫困地区运行模式的研究	李萍萍	黑龙江广播电视大学	教育部重点	2003
	10	网络教育中成人学生素质教育问题研究	萧玲玲	四川大学网络学院	教育部重点	2003
	11	企业内部培训模式及效果研究	刘凤军	中国人民大学商学院	教育部青年基金	2003
	12	村干部素质之需求演化与教育对策研究	缪丽华	江西农业大学成人教育学院	教育部青年专项	2003
	13	成人潜教学的价值及其实施	柳士彬	曲阜师范大学继续教育学院	教育部青年专项	2003

续表

时间	序号	课题名称	课题负责人	工作单位	课题类别	立项年度
"十五"期间（2003—2005 年）	14	工业企业群体素质与企业教育体系的构建	梁丽萍	山西大学政治学系	教育部青年专项	2003
	15	城市化进程中的乡镇成人学校办学模式研究	沈素娥	浙江省宁波市教育局	教育部规划	2003
	16	企业教育可持续发展对策研究	蒋占和	天津市成人教育理论研究室	教育部规划	2003
	17	贫困地区农村青年妇女基本文化素质现状调查及对策研究	崔健民	甘肃省教育科学研究所	教育部规划	2004
	18	现代远程教育模式下成人教育改革与创新研究	李盛聪	四川师范大学成人教育学院	教育部规划	2004
	19	中部地区农村成人教育研究	李志远	安徽财经大学成人教育研究所	国家一般	2005
	20	城市化进程中村转居社区新居民的社会心理引导与教育对策研究	陈传锋	宁波大学师范学院	教育部重点	2005
	21	成人学习心理的实证研究——动机、偏好、方式及策略	樊琪	上海师范大学	教育部重点	2005
	22	从学历走向学习：成人高等教育转型研究	余小波	长沙理工大学教育与应用心理研究所	教育部重点	2005
	23	基于网络的远程开放教育学习评价研究与实践	杨孝堂	中央广播电视大学	教育部重点	2005
	24	少数民族女青年学习需求和动机的调查与研究——以云南、甘肃省少数民族社区为个案	杨红	中央教育科学研究所	教育部青年专项	2005

表5.2　全国教育科学规划"十一五"期间成人教育课题一览表

时间	序号	课题名称	课题负责人	工作单位	课题类别	立项年度
"十一五"期间	1	18岁成人仪式教育研究	王北生	河南大学	国家一般	2006
	2	我国农村劳动力转移培训的公共政策研究	刘国永	上海财经大学	教育部青年基金	2006
	3	成人教育学科体系的批判与重构研究	高志敏	华东师范大学	教育部重点	2006
	4	成人网络学习特征及支持环境的研究	贾卓生	北京交通大学	教育部重点	2006
	5	网络环境下成人学习策略及课程设计研究	纪河	江苏广播电视大学	教育部青年专项	2006
	6	我国成人高等教育办学机构转型与创新研究	杜以德	曲阜师范大学	国家一般	2007
	7	成人学校生源多元化研究	焦峰	河南大学	国家一般	2007
	8	西部新农村建设中新型农民培训有效模式研究	夏海鹰	西南大学	教育部重点	2007
	9	社会成人教育机构的分类和评价研究	张彦通	北京航空航天大学	教育部重点	2007
	10	CEA混成学习在教师继续教育中的应用研究	蒋笃运	河南省教育厅	教育部重点	2007
	11	基于教师多元角色的中小学教师继续学习需求和有效培训模式研究	王卫东	广州大学	教育部重点	2007
	12	失地农民教育培训体系及政策支持系统研究	鲍海君	浙江财经学院	教育部重点	2007

续表

时间	序号	课题名称	课题负责人	工作单位	课题类别	立项年度
"十一五"期间	13	基于学习型社会理念的成人工作场所学习机制与推进策略研究	孙玫璐	华东师范大学	教育部青年基金	2007
	14	民国时期劳工教育问题研究	李 忠	山东师范大学	教育部青年专项	2007
	15	当代社会发展中的中国农村教育发展问题研究	袁桂林	北京师范大学	国家重点	2008
	16	政府主导型农村社区教育共同体构建	柯 玲	四川省成都市郫县（今郫都区）政府	国家一般	2008
	17	终身学习视野下的微型移动学习资源建设研究	顾小清	华东师范大学	国家一般	2008
	18	我国新型农民培训模式研究	赵帮宏	河北农业大学	国家一般	2008
	19	社区教育与城市民生问题研究	秦 钠	上海大学	国家一般	2008
	20	新农村建设中政府主导型农民培训模式的绩效评估与优化研究	徐金海	扬州大学	国家一般	2008
	21	农村社区适用型卫生人才培养模式的研究	汪 鑫	九江学院	教育部重点	2008
	22	学习型社会建设研究	朱新均	中国成人教育协会	教育部重点	2008
	23	新农村建设中农民职业技能与创业教育机制研究	吴永明	江西师范大学	教育部重点	2008
	24	学校体育与社区体育教育一体化研究	张志勇	山东师范大学	教育部重点	2008

续表

时间	序号	课题名称	课题负责人	工作单位	课题类别	立项年度
"十一五"期间	25	美国社区学院的发展及对中国高等教育改革的启示	连进军	厦门大学	教育部青年专项	2008
	26	企业员工继续教育课程开发研究	郜 岭	北京理工大学	教育部青年专项	2008
	27	成人教育院校转型发展研究	李兴仁	云南师范大学	国家一般	2009
	28	社会转型期我国成人院校"转型性变革"的路径与机制研究	乐传永	宁波大学	国家一般	2009
	29	共同体取向的公民教育实践模式比较研究	王小飞	中央教育科学研究所	国家青年基金	2009
	30	西部欠发达地区返乡农民工职业技能培训调查研究	陈翠玉	西南政法大学	教育部重点	2009
	31	北京市推进终身学习和学习型城市建设案例研究	孙善学	北京市教育委员会	教育部重点	2009
	32	新农村视阈下新型农民及农民工的教育培训研究	易红郡	湖南科技大学	教育部青年专项	2009
	33	闲暇教育课程研究	张 健	江苏省淮安市楚州区教育科学研究所	国家一般	2010

续表

时间	序号	课题名称	课题负责人	工作单位	课题类别	立项年度
"十一五"期间	34	发展方式转型下新生代农民工培训适切性和绩效研究	史成明	盐城师范学院	国家一般	2010
	35	成人教育共同体建设研究——以杭州为例	汪国新	杭州市成人教育研究室	教育部重点	2010
	36	新型城市化中农民市民化与成人教育因应策略研究	卢美芬	宁波大学	教育部重点	2010
	37	以高等院校为主体老年教育服务模式探析	杨守吉	淮海工学院	教育部重点	2010
	38	学习社会视域下成人教育"立交桥"建构研究	赵红亚	河南大学	教育部重点	2010
	39	社会成人教育培训机构经营模式研究	王文科	淮阴工学院	教育部重点	2010
	40	我国工读教育发展模式及对策研究	韦保宁	华东师范大学	教育部青年专项	2010
	41	我国农民工培训政策的问题反思与创新研究	陈洪连	青岛大学	教育部青年专项	2010
	42	面向90后农民工的社会教育体系研究	臧志军	江苏技术师范学院	教育部青年专项	2010

表 5.3　全国教育科学规划"十二五"期间成人教育课题一览表

时间	序号	课题名称	课题负责人	工作单位	课题类别	立项年度
"十二五"期间	1	基本建成学习型社会的指标体系和实践途径研究	张　力	教育部教育发展研究中心	国家重点	2011
	2	虚拟学习社区运行机制和评价研究	李兴保	曲阜师范大学	国家一般	2011
	3	教育虚拟社区的群集智能化构建方法研究	程　艳	江西师范大学	国家青年	2011
	4	社区教育教师的工作特性分析与能力建设研究——基于同中小学教师对比的视角	张　永	华东师范大学	国家青年	2011
	5	城市养老女性护理人才培养的国际比较研究	宋　岩	广东女子职业技术学院	教育部重点	2011
	6	90后农民工职业能力培养路径研究	刘方涛	南京铁道职业技术学院(苏州校区)	教育部重点	2011
	7	新生代农民培养教育发展战略研究	张新民	黄淮学院	教育部重点	2011
	8	学习型社会进程中高校农村教师继续教育学习模式研究	陈上仁	赣南师范学院	教育部重点	2011
	9	教育虚拟社区用户信息行为模型研究	柏宏权	南京师范大学	教育部青年	2011
	10	苏南地区新生代农民工职业培训的实证研究	吴济慧	江苏技术师范学院	教育部青年	2011
	11	成人教育促进社会阶层流动的路径与机制研究	孙立新	浙江大学	教育部青年	2011

时间	序号	课题名称	课题负责人	工作单位	课题类别	立项年度
"十二五"期间	12	发展老年教育的社会载体及其运行机制研究	毛建茹	上海市教育科学研究院	教育部青年	2011
	13	成人先前学习认定研究——基于国际比较的视角	朱 敏	华东师范大学	教育部青年	2011

五、成人教育研究范围的不断扩展

从纵向来看，各类成人教育在注重现实性研究的同时，开始向历史性研究、发展性（前瞻性）研究伸展。从横向来看，在社会范畴上，成人教育十分重视政治、经济、文化等发展与自身发展的互动研究；在学科领域上，成人教育相当关注社会学、人类学、生理学、心理学、哲学等学科与自身发展的相关研究。从研究对象来看，以往不受关注的社会群体（如失地的农民、外来工、高层管理人员、高级技工等）成为成人教育重要的研究目标；从研究的区域来看，对中西部特别是老少边穷地区成人教育的研究明显增多；从教育类型来看，对非正规成人教育有了比较多的关注和研究。

六、成人教育研究团队的深化形成

成人教育研究团队，包括政府研究机构的专职研究人员、高等院校研究机构的专兼职研究人员、群众性团体的社会研究力量、广大成人教育实务工作者。这些研究团队进行了一些建制活动：一是组建各自的研究者队伍；二是创办成人教育的专业刊物；三是开展课题研究；四是组织召开国际、国内或行业内的成人教育研讨会，加强彼此的合作与交流。

七、成人教育国际交流与合作的不断扩大

在此阶段，我国承办了一些国际会议。比如，2002 年 10 月
21—23 日，"第三年龄学习国际研究研讨会"在武汉召开，由武汉老
年大学和武汉市人民对外友好协会共同承办。会议主题是"学习与教
育，不论年龄，人人有权享受，人人应该参与"。会议收到国内外代
表的论文达 60 篇。会议讨论和交流了各国、各地老年学习与教育的
经验、信息和科研成果。2003 年 2 月 23—25 日，中国成人教育协会
在北京承办了"亚太成人教育国际合作研讨会"。来自亚太地区 14 个
国家和地区的 23 名国外代表及 30 名中国代表参加了研讨会，联合
国教科文组织和德国成人教育协会也派代表出席了会议。"国际成人
教育研讨会"于 2006 年 10 月 28—31 日在北京举行。会议主题是"学
习化社会中的成人教育"。同时，我国也积极参与国际会议交流。比
如，2007 年 1 月 16—20 日，中国成人教育协会受邀参加于肯尼亚首
都内罗毕举行的"国际成人教育协会第七届世界大会"等。

进入 21 世纪以来，随着对外交流与合作的不断扩大，我国成人
教育领域相继开展了大量的国际合作项目，探讨国际社会共同关注
的成人教育热点问题，合作编写出版了多种著作和资料；开展了多
种形式和内容的成人教育培训，取得了一系列重要的成果。有关项
目的国际合作研究有："中国农村远程教育现状和趋势的政策性研
究""农村社区学习中心能力建设项目""以 ICT 为基础的西部农村农
民科技培训""非正规教育与正规教育的同等学历研究""农村社区学
习中心联系与网络"等。合作编写出版的成人教育著作有：2004 年 3
月，中国成人教育协会秘书长谢国东、甘肃省教育科学研究所副所
长齐志勇出席了联合国教科文组织研究所在德国汉堡召开的"农村社
区学习中心能力建设"项目，并承担由联合国教科文组织研究所资助
的《农村社区学习中心能力建设培训手册》的编写任务等。合作举办
的成人教育人员培训有：2003 年 7 月 17 日和 2003 年 8 月 1—2 日，

受中国联合国教科文组织全国委员会的委托，中国成人教育协会、北京市农林科学院农业科技信息研究所、北京市农村远程信息服务工程技术研究中心和内蒙古自治区电化教育馆分别在北京和呼和浩特举办了"农村成人网络技术培训班"。①

　　成人教育的理论研究与宣传工作取得新的进展，紧密结合我国社会发展的实际；成人教育的科学研究在总结实践经验的基础上不断扩展研究领域，扩大研究范围，取得了一大批有价值的科研成果，成为教育科学研究的一个重要分支；成人教育学科建设取得了跨越式的发展，研究队伍不断壮大；成人教育群众性团体非常活跃，以中国成人教育协会为代表的各级各类成人教育组织开展了丰富多样的活动，组织开放了四种形式的成人教育论坛，发起、组织了全民终身学习活动周活动，活动的规模和影响越来越大，成为推动终身教育、学习型社会建设的一个全民性大活动；以中国成人教育为代表的成人教育学术交流的期刊和报纸有力地宣传了我国成人教育的经验和成就。回顾我国成人教育的发展，我们可以看到在党中央和国务院的正确领导下，通过广大成人教育工作者的共同努力，我国的成人教育取得了突出的成绩，在我国已经基本形成一个面向全体成人的从扫盲到大学教育后的继续教育制度，基本建立了符合我国经济社会发展特点的成人教育管理体制和运行机制，建立并不断完善了一系列有特色的工作制度。中国拥有世界上规模最大、参加人数最多、形势最为多样的成人教育体系，成人教育直接有效地提高了我国工农业生产的产品质量和服务质量，增进了文明昌盛、社会和谐与政治稳定。

---

① 董明传、谢国东、叶忠海等：《中国成人教育改革发展三十年》，267～268 页，北京，高等教育出版社，2008。

第四节　成人教育学科成果

这个阶段出现的专著仍然延续上阶段多主题的特点，但是在研究规范上有进一步的提高。比如，2002 年 5 月，山西大学成人教育学科团队出版"成人教育理论与实践丛书"，包括《成人高等教育》《终身教育概论》《社区教育概论》《继续教育概论》《终身教育与传统文化》5 本著作。成人教育学呈现如下特点：第一，出现了比教育学更上位的终身教育的概念；第二，成人教育学族系具有了更大的社会延展功能、融通功能；第三，学习型社会的视野下，成人学习服务向社会公共服务延伸，成人教育学的社会科学属性凸显。成人教育学在终身教育、终身学习、学习型社会中寻找学科站位，寻求学科的自为境界。

一、高志敏等人的《成人教育社会学》和何爱霞的《成人教育社会学研究》

这一阶段出现了完整的成人教育社会学论著，其中有高志敏等人的《成人教育社会学》(2006 年)和何爱霞的《成人教育社会学研究》(2007 年)。它们是我国成人教育社会学研究的奠基之作，为成人教育社会学的理论研究做出了重要贡献。

由河北教育出版社出版的高志敏等人的《成人教育社会学》在成人教育的社会学延展中做出了重要的贡献。该书分为上、下两篇：上篇为基础篇，论述较为有体系，在论述完成人学习者与社会、成人教育者与社会、学习者与教育者后，加上了文化、经济和社会流动的内容。这种逻辑线索自成体系，可以成为理论研究的典范。下篇为现实篇，论述从国际视野和时代背景出发，行文缜密，逻辑清晰。全书将成人教育的继续社会化功能概括为四点：促进成人掌握、更新和丰富社会生活的知识与技能；帮助成人进一步确立价值观念与学习社会规范；促使成人的个人目标与社会目标保持一致；帮助成人认同社会角色，掌握角色技术。这种尝试是有意义和价值的。

　　由中国海洋大学出版社出版的何爱霞的《成人教育社会学研究》是一部成人教育社会学专著，共分为十章。第一章论述了成人教育社会学的研究对象、学科性质、产生与发展和近年来我国成人教育社会学研究；第二章论述了政治与成人教育；第三章论述了文化与成人教育；第四章论述了人口与成人教育；第五章论述了社会变迁与成人教育；第六章论述了社会流动与成人教育；第七章论述了成人社会化与成人教育；第八章论述了社区成人教育；第九章论述了成人教育教学的社会学分析；第十章论述了成人教育课程的社会学分析。全书将成人教育学的理论与社会学中政治、经济、文化、人口、社会变迁及社会流动等理论进行结合，抓住社会学理论的根本基点。全书将社会结构中的政治、文化和人口分三章论述，加上社会学中社会变迁、社会流动和社区，最后论述了成人教育教学和课程的研究，尝试融合和浸润社会学理论，深刻分析成人教育学。

二、黄健的《成人教育课程开发的理论与技术》

　　在成人学习、成人教学研究中，研究者除了关注成人的学习心理、学习策略、学习方法外，对有关教学领域中的课程开发变得有兴趣起来。在文化学的视野中，作为集合体的课程，是一定时代人类文化精华的总和，具有理论化、系统化、学科化或专业化的特征。通常说的课程指围绕一定的目标而开发组织的彼此间有着有机联系的教或学的学科、科目或活动的总和，也可指每一门具有相对独立性的学科。

　　由上海教育出版社出版的黄健的《成人教育课程开发的理论与技术》(2002 年)的目录体系如下。

第一篇　成人教育课程开发的理论

第一章　课程领域的形成及其研究对象

　　这本著作的理论贡献如下：第一，全面系统地研究成人教育课程开发的技术和路径及其实施策略，超越一般的成人教育教学与实践，结合成人学习者的特点，开发适宜的课程。第二，课程开发有理论，有技术，有实践，不仅具有理论性，而且具有很好的操作性、实践性。第三，成人学生的个性发展应受到重视。成人学生群体有其特殊性，他们有不同的经历，来自不同的环境，有着明确而不同的需求。尊重学生的学习需求并给予充分的考虑是师生平等思想的体现，也是保证学生的学习积极性和学习质量的前提。第四，课程开发技术与实践要符合成人教育的特点。成人教育有两个显著特征：一是社会性，表现为社会组织、全民参加，即成人教育深入成人社会生活的各个方面、各个领域，与成人社会生活有极为密切的联系。二是非正规性，指成人教育的组织形式及行为方式超越了普通教育常规，采取按需施教，依据社会发展与变革的需求及社会成年人的教育需求的变化而变化。自主性、灵活性正是成人教育课程开发中应当持有的原则。

三、乐传永等人的《成人教育转型发展研究》

随着高等教育大众化政策的提出与实施，我国的高等教育事业获得了巨大的发展，然而却使作为组成部分的成人高等教育事业走入了极为艰难之境。身处困境，成人教育若要保住自己的地位，扭转这一不利局面，就必须从体制转换、机制创新、组织结构、教育功能与对象、专业设置和教学方式内容等方面实现彻底转型。这样才可以符合我国社会的发展趋势和顺应时代发展的潮流。对成人教育实践问题有集中研究的力作是由浙江大学出版社出版的乐传永等人的《成人教育转型发展研究》(2014年)。其目录体系如下。

第一章　解读社会转型

第一节　社会转型相关理论

第二节　社会转型相关研究与中国社会转型

第三节　中国社会转型的影响及对策

第二章　社会转型与教育变革

第一节　社会转型对教育的影响

第二节　社会转型对教育的诉求

第三节　应对社会转型的教育变革策略

第三章　普通本科院校成人教育转型发展

　　第一节　普通本科院校成人教育概述

　　第二节　普通本科院校成人教育的兴起与发展

　　第三节　普通本科院校成人教育转型的路径与机制

　　第四节　普通本科院校成人教育转型的典型案例

第四章　职业技术学院成人教育转型发展

　　第一节　职业技术学院成人教育的兴起与发展

　　第二节　职业技术学院成人教育的机遇与挑战

　　第三节　职业技术学院成人教育转型的路径与机制

　　第四节　职业技术学院成人教育转型的典型案例

第五章　独立设置成人高校教育转型发展

　　第一节　独立设置成人高校教育的兴起与发展

　　第二节　独立设置成人高校教育的机遇与挑战

　　第三节　独立设置成人高校教育转型的路径与机制

　　第四节　独立设置成人高校教育转型的典型案例

第六章　成人中等学校教育转型发展

　　第一节　成人中等学校教育的兴起与发展

　　第二节　成人中等学校教育的机遇与挑战

　　第三节　成人中等学校教育转型的路径与机制

　　第四节　成人中等学校教育转型的典型案例

第七章　国外成人教育转型采撷

　　第一节　美国成人教育转型概况

　　第二节　欧洲成人教育转型概况

　　第三节　亚洲成人教育转型概况

　　这本著作的理论贡献如下：第一，成人教育的理论研究从来就是为实践提供指南和行动纲领的。它为成人教育转型发展把脉，提供发展路径,解决发展过程遇到的难题,在指导实践的过程中,也丰富了理论体系。第二,它有理论,有案例分析,也有很好的操作性、应用性、实践性。第三,它有国内经验,也有国际经验,视野开阔,中西汇通,从世界成人教育发展的规律中把握成人教育转型的方向和突破路径。

四、祝捷的《成人教育概论》等

成人教育体系,是指为达成成人教育目标,将一系列有关成人教育的要素,按一定的结构所构成的动态统一体。叶忠海在《成人教育学通论》(1997年)一书中认为,成人教育体系具有集合性、相关性、目的性、互动性、统一性等特点,并且从成人教育的范畴对成人教育体系的多元化进行阐述。他认为,就成人教育范畴而言,成人教育体系是母系统,它可以分为若干个子系统;每个子系统又是由一系列相关要素通过各类结构所构成的,并形成了一个多序列、多层次、多形式的网状结构体系。由东北师范大学出版社出版的祝捷的《成人教育概论》(2006年)体现了此特点。其目录体系如下。

第一章　成人教育的概念及其基本属性
　第一节　成人教育的定义
　第二节　成人教育的目的
　第三节　成人教育的特点
　第四节　成人教育的本质
　第五节　成人教育的教学原则
第二章　成人教育的历史足迹
　第一节　关于成人教育的历史起点及确认依据
　第二节　作为社会教育要素存在的古代成人学习活动
　第三节　近代成人教育
　第四节　现代成人教育

这本著作的理论贡献如下：第一，成人教育系统的要素、结构、功能和系统思维对成人教育体系进行理论构建有重要的突破意义。第二，理论探索的多元化跟进。成人教育体系由原先比较单一的模式发展到了当今的多序列、多层次、多结构、多形式的网状结构体系，呈现出多元化的特点，对于现实问题的解决有一定的意义。第三，在系统中看问题，在发展中看问题，在变化中看问题。这正是成人教育学在不断变化中去摸索发现不变的过程，也是逐渐逼近规律的过程。

唐亚豪于 2002 年 8 月出版《成人教育新论》。全书共分二十章，章节增多，表明我国成人教育学者们对成人教育的关注度在不断提升，成人教育学中的研究层面在不断充实，关注点在不断增多。另外，该书还有一个特色，即每一章节的大标题都以"论"为结点。也就是说，作者在对每一章节进行阐述时都试图站在理论的高度，使整本书在一定程度上具有了较强的理论学术性。

五、厉以贤的《学习社会的理念与建设》

继 2000 年出版《社区教育的理论与实验》之后，厉以贤于 2004 年又出版了《学习社会的理念与建设》一书。全书以知识经济、知识社会为背景，追溯了学习型社会理念的缘起和发展，探讨了学习型社会的概念界定与模型设计；辨析了终身教育与终身学习的内涵和价值；探究了学习型组织的发轫与沿革、形成步骤与创新设想；探讨了学习型社区的形成与发展、内涵与特征、目标与体系、结构与层次以及创建策略；探析了学习型家庭的内涵与特征、目标与培育以及建设策略。最后，在学习型社会的框架下，全书又重点论述了多样化的学习模式问题。

六、兰先芳的《网络学习时代》等

由中山大学出版社出版的兰先芳的《网络学习时代》(2006 年)告知读者：进入网络时代，要为网络学习做好充分的准备；警惕网络陷阱，做一个定力十足的"网中人"；数字图书馆，是手指上的知识海洋；数据信息库，是网络世界的"香格里拉"；创建网络学习家园，让网络为人的一生发展充电；享受网络学习资源，让网络为人的终身学习服务。

由山西人民出版社出版的杨怀恩等人的《开放教育导学》(2006年)在现代远程教育的背景下论述了开放教育的基本理论以及开放教育框架中的学习理念、学习计划与学习过程，提出了"导学群"概念以及学员与管理群、教学群、助学群之间的关系，论述了开放教育框架中导学的内涵与结构、地位与作用，以及与之相关的教学资源助学、教学信息助学、学习交互助学、教学设施助学等。

由沈阳出版社出版的冯双鹏、谭惠苓的《网络环境下现代远程教育教学模式改革与学习支持服务体系建设研究》(2006年)主要聚焦于网络背景下现代远程教育的教学模式及其改革问题，以及学习支持服务体系及其建设问题。在教学模式及其改革方面，作者主要分析了传统教学模式与现代教学模式的差异，揭示了现代远程教育教学模式的基本特点，其中特别强调学生是学习活动的主体，教师是教学活动的组织者、指导者和帮助者。在学习支持服务体系及其建设方面，作者主要阐释了学习支持服务体系建设的内涵与目标、作用与意义，并提出了基础设施要"三网合一"，教学平台要"四级构建"，教学资源要开发整合，技术手段要配套使用，技术规范要有效形成等建议，以期真正达到服务于大众教育与终身教育的目的。

第五节　成人教育学科研究

在这一阶段，成人教育学科基本问题的研究逐渐深化并不断得以发展。有人从成人教育学科的概念与发展的角度进行分析，具体涉及成人教育学科的内涵、指导原则、学科发展等基本理论问题；有人从成人教育学科体系的角度进行论证，具体涉及学科体系的概

念初探、发展脉络、构建举措等问题；有人针对成人教育学与相关
学科的关系进行论述，从而带来成人教育独立性问题的思考，具体
涉及成人教育学与母学科的关系、成人教育学与教育学的关系、成
人教育学与除教育学以外的其他学科的关系以及成人教育学自身独
立的问题。在这一阶段，随着研究的不断深入，我们可以发现该阶
段的成人教育学科研究具有以下特点。

第一，注重成人教育学科理论体系与基本理论问题的研究。教
育学的发展已经不再适用于成人教育学科的发展，成人教育学科具
有新的内涵、价值和功能。成人教育学科的探索逐步深化，其体系
与独立性理论研究进一步深入，成人教育学科的发展不断反思并进
一步探讨其与其他学科的关系。

第二，成人学习研究成为成人教育发展研究的热点问题。成人
学习研究日益增多，在此过程中，成人教育学科的发展逐步关注成
人自身的特点，探究成人学习的规律，重视成人学习心理与个体经
验的重要作用。成人学习的相关研究在这一阶段得到发展与深化，
成为这一阶段成人教育学科发展的一大特色。

第三，成人教育研究类型不断丰富。成人教育学科的发展不再
局限于岗位培训、学历教育等内容，逐渐融入社区教育、老年教育
等新的教育内容与形式并不断创新。农民工和处境不利群体的利益
受到关注，成人教育逐步走向社会化，公共服务的理念进一步深入
人心。

第四，终身教育发展逐渐深入并规范化。终身教育、终身学习
理念的日益深入吸引着学者们探索终身教育相关内容的研究。在此
基础上，成人教育的发展进一步变革，在终身教育的视野下，扮演
着不可替代的角色，发挥着重要的作用。同时，对终身学习法规的
深入研究促进实践的探索发展。随着 2005 年《福建省终身教育促进
条例》和 2011 年《上海市终身教育促进条例》的颁布，终身教育的发

展进一步深化规范，推动着成人教育的创新与发展，使关于地方法律的思考与比较的研究逐渐增多，指导着我国终身教育事业的发展。

一、成人教育学科概念的发展

李中亮在《中国成人教育学发展的指导原则》（2007 年）一文中从成人教育的学科特色入手，指出立足成人，既关心成人不断提高学会生存的能力，又关乎成人成为"人"。这本著作基于"成人"特色，以追求成为实现成人全面发展的"教育"之学为指导思想，在此基础上提出成人教育学发展的基本原则：内部建设与外部支持相结合、基础研究与应用研究相结合、立足自身与加强沟通相结合、放眼现实与反思历史相结合、体系建构与问题研究相结合。①

韩钟文和杜以德在《中国成人教育学科发展构想》（2005 年）一文中首先从"成人教育学在中国"转向"中国成人教育学"入手，指出诞生于欧美诸国的成人教育学、成人教育社会学等学科被中国成人教育研究者引进介绍发展到我国；从中国成人教育实践的自身问题着手，在研究本土成人教育问题的基础上创建中国风格的成人教育理论，拓展中国成人教育学科体系建设。其次从构建多序列、多维度的成人教育立体网状结构体系入手进行深入分析，将成人教育学科体系分为七个序列，进行多维度审视，从而不断深化、细化，构建了成人教育学科的分支学科。②

杨平和王一凡在《成人教育学概念的内涵考察》（2010 年）一文中把"成人教育学"作为一种由概念、关系、范畴、命题构成的认知领域，通过考察成人教育学关于名称由来、意涵界定和关系辨析的不同陈述间包含逻辑关系的异同，总结出成人教育学作为学科概念稍显稚嫩，成人教育研究者应在成人教育学科的概念、范畴、理论、

---

① 李中亮：《中国成人教育学发展的指导原则》，载《河北师范大学学报（教育科学版）》，2007(5)。

② 韩钟文、杜以德：《中国成人教育学科发展构想》，载《中国成人教育》，2005(7)。

原则、方法等方面达成共识；成人教育学要取得真正的独立性与合法性，要建构自身的研究范式，建构具有内部合力的科学共同体。[①]

秦发盈和刘一呈在《学科视野下成人教育学的内涵及发展策略》(2012 年)一文中从何为学科入手，介绍了学科的内涵、学科制度化与学科建制的含义，从而论述学科视野下成人教育学的内涵；从内在制度、内在建制的角度出发，总结出成人教育学已经处在学科制度化进程当中的结论。基于此，成人教育学的发展应在建构学科范式、明晰学科边界、深化学科理论体系等方面做出努力。[②]

除此之外，还有樊星的《中国成人教育学科发展又一新的里程碑——我国成人教育学专业首批博士研究生论文答辩纪实》(2009 年)、程艳峰的《我国成人教育学学科发展历史回顾及反思》(2006 年)等文章也对这一问题进行了论述。

二、成人教育学科体系的扩展

关于成人教育学科体系的扩展研究有：韩钟文在《成人教育学科体系的发展脉络》(2006 年)一文中认为成人教育学科以成人教育学为主干，具有应用学科的特征，其建设在成人教育实践与改革的推动下进行。文章从学科群建设着手，探讨我国成人教育学科从萌芽到形成所经历的阶段，研究成人教育向成人教育学科群的纵深发展与横向拓展，如成人教育的主干学科、成人教育学的分支学科、成人教育学科群中的交叉边缘学科的发展等。另外文章还注重成人教育学的整体性分析与反思成人教育的元理论研究，这标志着成人教育学科构建迈向新阶段。文章最后指出成人教育的跨学科、综合学科及科际整合性的研究是成人教育学科体系建设的重要着力点之一。[③]

---

①　杨平、王一凡：《成人教育学概念的内涵考察》，载《职教论坛》，2010(28)。

②　秦发盈、刘一呈：《学科视野下成人教育学的内涵及发展策略》，载《河北大学成人教育学院学报》，2012(1)。

③　韩钟文：《成人教育学科体系的发展脉络》，载《教育研究》，2006(10)。

　　陈清洲在《成人教育学科体系的构建与发展》(2006 年)一文中认为我国成人教育学科体系构建的思路可以从立足点与归宿、成人教育学科的基本属性、成人教育学科体系的结构类别和成人教育学科的科学理论体系四个方面着手；指出成人教育的职能主要体现在传递知识、探究问题、培养人三个方面。成人教育学作为以应用为主的分支学科，其研究工作中多是应用性、开发性的研究，但必须重视理论研究，包括应用性理论研究和基本理论问题研究。成人教育学科是一个学科群，成人教育只是其中的一门学科。成人教育学科体系的建设，要处理好成人教育学科与相关学科的关系，在相关学科最新研究和综合研究中加以创新，使相对独立的成人教育学科体系在构建中发展。同时，文章还从理论体系、知识体系和课程体系着手，探讨成人教育的科学理论体系。[1]

　　曾煜在《成人教育学科体系建设初探》(2008 年)一文中主要从成人教育学的历史演变、成人教育学科发展的现实困境和应对策略三个方面进行阐述；其现实困境主要从研究范式缺失、学科边界模糊、研究方法移植与研究人员匮乏的角度进行分析，提出了明确研究对象、完善学科架构、创新研究方法、理论与实践沟通和重视科研队伍建设的成人教育学科体系构建策略。文章明确指出成人教育学须从成人、成人教育的实际出发，从成人与生理、心理、社会存在、全面发展等关系的角度出发，从成人教育自身的独特性质、体制、机制、运作方式、规律等角度设计学科架构，搭建成人教育学科体系。[2]

　　朱涛在《成人教育学科体系建设刍论》(2004 年)一文中通过分析国内外成人教育学科体系完善的标志，总结出可以从独特的研究对

---

[1]　陈清洲：《成人教育学科体系的构建与发展》，载《湖南师范大学教育科学学报》，2006(2)。

[2]　曾煜：《成人教育学科体系建设初探》，载《中国成人教育》，2008(2)。

象、完善的学科架构、科学的学科体系、专门的研究方法、公认的代表人物、典范的代表著作与科研团体、学术交流、社会实践和时代要求等角度判定成人教育学科的独立性和成熟度。文章进一步总结出明确研究对象、完善学科架构和拓宽理论研究、创新研究方法、催生代表著作和推进实践研究是需要把握推进的方向。①

柳士彬在《成人教育学科体系建设的基本原则》(2006 年)一文中指出构建成人教育学科体系应遵循反思性、自主性、综合创造性和科学性思想原则；这些思想原则是彼此联系、整合互补的，应坚持贯彻于成人教育学科体系构建的全过程。②

张夫伟在《成人教育学学科独立性研究》(2003 年)一文中从名称由来、内涵界定和关系分析来阐述成人教育学的本质属性；从学科概念分析、代表性观点与新阐释三个角度分析、论述成人教育学独立的标准，明确指出研究对象、研究方法、研究团队和理论体系是探究成人教育学独立性的标准。③

何爱霞在《成人教育学科体系建设的推进举措》(2006 年)一文中主要从提高"理论一体化水平"、创新研究方法和组建研究基地三个方面进行论述，指出成人教育学科体系建设是一项长期艰巨的系统工程，需要采取有针对性的举措来推动其走向成熟与完善。④

三、成人教育学科与相关学科的关系

关于成人教育学科与相关学科的关系研究有：许瑞泉在《成人教育学：期待母学科的重建——成人教育学学科建设之思考》(2008 年)一文中从成人教育学科建设之初对母体学科的简单照搬寻找、对母体学科的反思与再寻找和对母体学科的继续寻找三个角度进行分析

---

① 朱涛：《成人教育学科体系建设刍论》，载《西北成人教育学报》，2004(3)。
② 柳士彬：《成人教育学科体系建设的基本原则》，载《教育研究》，2006(10)。
③ 张夫伟：《成人教育学学科独立性研究》，硕士学位论文，曲阜师范大学，2003。
④ 何爱霞：《成人教育学科体系建设的推进举措》，载《教育研究》，2006(10)。

论述，在反思中总结出：原被认为是母体学科的"教育学"属于"普通教育学"，其和成人教育学有同等的地位；成人教育学应以自己的研究对象为逻辑起点进行研究而建立起不同的学科理论体系，通过自己努力来寻找和完善自己母体学科教育学。①

窦春玲和韩钟文在《成人教育学科与相关学科的关系研究》(2006年)一文中主要从成人教育学科与教育学学科的关系以及与其他相关学科的关系两个角度进行分析。成人教育学科与教育学学科的关系，从学科体系结构的角度主要分为总体性关系，主干学科的关系，分支学科之间的关系，交叉学科、边缘学科的关系，跨学科、综合学科与科际整合中成人教育学科与教育学学科间的关系，以及成人教育学科中的元理论研究与教育学学科中的元理论研究间的关系。文章从总体性关系和主干学科的关系入手，论述了从成人教育的概念到成人教育学科自我意识的确立，到教育学学科提供的新启迪，再到成人教育学与高等教育学和职业技术教育学的关系，总结出成人教育学科与教育学学科之间的关系。成人教育学科与其他学科的关系，主要从摄取移植相关概念、理论和研究方法，形成多学科特点的研究趋向，形成成人教育问题及问题集群等方面进行分析。②

娄立志在《教育科学学科体系与成人教育学科体系的构建》(2002年)一文中将成人教育学科体系的性质定位于教育科学学科体系的下位学科，主张在形成成人教育学科体系的过程中借鉴教育科学学科体系中的有益成分，同时突出成人教育的特殊性。文章从教育科学学科体系发展的基本路径出发来探究其对成人教育学科体系的启发；针对成人教育学科体系发展的问题，指出应突出成人教育的特点，

① 许瑞泉：《成人教育学：期待母学科的重建——成人教育学学科建设之思考》，载《辽宁教育研究》，2008(9)。
② 窦春玲、韩钟文：《成人教育学科与相关学科的关系研究》，载《继续教育研究》，2006(5)。

体现成人教育的"成人性"，突出学科特色。①

四、聚焦成人教育学科的核心——成人学习

在这一规范发展阶段，成人学习的研究重点不断突出，成人教育学科逐渐关注成人学习。这一阶段的著作与论文不仅有对成人学习的概念、特点、动机、规律、途径等方面的探索，而且将成人学习作为成人教育学科的逻辑起点进行研究。同时，成人教育研究重视成人学习的心理与经验的作用。总之，成人学习受到成人教育学界的持续关注。

(一)关于成人学习的基本问题的思考

喻朝善在《成人学习基本特点分析》(2003 年)一文中从成人的生理、心理特点入手，指出成人学习具有丰富的经验、一定的责任感和较强的自我整合能力的先决条件特征。基于成人学习者的多样性，该文章指出成人学习动机呈现出多元性的特点，从而总结出成人学习能力发展的特点。②

韩树杰在《对成人学习概念及其基本特点的再思考》(2005 年)一文中从成人学习的概念入手，指出成人学习的概念应体现学习主体即"成人"的特殊性，认为成人学习就是成人个体在一定情景下由于反复经验而产生的行为或行为潜能的相对持久的变化。基于此概念，该文章指出成人学习的基本特点主要有学习过程的终身性、学习方式的自主性、背景经验的丰富性、学习内容的广泛性和学习目的的实用性五个方面。③

张峰在《新世纪成人教育定位分析》(2005 年)一文中从含义的转

---

① 娄立志：《教育科学学科体系与成人教育学科体系的构建》，载《成人教育》，2002(5)。

② 喻朝善：《成人学习基本特点分析》，载《成人教育》，2003(10)。

③ 韩树杰：《对成人学习概念及其基本特点的再思考》，载《河北大学成人教育学院学报》，2005(3)。

换、理念的转变及运作的改观三个战略支点指出成人教育应树立与成人学习需求相适应的理念，成人教育办学应面向成人学习需求，为成人教育服务。①

李志远在《21 世纪成人教育的功能、地位及作用新论》（2006 年）一文中明确提出成人教育的发展应以满足成人多样的学习需求为核心；为成人学习服务是 21 世纪成人教育的基本功能，应从以下四个方面实现为成人学习服务的功能：创建成人教育者和成人学习者平等的合作关系、为成人学习创造简化的形式、采用适于成人学习的教学方法以及构建和确立成人学员在学习中的主体地位。②

姚远峰在《成人学习的多学科研究述评》（2007 年）一文中指出多学科研究是成人学习研究的发展趋势；综合心理学和成人教育学，成人学习的多学科研究应运而生。关于成人学习的多学科研究进展，文章从管理学、技术学、脑科学、哲学和社会学视角分别指出，成人学习是个体性与组织性的统一；现代信息技术是成人学习的伙伴；成人学习是人脑潜能持续开发的重要手段；成人学习融主体性、社会性、情境性和多元性于一体；成人学习是使人不断社会化的过程。针对成人学习的多学科研究面临的挑战，该文章指出明确成人学习研究的对象和边界，围绕核心问题，提升"成人性"，是成人学习的多学科研究肩负的未来使命。③

（二）关于成人学习作为成人教育学科体系的逻辑起点的深入研究

杜以德在《成人教育学科体系的逻辑起点》（2006 年）一文中认为成人教育学科要想获得完全独立，走向成熟，必须认真研究并确立自身的逻辑起点。该文章指出，成人教育学科体系的构建应以成人学习为逻辑起点。其原因为成人学习是成人教育学科体系中最简单、

---

① 张峰：《新世纪成人教育定位分析》，载《继续教育研究》，2005(5)。
② 李志远：《21 世纪成人教育的功能、地位及作用新论》，载《成人教育》，2006(6)。
③ 姚远峰：《成人学习的多学科研究述评》，载《中国远程教育》，2007(8)。

最基本的起始范畴，不仅是成人教育及其研究的历史起点，而且也标志着成人教育的直接存在。[①]

韩钟文和杜以德在《试论中国成人教育学科体系构建的逻辑起点》(2006 年)一文中认为成人教育学科体系的构建应以成人学习这一概念为研究的开端。该文章指出，从"成人学习"展开，逐步生发出"成人教育""终身教育""终身学习""学习社会"等范畴，并由众多概念、范畴构成系统的结构，形成以成人教育学为主干的成人教育学科体系。也就是说，以"成人学习"为逻辑起点，是这一阶段成人教育转向成人学习研究的一大特点。成人教育学科体系的逻辑起点是在"成人性"的基础上的。[②]

(三)成人学习注重心理研究与个体经验的作用

这主要体现在两个方面。一方面，成人学习研究重视学习动机的激发和心理研究等。例如，李俊在《对成人学习心理问题的研究综述》(2002 年)一文中指出成人学习心理的研究，是成人教育理论中基础性的研究课题之一。[③] 加强成人学习心理研究，将有助于构建成人学习理论和教学理论。纪河和麦绣文在《成人学习者的学习心理及基本特性》(2006 年)一文中指出成人学习者在学习过程中表现出功利学习、自我导向学习、经验学习等特征。[④] 莫春姣在《成人学习动机取向及其激发策略》(2006 年)一文中通过分析成人学习的动机取向和影响成人学习动机的因素，提出激发成人学习动机的策略，从而加强成人学习的自觉性和主动性。[⑤] 李伟和徐晓明在《成人学习动机特

① 杜以德：《成人教育学科体系的逻辑起点》，载《教育研究》，2006(10)。

② 韩钟文、杜以德：《试论中国成人教育学科体系构建的逻辑起点》，载《成人教育》，2006(2)。

③ 李俊：《对成人学习心理问题的研究综述》，载《北京市总工会职工大学学报》，2002(3)。

④ 纪河、麦绣文：《成人学习者的学习心理及基本特性》，载《中国远程教育》，2006(1)。

⑤ 莫春姣：《成人学习动机取向及其激发策略》，载《科技信息(学术研究)》，2006(5)。

点及其教学策略应对》(2008 年)一文中通过分析成人学习的动机、特点，提出相应的激发成人学习动机的策略。① 王兆丁和刘宏杰在《成人学习策略：基于成人学习的动机与特点》(2012 年)一文中通过分析成人学习的动机和特点，进而提出相应策略。② 杨诚德在《成人教育的学习心理及特性》(2010 年)一文中提出，成人在学习过程中的成熟性、经验性、角色性和时间性的学习心理及成人在学习过程中表现出的插曲式、问题式、即用式、结果式和自我意识式的学习特性，充分体现了成人学习的心理和特点。③ 该文章指出，探索和分析成人教育的学习心理和学习特性，研究与成人学习心理和学习特性相适应的有效学习方法和教学模式，激发成人学生的主动性，培养创造性，提高教学效率和质量，将有助于促进成人教育的发展和完善。

另一方面，经验和成人自我导向在成人学习中的作用日益突出。例如，崔铭香在《成人自我导向学习能力及其培养》(2002 年)一文中通过梳理自我导向学习的内涵，进而阐发成人开展自我导向学习的客观依据及自我导向学习能力的培养途径。④ 郭宝仙在《提高成人自我导向学习能力促进成人终身学习》(2005 年)一文中指出，自我导向学习是成人最主要的学习方式；支持成人的自我导向学习，促进其自我导向学习能力提高是促进成人终身学习的有效途径。⑤ 李雪在《成人自我导向学习模式与策略》(2006 年)一文中指出，终身学习思想的传播和学习化社会的构建使自我导向学习在成人学习中占据越

---

① 李伟、徐晓明：《成人学习动机特点及其教学策略应对》，载《河北工业大学成人教育学院学报》，2008(4)。

② 王兆丁、刘宏杰：《成人学习策略：基于成人学习的动机与特点》，载《成人教育》，2012(12)。

③ 杨诚德：《成人教育的学习心理及特性》，载《中国成人教育》，2010(10)。

④ 崔铭香：《成人自我导向学习能力及其培养》，载《河南职技师院学报(职业教育版)》，2002(3)。

⑤ 郭宝仙：《提高成人自我导向学习能力促进成人终身学习》，载《成人教育》，2005(6)。

来越重要的地位；自我导向学习不仅体现以成人学习者为中心，而且突出成人学习的自控性和自主性的特点。① 姚远峰在《成人从经验中学习：现状、问题与期待》(2010 年)一文中分析了前人关于经验学习的研究成果和观点，包括成人从经验中学习的重要性、学习过程、影响因素、学习模式和方法等；分析了前人的研究存在的缺陷：缺乏系统框架，缺乏深入机理，缺乏案例研究，缺乏有实际指导意义的方法体系，缺乏组织经验学习的研究，并提出了今后期待的研究重点和方向。②

五、成人教育学分支学科老年教育学科研究

在成人教育学的这一发展阶段，成人教育学科内容不断丰富，老年教育进一步深化拓展。其中，老年教育研究不仅包括基本问题的研究，而且包括实践策略研究，还包括老年教育和社会热点问题与新观念的结合研究。王学义在《健康老龄化：人口老龄化的对策》(2002 年)一文中提出了健康老龄化是应对人口老龄化问题的必然结果；积极实现健康老龄化，是解决我国老龄问题的根本出路。该文章指出，针对性地重点解决一些具体问题，如老年社会参与、老年人力资源开发、老年教育、老年服务和护理等，切实促进老年人在生理、心理上的健康和社会功能的积极发挥；要努力创新老年政策来提高我国的健康老龄化程度，其创新的核心是满足老年人的基本需求，鼓励老年人的多向发展。③ 赵周明在《论老年教育的地位、作用和发展方向》(2002 年)一文中提出老年教育在社会中具有重要的地位和作用，老年教育是终身教育的重要组成部分，是社会发展的客观需要，是解决老龄问题的重要途径和方法；探讨了随着社会经济

---

① 李雪：《成人自我导向学习模式与策略》，载《成人教育》，2006(12)。
② 姚远峰：《成人从经验中学习：现状、问题与期待》，载《教育学术月刊》，2010(4)。
③ 王学义：《健康老龄化：人口老龄化的对策》，载《西南民族学院学报(哲学社会科学版)》，2002(12)。

的发展和老龄化社会进程的加快在 21 世纪老年教育的发展方向。①

穆光宗在《老年发展论——21 世纪成功老龄化战略的基本框架》(2002 年)一文中提出了"老年发展"的理论假说。"老年发展"是指通过积极老龄化的各种途径和方式来增强老年资本的存量,进而降低老龄化的各种风险和冲击。老年资本包括健康资本、经济资本、网络资本和知能资本。老年人的健康发展、角色发展、认知发展和价值发展是应予关注的四个方面。②

林瑜在《现代成人教育理论和实践的思考与借鉴》(2002 年)一文中试图从终身教育理论和美国成人教育成功的运行机制中,寻求出加快推进我国成人教育事业的一些措施和办法。③ 吴遵民在《关于现代国际终身教育理论发展现状的研究》(2002 年)一文中论述了现代国际终身教育理论被提倡和推广以来,其在发展和演变的过程中,基于倡导者的不同观点和立场所形成的不同流派,以及这些流派在不同的发展阶段所呈现出的不同特征等涉及终身教育理论基础研究方面的问题,以此来加深对现代终身教育理论研究现状的理解和认识。④

(一)老年教育的基本问题研究

王胜民在《21 世纪老年教育呈现四大特点》(2003 年)一文中指出老年教育发展既是老年人口迅速增长的需要,也是科技进步、社会发展的必然;老年教育既是对老年人传授知识、提高运用知识能力的基地,也是开发老年人的智力和培养老年人的创新精神、创新能

---

① 赵周明:《论老年教育的地位、作用和发展方向》,载《石油化工管理干部学院学报》,2002(3)。

② 穆光宗:《老年发展论——21 世纪成功老龄化战略的基本框架》,载《人口研究》,2002(6)。

③ 林瑜:《现代成人教育理论和实践的思考与借鉴》,载《高等函授学报(哲学社会科学版)》,2002(1)。

④ 吴遵民:《关于现代国际终身教育理论发展现状的研究》,载《华东师范大学学报(教育科学版)》,2002(3)。

力的基地；老年教育对于老年人来说，不仅是为适应变化着的社会，过好休闲生活的需要，而且是创新生活的需要；老年教育的教学工作，不仅要学习普通教育的做法，而且要有自己创新的特点。①

刘海玲在《关于老年教育的教学原则之我见》(2004 年)一文中指出老年教育既要遵循普通教育的教学原则，又要与时俱进，开拓创新。文中提到老年教育的教学原则包括科学性与思想政治性相统一的原则、主动性原则、理论联系实际原则、循序渐进原则和因材施教原则。②

岳瑛在《老年教育学学科体系构建刍议》(2009 年)一文中认为老年教育从"探索的实践"逐渐让位于"自觉的实践"，不论人们的主观愿望，还是老年教育的客观实践，都急切呼唤老年教育学的诞生。老年教育的实践发展亟须理论指导解释和学术提升总结。针对老年教育学学科构建的可行性分析体现在三个方面③：首先，老年教育学的研究对象是老年教育现象和老年教育问题。这是老年教育学特有的领域，因为老年教育现象和老年教育问题具有特殊性。其次，目前还没有以老年教育现象和老年教育问题为专门研究对象的学科，老年教育学科研究具有独特性。最后，老年教育学的相关学科为老年教育学学科建立提供了良好的学科生态环境。也就是说，老年教育学学科构建具备了充分必要的条件。在实际条件方面，文章从内在建制和外在建制入手进行论述。在构建思路方面，文章提出了遵循"长过程"和"分阶段"的学科建设路线、内在建制与外在建制相结合的构建思路以及理论实践相结合的构建原则。

王颖在《我国老年教育的功能》(2007 年)一文中按照老年教育的作用层次，从内外两个方面来论述老年教育的功能。其中，内部功

---

① 王胜民：《21 世纪老年教育呈现四大特点》，载《中国石化》，2003(3)。
② 刘海玲：《关于老年教育的教学原则之我见》，载《新长征》，2004(13)。
③ 岳瑛：《老年教育学学科体系构建刍议》，载《天津市教科院学报》，2009(5)。

能主要分为健康保健、心理调适、观念革新和个体享用四项功能；外部功能主要从经济、政治和文化三个方面进行论述。[1]

魏梅霜在《老年教育的意义和途径探讨》(2005)一文中认为老年教育是建立学习型社会的需要，是实现健康老龄化的重要途径，可促进社会经济可持续发展；应创办老年大学和老年学校，运用现代化传媒手段开展教学，利用高校资源促进老年教育发展。[2]

熊德明等人在《新时期老年教育的意义及其构建》(2006 年)一文中指出发展老年教育是社会发展的需要；让老年人与时俱进，对于构建和谐社会具有重要作用。文章针对老年教育体系的构建，从健全老年教育机构网络、制定老年教育管理制度和建立老年教育保障机制三方面进行论述；针对老年教育的实施，从各级领导高度重视、广大老年人积极参与和选择适合老年人的学习内容与办学模式三方面进行论述。[3]

(二)老年教育的相关研究

郭莲纯在《老年教育发展问题的实践探索》(2011 年)一文中从老年文化教育发展的现状与发展趋势着手，指出老年文化教育现已形成以示范性老年大学为主，以各类社区老年学校和老年电视大学为辅的老年文化教育发展格局。该文章指出，老年大学是中国老年文化教育发展的起点和代表模式；社区教育促进老年教育发展，丰富老年教育的内容和形式；家庭教育主要指家庭成员之间的代际教育。老年教育的发展趋势主要为老年教育的发展得到政府部门、社会各团体及个人的支持；老年教育的手段不断发展；老年教育的课程与

---

[1] 王颖：《我国老年教育的功能》，载《成人教育》，2007(9)。

[2] 魏梅霜：《老年教育的意义和途径探讨》，载《沈阳工程学院学报(社会科学版)》，2005(1)。

[3] 熊德明、张兆林、郭金亮：《新时期老年教育的意义及其构建》，载《湘潭师范学院学报(社会科学版)》，2006(5)。

教学内容不断更新；符合老年人特点与兴趣的学习形式日趋多样化。该文章指出老年教育发展存在的问题主要有管理制度化的程度低，对老年教育发展的认识不足，发展模式相对单一和发展内容贫乏四个方面，并提出相应的发展对策：建立完善的管理体制和运行机制，提高对老年文化教育的认识和采用完善多元的教学内容和灵活的教学方法。[①]

陈艳在《问题与重构：老年教育的主体性缺失》(2007年)一文中明确指出，在提倡以人为本、提倡尊重人的主体性的现代社会，老年教育的主体性却严重缺失，具体表征为国家政府部门、老年学校教育和老年人自身主体意识的缺失。重构老年教育的主体性需要从以下几个方面进行：理念上从老年教育转向老年学习，自主教育上激发老年人的学习欲望，以及关注老年心理上唤醒生命觉醒。[②]

王戈在《当前我国老年教育的问题与反思》(2010年)一文中根据《中共中央、国务院关于加强老龄工作的决定》，从当时老年教育的现状出发，提出老年教育的主要问题：缺乏足够重视与支持；课程设置单一，教学内容贫乏；实现方式有待进一步完善与发展；师资力量薄弱。针对存在的问题，文章提出要转变观念，树立正确的老年教育观；运用各种办学力量，形成多元化格局；从老年人的现实需求出发调整教学内容；需要教师实时调整教学方法、手段；加强老年教育管理工作。[③]

(三)老年教育结合时代特点和新理念的研究

第一，在中国共产党第十六届中央委员会正式提出"构建社会主义和谐社会"之后，老年教育领域也开始大量提到"和谐"一词。比

---

① 郭莲纯：《老年教育发展问题的实践探索》，载《继续教育研究》，2011(9)。

② 陈艳：《问题与重构：老年教育的主体性缺失》，载《高等函授学报(哲学社会科学版)》，2007(11)。

③ 王戈：《当前我国老年教育的问题与反思》，载《西北成人教育学报》，2010(5)。

如，吴文瑾的《构建和谐老龄社会与老年教育》(2006 年)，闫吉玲的
《加强老年教育，构建和谐矿区》(2007 年)，苏德刚的《重视老年教育
构建和谐社会》(2007 年)，蔡玉霞的《浅论和谐社会老年教育的意义》
(2011 年)等文章在此方面都有体现。

第二，结合人口老龄化的时代背景，老年教育研究也如火如荼
地开展。例如，鞠健的《浅议人口老龄化与发展老年教育的必要性》
(2005 年)、史丽雯的《人口老龄化背景下的老年教育研究》(2012
年)、段迎超的《人口老龄化背景下我国老年教育推进策略研究》
(2008 年)、武国荣的《人口老龄化与老年教育问题分析》(2008 年)、
程馨的《中国人口老龄化背景下的老年人力资源开发研究》(2008 年)
等文章都涉及老年教育研究。

第三，随着终身教育理念的不断深入，老年教育研究也融入这
一新理念，不断注入新的活力。例如，田佳的《终身教育理论视阈下
老年教育的缺失》(2008 年)、程仙平的《终身教育理念下我国老年教
育的若干思考》(2012 年)、宋丽娜的《终身教育视阈下老年心理教育
的若干思考》(2011 年)、岳瑛的《终身教育体系构建中老年教育的合
理定位及发展任务》(2011 年)、连明伟的《终身教育体系中的老年教
育问题探讨》(2008 年)、谢保群的《终身教育体系视域下我国老年教
育的发展课题》(2011 年)等文章在此方面都有体现。

另外，"文化生活""书画艺术""快乐"等关键词的高频出现表明
了老年教育的研究重点在重视老年人的身体健康的同时开始重视精
神生活的充实、快乐。例如，宫军和王兵兵的《浅谈老年教育中的
"快乐式"教学法》(2009 年)、王彩琴的《愉悦、灵活、适应——刍议
老年教育"三特点"》(2009 年)等文章在此方面都有体现。

六、成人教育分支学科社区教育学科研究

社区成人教育的理论探索与实践的步伐齐头并进，取得了显著
进展。相关著作有：小林文人、末本诚、吴遵民的《当代社区教育新

视野：社区教育理论与实践的国际比较》(2003 年)，桑宁霞的《社区教育概论》(2002 年)以及景民的《农村社区教育概论》(2005 年)等。

从发表的研究论文来看，社区成人教育研究涉及的内容十分宽泛。主要有三个方面的研究：一是总论，即社区教育的理论基础。代表性的论文有：厉以贤的《展望：21 世纪我国社区教育》(2003 年)、叶忠海的《树立全方位社区教育观》(2003 年)、陈乃林的《发展社区教育与建设学习型社会》(2003 年)、包国庆的《社区教育的理论与实践》(2003 年)、陈乃林的《解读社区教育的本质与功能》(2003 年)、顾东辉的《"社区教育"的概念架构》(2003 年)等。二是对象论，即研究社区学习者(在此我们仅讨论对象之一：成人)。代表性的论文有岑咏霆等人的《社区成员教育需求研究》(2003 年)、靳雁等人的《21 世纪初武汉市社区教育发展研究》(2004 年)。三是管理论，即研究管理活动及管理人员。代表性的论文有：包国庆的《社区教育的建制与发展模式》(2003 年)、边玲的《组建社区学院整合教育资源的实践与探索》(2004 年)、黄云龙的《目标与策略：满足社区成员的基本学习需要》(2002 年)。

我国社区教育的实践研究取得了丰硕的成果，为建立我国的社区教育奠定了基础，推动了全国范围的社区教育实践的探索。比如，由华东师范大学叶忠海牵头的国家一般课题"21 世纪初中国社区教育发展研究"；教育部职业教育和成人教育司张志坤牵头的教育部重点课题"推进我国社区教育发展的实验研究"；上海市教育科学研究院季国强牵头的教育部重点课题"学习型社区建设与社区教育发展研究"和中央教育科学研究所李继星牵头的教育部规划课题"农村城镇化过程中的社区教育问题研究"等。

(一)社区(成人)教育学科的基础夯实

在这一规范发展阶段，社区教育持续得到关注，并在基本理论研究、建设发展问题与对策研究等方面取得显著成果。与此同时，社区教育与学习型社会等新理念相结合，不断创新发展。而且，在社区教育的发展过程中，农民工及处境不利群体等也得到更多的关注，体现出成人教育学发展逐渐走向社会化，社区教育更加注重公共服务等新的功能和价值，社区教育理念不断得到更新。社区教育研究主要涉及社区教育的概念、特点、关系、功能、作用及体系建设等方面的研究。例如，在社区教育概念的阐述上，顾东辉在《"社区教育"的概念架构》（2003 年）一文中通过回顾社区教育的历史，从社区教育定义的不同视角出发，将其归为教育学习活动、社会管理机制、人和环境平衡三大范畴。文章通过对比三大范畴的相同点，从而总结出社区教育的含义：社区内有关机构根据社区内各类成员的需要和社区发展的需要，组织协调社区内外的资源，灵活多样地传授教育内容，以达成某类目标的活动，是与学校教育、家庭教育并列的社会教育。同时，文章不仅探析社区教育的概念架构，而且整合出社区教育循环互动的三个目标，分析探讨社区教育的作用原理、多重功能和内容的多元分类。[①]

胡秀锦在《论社区教育的几个基本理论问题》（2002 年）一文中认为社区教育是不同于普通学校教育和成人教育的新的教育形式；在我国当前的形势下，可以暂将社区教育划归成人教育机构管理，但在具体操作过程中，应该注意社区教育在目的、本质、对象、功能及管理、评价等方面的不同，注意从社区的角度来看待社区教育。其中，社区教育的本质是一种非精英教育、非学术化教育、非学历教育、非学制教育，其关键不在于学历文凭的获得和学习结果的最终评价，而在于学习氛围的营造和学习心理的满足。社区教育突出体现了"在做中学""社区即学校""生活即课程"这三大教育理念，具

---

① 顾东辉：《"社区教育"的概念架构》，载《广西民族学院学报（哲学社会科学版）》，2003（4）。

有政治、文化、教育和服务的功能。①

　　刘伟涛在《新形势下的社区教育概述》(2012 年)一文中从社区教育的概念界定入手，指出社区教育的作用主要为：提供广阔的活动空间、宽松的活动氛围、广博直观的知识和坚实的活动平台。在此基础上，文章总结出社区教育的系统性、融合性和动态性的特点，进而提出社区教育的发展途径：立足于终身教育，确立社区大教育观念；营造以"学习化家庭"为核心的社区教育软环境；满足儿童的生活和学习需求，形成开放互动的学习机制；以实现儿童的个性化发展为根本目标；利用现代信息技术构建积极的虚拟社区。②

　　在相关概念的关系上，有社区教育与终身教育的关系阐述。例如，马成成在《终身教育与社区教育关系辨析》(2012 年)一文中指出终身教育与社区教育是现阶段教育系统中的重要概念，二者具有共通之处：均以人本教育为理念，体现以人为本；均属于社会化教育，具有开放性的特点；均以提高教育水平为出发点，维护社会公平；均是促进学习型社会建设的有力载体和途径。但是，二者也不是简单相等，二者在认识视角和认识层面上还存有差异。③ 还有社区教育与成人教育的关系阐述等。例如，于永杰等人在《社区教育与现代成人教育》(2002 年)一文中指出社区教育是现代教育的重要内容，社区成人教育是社区教育的重要组成部分和学习化社会形成的有利条件。④

　　在功能作用的论述上，相关研究有：晋银峰在《论我国社区教育功能的嬗变》(2006 年)一文中提及了社区教育的经济、文化、服务、

---

　　①　胡秀锦：《论社区教育的几个基本理论问题》，载《成人教育》，2002(12)。
　　②　刘伟涛：《新形势下的社区教育概述》，载《哈尔滨学院学报》，2012(12)。
　　③　马成成：《终身教育与社区教育关系辨析》，载《吉林省教育学院学报(中旬)》，2012(10)。
　　④　于永杰、李新旺、李萍：《社区教育与现代成人教育》，载《河北农业大学学报(农林教育版)》，2002(2)。

可持续发展和综合的功能等。① 另外，丁铁锋和陈海燕的《社区教育及其功能初探》(2007 年)、宁沈生和雷雯的《社区教育基本功能刍议》(2010 年)、蒋华和邵晓枫的《社区教育的根本任务："繁荣"民族的科学的大众的文化》(2012 年)等文章都对此方面进行了论述。

在体系建设论述中，相关研究有：余善云在《略论社区教育体系建设》(2012 年)一文中通过考察我国发达地区和中心城市社区教育体系建设的实践，指出社区教育体系至少包括政府支撑体系、公共服务体系和施教机构内部的服务体系三大体系。这些地区的社区教育，从政策保障、领导机构到业务管理部门，从管理体制到运行机制、评价机制，从技术平台到服务组织等顶层设计和建构，都比较完善。我国社区教育的理论工作者和实际工作者从不同的角度和侧重点探讨了社区教育，如对社区教育概念的构架和定位、社区教育的本质与功能的解读、社区教育育人功能的强化、社区教育的特点等。这些基本理论的研究，使我们对社区（成人）教育有了更加清楚的认识，在理论上有了更为清楚的把握。②

（二）社区（成人）教育学科的视野向多角度延伸

社区成人教育研究以大教育观为指导，以建立学习型社会为目标，将研究的触角探及社区教育的各个方面。在这一阶段，在开展社区教育的总体研究基础上，社区教育与终身教育、学习型社会的关系的问题是这一阶段研究的焦点之一。在这一点上，研究者们基本达成共识，即社区教育是终身教育实现的重要载体，终身教育所倡导的终极目标是建设学习型社会。因而只有把社区教育纳入终身教育的体系加以考虑，按照终身教育的目标来要求，才能给社区教育以正确定位。吴遵民指出，社区教育是组成终身教育体系的一个

---

① 晋银峰：《论我国社区教育功能的嬗变》，载《成人教育》，2006(6)。
② 余善云：《略论社区教育体系建设》，载《重庆广播电视大学学报》，2012(3)。

"部分教育领域";如果没有社区教育这一块,终身教育体系就缺了一个"角"。由此可见,社区教育的发展、完善决定学习型社会、终身教育体系能否建立及如何建立的关键问题。

终身教育的落实,有赖于社区教育作为其重要组成部分;学习化社会的建立,亦有赖于学习型社区作为其坚实的基础。社区教育的研究还涉及城市社区教育、农村社区教育和社区老年教育等。相关研究有韦殿华等人的《城市社区教育发展的保障体系分析》(2005年)、黄云龙的《农村城市化与学习型社区建设》(2004年)、边玲的《发挥社区学院资源优势 办好示范性老年大学》(2003年)。此外,比较研究的成果也极具参考价值和现实意义,如李继星的《美国社区学院的发展历程与改革举措》(2002年)。而且也有社区教育与学习型社会这一新理念相结合的相关研究,如程宏刚的《社区教育与学习型社区建设的关系》(2002年)、荣璧德的《学习化社会中发展社区教育若干问题刍议》(2003年)、谢春红的《学习型社区:社区教育发展的新视野》(2003年)、李骏修的《学习型社会背景下推进社区教育的实践与探索》(2008年)、赵苏阳的《学习型社会背景下社区教育的探析与比较》(2011年)等。

(三)社区教育学科的应用性彰显

全国社区教育实验区,到2003年已扩展到61个,基本覆盖了各省(自治区、市)和计划单列市。许多省级、市级教育行政部门,也分别确定了一批省级和市级社区教育实验区。在实验区的基础上进行社区教育的深入研究是这一阶段的显著特点之一。涉及区域社区教育实践的研究论文近120篇。研究大多从某个或某些相关的社区着手,从其形成、发展的特色中找出了我国城市社区实验的运行规则。另外,课题的研究与社区教育发展的区域推进实践或实验研究有机结合起来,使社区教育在课题的研究中得到提升,在区域性推进实践(实验)中得到深化发展。社区实验点的实践促进了社区内教育资源的合理配置，促进了教育与社会的有机结合，并在发展过程中使社区教育超越了纯教育范畴而与社区建设和发展紧密联系起来，拓展了人们对社区教育内在本质的传统认识。社区教育实践一方面将社区教育发展作为促进城市学习化、现代化的重要力量；另一方面也推动我国社区教育概念的演进和理论的深化。

畅肇沁在《对社区教育发展中存在问题的分析与思考》(2006 年)一文中通过分析社区教育发展中存在的许多问题：定位问题、模式问题、认识问题和研究问题，认为社区教育的发展应从以下几个方面抓起：突出社区教育特点，贵在取得实效；强化社区教育职能，提供全面教育服务；整合各种教育资源，形成教育合力。①

洪建标在《我国社区教育的现状、问题及对策》(2009 年)一文中指出我国社区教育相对于发达国家而言，起步较晚，尚处于起步和摸索阶段。从我国现阶段社区教育的发展现状来看，社区教育还存在一些问题。要解决社区教育的发展问题，必须在加强立法、依托电大、师资建设、完善保障体系、加强宣传和理论研究等方面采取对策。②

连仍瑶在《发展社区教育亟须解决的几个问题》(2012 年)一文中指出解决社区教育的重点应放在体制、经费、师资和特色等方面。③另外，还有邱建新的《发展我国社区教育的主要限制因素》(2002 年)、《社区终身学习理念与我国社区教育转型——关于我国社区教育现状、问题及发展对策的调查研究》(2002 年)、姜华的《我国社区教育发展存在的问题及解决措施》(2009 年)等文章也对社区教育中存在的问题进行分析，从而总结出相关应对措施，对社区教育建设实践进

---

① 畅肇沁：《对社区教育发展中存在问题的分析与思考》，载《教育理论与实践》，2006(10)。

② 洪建标：《我国社区教育的现状、问题及对策》，载《福建广播电视大学学报》，2009(5)。

③ 连仍瑶：《发展社区教育亟须解决的几个问题》，载《内蒙古电大学刊》，2012(3)。

行研究。

关于社区教育与社会热点相结合的研究有：张旭亮和张海霞的《基于社区教育的中国农民工子女教育问题探析》(2006年)、徐锡铭的《社区教育与青少年社会性发展》(2006年)、王益宇和汪敏生的《社区教育：解决农民工社会排斥问题的有效途径》(2008年)、王绍强的《社区教育在青少年教育中的实践和思考》(2011年)、刘万云的《社区教育：新生代农民工市民化的助推器》(2011年)、张安强的《社区教育促进新生代农民工市民化问题研究》(2012年)和黄璐的《社区教育：提升新生代农民工素质的长效之道》(2012年)等。

(四)农村社区成人教育学科初具规模

我国80％的人口在农村。农业、农村和农民问题，始终是关系到我国经济发展和现代化建设全局的根本性问题。农村社区占全国总社区的很大比例，抓好农村社区教育既是新农村建设的重要一环，也是成人教育工作者的使命所在。"新农村"包括五个方面：新房舍、新设施、新环境、新农民、新风尚。新农民必须具备现代化素质，有理想、有文化、有道德、有纪律；新风尚提倡科学、文明、法治的生活观。社区教育的最终目的是"为民"，即为民不断满足其增长知识、崇尚文明、学习法律、健身强体、娱乐身心等诸方面的需求；社区教育在新农民的培育及新风尚的形成上可以有所作为。此外，城市化的急速发展态势，呼唤加快发展农村社区教育。农村社区教育的开展对于我国农村教育的改革、农村社会的发展乃至整个中国社会的发展具有十分重要的现实意义。在我们收集的论文中，以"农村社区教育"为主题的有近百篇。研究重点集中在：一是农村社区教育与终身教育体系构建问题，如谭铁军的《构建我国农村终身教育体系的意义、难点与对策》(2004年)；二是农村社区教育基本理论的探索，如李继星的《农村城镇化过程中小城镇社区教育初探》(2002年)、方丹敏的《中国农村城镇化建设之社区教育功能思考》(2004年)；三是农村社区教育体系建设、平台建设等的探讨，如李水山等人的《我国农村社区教育运作机制探析》（2004 年）；四是农村社区的个案研究，如董劼等人的《响水县教育系统开展"农村教师进农户、县城教师进社区"活动》（2004 年）。此外，全国教育科学"十五"规划教育部重点课题"西部贫困农村社区教育发展的理论与实践研究"促进了对农村社区教育的研究，并形成了理论成果——《农村社区教育概论》（2005 年）。

农村教育是我国教育改革和发展的重点，构建农村终身教育体系，为广大农民提供必要的知识和技能，从根本上提升农村人口的素质。发展社区是其实现的重要途径，而社区教育的研究自然也向农村聚焦。

（五）社区教育学科的国际视野

在社区教育比较研究的论文中，关于社区教育学科国际视野的研究约占近 6 年来社区教育研究成果的 21％，可大致分为三类。第一类是国别研究，如万秀兰的《美国社区学院的改革与发展》（2003 年）、李继星的《美国社区学院的发展历程与改革举措》（2002 年）、李文英的《日本的公民馆制度及其特征》（2003 年）。此类研究居多，有助于我们更好地借鉴他国社区成人教育的经验和教训。第二类是国际研究，有助于把握世界社区教育发展的基本规律和趋势，如姚远峰的《国外"社区教育"的界定及其启示》（2003 年）、鲍勇等人的《国外城市社区健康教育与健康促进回顾与瞻望》（2004 年）。第三类是比较研究，更着力解决当前我国社区教育发展中的重大问题，如李红卫的《美国社区学院职业教育对我国高职教育的启示》（2002 年）。社区教育比较研究大大拓宽了我们的视野，也有利于社区教育进一步深化作为"学科"的研究。

七、终身教育学科研究

(一)关于终身教育理论的研究

首先，关于终身教育概念的研究。主要有：查自力在《关于终身教育基本概念的逻辑思辨》(2003 年)一文中从逻辑思辨的角度对终身教育的相关概念进行探析，从追问终身教育是一种思想或体系的问题出发，进一步探索继续教育、远程教育与终身教育的关系和学习化社会是否为终身教育的最高目标，进而阐述学习化社会、终身学习和终身教育的关系。[①] 田汉族和贺宏志在《终身教育：概念分析与本质探寻》(2004 年)一文中指出应从个体和社会及其相互统一的角度来理解终身教育；从终身教育与其他教育的区别来理解终身教育的外延；从教育自身发展的逻辑来把握终身教育的内涵；从教育与社会发展和人的发展的历史联系来动态把握终身教育的实质。[②] 吴遵民在《走出理解误区——对当代终身教育理论内涵的深层思考》(2008年)一文中针对终身教育理论研究的滞后，在实践层面出现了一系列因理解上的片面性而导致的政策失误，主张重新对终身教育的基本范畴予以界定，进而对实践中出现的种种偏向予以清晰的审视。[③] 文章针对终身教育即成人教育，终身教育等同于职业技能教育，终身教育就是终身学校教育，政府是终身教育的主体，国民教育体系与终身教育体系分属两个不同的体系，学习型组织是学习社会的构成基础这六个误区的分析，提出相关思考：创建一个科学的终身教育体系，要对终身教育的内涵和本质予以准确把握；学校教育是终身教育的重要阵地，但同样不可忽视家庭教育、社会教育等其他教

---

① 查自力：《关于终身教育基本概念的逻辑思辨》，载《煤炭高等教育》，2003(5)。
② 田汉族、贺宏志：《终身教育：概念分析与本质探寻》，载《河北师范大学学报(教育科学版)》，2004(3)。
③ 吴遵民：《走出理解误区——对当代终身教育理论内涵的深层思考》，载《杭州师范大学学报(社会科学版)》，2008(3)。

育形式对人的成长的促进作用；确立学习者作为终身教育的主体地位；创建一个以终身教育理念为指导的现代国民教育体系和学习社会是我国未来社会发展的基本方向。

其次，关于终身教育的相关问题研究。主要有：张琼的《终身教育与终身学习的形式、实质及其和谐发展》（2002 年）、姬忠林的《对终身教育几个理论问题的认识》（2002 年）、李兴洲的《终身教育与终身学习的教育目的探析》（2003 年）、嵇承范的《试论终身教育的特点和意义》（2003 年）、陈利的《实施终身教育的意义和途径》（2005 年）、刘伯奎的《终身教育与终身学习的哲学思考》（2007 年）、孙秀萍的《终身教育与终身学习的教育目的探析》（2007 年）、陈鹏的《终身教育与终身学习的关系》（2007 年）、李菲的《试析终身教育的实现形式》（2007 年）、徐魁鸿的《我国终身教育发展的动力机制研究》（2009年）等。

最后，关于终身教育体系构建的研究。主要有：赵庆年和孙登林的《终身教育体系构建的原则、结构及运行机制》（2003 年）、庾荣的《论终身教育体系的构建》（2003 年）、吴国荣的《论终身教育体系的框架与构建》（2005 年）、岳杰勇的《终身教育体系的构建路径》（2006年）、杨卫军的《构建终身教育体系的思考》（2008 年）、刘会新的《新时期终身教育体系构建研究》（2010 年）、齐幼菊和龚祥国的《终身教育体系构架探析》（2010 年）等。

（二）关于终身教育与成人教育的关系研究

关于终身教育体系下的成人教育相关研究主要有：郑晓健、霍丽云在《成人教育在学习社会构建中的作用》（2002 年）一文中讨论了成人教育在构建学习社会进程中的关键性作用。[①] 王恩发在《创建学

---

① 郑晓健、霍丽云：《成人教育在学习社会构建中的作用》，载《中国成人教育》，2002(7)。

习化社会的国际比较研究》(2002 年)一文中从世界教育发展的大视野出发，介绍一些有代表性的国家(地区)构建学习化社会或学习型城市的途径，突出其构建的特色或重点，探索各国(地区)在创建学习化社会进程中的发展趋势和带有普遍意义的规律及经验等，为创建学习型城市提供借鉴及启示。①

叶忠海在《终身教育体系下成人教育的发展》(2002 年)一文中积极厘清终身教育体系的概念、原理、构架及其要素、基本特征及最高目标等基本理论问题，明确成人教育在构建终身教育体系中的作用与价值，并主张在构建终身教育体系的"三大突破口"和"一大网络"中发展成人教育。② 高志敏在《论成人教育文化之脆弱——新世纪对成人教育的反思》(2002 年)一文中解释了成人教育长期以来步履维艰，世纪之交又面临"想要"和"不想要"的两难问题。这些问题的产生都可以归于成人教育文化的脆弱，主要有：一是在观念上，表现为对依据全部人生发展需要而关怀终身教育的"淡漠"；二是在态度上，表现为对依据全部生活发展需要而关怀完整教育的"冷落"；三是在认识上，表现为对成人教育内外部的若干关系领悟的"谫陋"；四是在制度上，表现为对成人教育构建法律支持系统的"滞后"；五是在体系上，表现为对成人教育设置与调整实施运作机构的"随意"；六是在机制上，表现为对成人教育积累基础动力资源的"忽略"。③ 张晓峰、范国睿在《论学习型城市的构建》(2002 年)一文中分析了学习化社会的特征、成因和学习型城市的构建对策。④ 晋银峰在《论社区教育和学习化社会》(2002 年)一文中描述了社区教育的内涵，回顾

---

① 王恩发：《创建学习化社会的国际比较研究》，载《比较教育研究》，2002(S1)。

② 叶忠海：《终身教育体系下成人教育的发展》，载《湖南师范大学教育科学学报》，2002(1)。

③ 高志敏：《论成人教育文化之脆弱——新世纪对成人教育的反思》，载《河北师范大学学报(教育科学版)》，2002(1)。

④ 张晓峰、范国睿：《论学习型城市的构建》，载《开放教育研究》，2002(2)。

与展望了我国的社区教育以及我国社区教育发展的障碍及克服途径。① 董华、桑宁霞在《论成人高等教育的社会化趋向》(2002 年)一文中认为成人高等教育要适应社会运作的规律，做到教育主体、教育体系、教育资源、教育活动和教育管理的社会化。② 于利红、隗洪祥在《21 世纪的教育超市——社区教育》(2002 年)一文中分析了社区教育对我国教育发展的重要性，以及关于社区教育发展的对策。③ 朱成科、邓涛在《试论社区教育与终身教育体系的构建》(2002 年)一文中从终身教育与社区教育的关系入手，论述了社区教育在终身教育体系中的重要功能和积极作用，并从中国的实际出发，对构建终身教育体系重要组成部分的中国社区教育的走向提出了构想。④ 宣兆凯在《社区终身教育理念与 21 世纪成人高等教育发展》(2002 年)一文中阐释了 21 世纪中国成人高等教育发展的新视角和构建成人高等教育的社区终身教育体系。⑤

关于成人教育与终身教育关系的研究主要有：陈晴的《成人教育与终身教育》(2002 年)、黄旺英的《成人教育与终身教育协调发展的思考》(2002 年)、祝军的《论终身教育与成人教育》(2003 年)、黄旺英的《终身教育与成人教育的关系研究》(2004 年)、吴遵民的《当代成人教育与终身教育的发展现状与趋势》(2005 年)、屈兵和李国斌的《论成人教育与终身教育的关系》(2011 年)等。

关于终身教育视野下成人教育的发展研究主要有：祝爱武的《终身教育视野下成人教育的人性化走向》(2003 年)、胡海云的《终身教

① 晋银峰：《论社区教育和学习化社会》，载《继续教育研究》，2002(6)。
② 董华、桑宁霞：《论成人高等教育的社会化趋向》，载《中国成人教育》，2002(7)。
③ 于利红、隗洪祥：《21 世纪的教育超市——社区教育》，载《中国成人教育》，2002(4)。
④ 朱成科、邓涛：《试论社区教育与终身教育体系的构建》，载《绥化师专学报》，2002(4)。
⑤ 宣兆凯：《社区终身教育理念与 21 世纪成人高等教育发展》，载《青海师范大学学报(哲学社会科学版)》，2002(2)。

育理念与成人教育管理机制创新》(2004年)、王永庆的《终身教育体系下成人教育的改革和发展策略》(2004年)、王林昌的《终身教育体系中成人教育发展的思路与对策》(2005年)、傅韫华的《终身教育背景下我国成人教育的现状与思考》(2006年)、袁森的《终身教育体系下成人教育的发展定位思考》(2007年)、王晓梅和徐树英的《终身教育理念下成人教育的价值定位》(2007年)、郝明君的《终身教育视野下成人学习方式的变革》(2009年)、陈利利的《终身教育视野下的成人教育新特征》(2012年)、王练和李海权的《终身教育体系下成人教育发展的新途径》(2009年)等。

(三)关于终身教育法律的相关问题研究

在这一阶段,关于终身教育法律的研究逐渐增多,主要分为三个方面。

首先,学者们比较借鉴国际立法经验,为我国终身教育法的颁布做准备。比如,吴遵民等人的《终身教育立法的国际比较与评析》(2008年)、罗建河的《试论我国终身教育的立法保障——国外终身教育立法的启示》(2009年)、黄欣的《终身教育立法:国际视野与本土行动》(2010年)等文章都对此做了深入阐释。

其次,学者们都对终身教育法的颁布进行了思考与探索。例如,项天然的《关于制定终身教育促进法的思考与建议》(2006年)、梁明伟和刘晓芳的《我国终身教育立法研究的回顾与展望》(2009年)、高晓盈的《成人教育和终身教育的立法研究》(2010年)、张艳红和王最的《终身教育体系的构建与现代远程教育的立法》(2010年)、姚来燕的《我国终身学习立法问题的探讨》(2012年)等文章都对此做了阐释。

最后,我国关于地方终身教育的研究逐渐增多。例如,郑少君的《闽台终身教育法规比较》(2007年)、黄欣等人的《终身教育立法的制订与完善——关于〈上海市终身教育促进条例〉的思考》(2011年)、袁华英和陈岳堂的《闽沪终身教育促进条例解读及启示——兼与国外终身教育制度比较》(2012 年)、吕青云的《太原市终身教育立法成熟的几个标志》(2012 年)等文章都对此做了阐释。

这一阶段，站在理论的高度开始尝试对成人教育进行深层次的理论阐释，不再是对我国丰富的成人教育实践的简单总结归纳或者浅层次的理论探讨。我国学者立足于我国丰富的本土成人教育实践，渐进地对我国本土的成人教育进行了理论层面的自主探索与研究，我国成人教育学的理论体系也逐渐发展完善并不断走向成熟。尽管"简单归纳""单线演义"的坐而论道式的研究仍然占有较大比重，但上升到哲学层面的研究也出现了不少。更为可喜的是，成人教育宏观层面研究方法的相互结合不断发展，主要有现实与历史研究结合、本土研究与国际研究结合、本体研究与相关研究结合、常规研究与课题研究结合。

第六节 规范发展阶段的反思

一、如何提升成人教育学科的价值

或许，我们可以直言不讳地指出，提升成人教育学科的价值是中国学界具有独立批判意识的知识分子的共同追求。当下中国成人教育学科选择的是理论自信、道路自信，成人教育学科应该有所作为，应该在学科地位上坚持学科自信、在国际关系上保持原创地位与平等交流关系，探索出符合自身特色的方法论体系，融通成人教育研究成果，发掘成人教育的价值、学习的价值、人才观的价值，使自身成为引领一批学科成长的动力学科。成人教育学科体系与研究方法高度统合并走向规范成型；农村成人教育、老年教育、社区教育进一步发展壮大；成人教育学研究向纵深拓展，如课程开发、教学理论、成人教育制度等。无论哪些方面，都是对教育学学科的重要贡献。当前提升成人教育学科的价值面临重大的挑战。

　　从成人教育的产生开始，它所关注的就是大众，就是那些包括劳工、自耕农在内的普通劳动者；它是以成人为对象的教育。正是成人教育的兴起才孕育、培植、诞生了终身教育思想，成人教育以其丰富的形式和内容充实了终身教育的思想宝库，它广泛的社会性、全民性、终身性、灵活性、适应性等特点在很大程度上是和终身教育一致的，也是别的教育所无法替代和比拟的。成人教育奉行终身教育和学习型社会的思想，是促进人生走向辉煌成熟的教育，是帮助人们提高生活质量、追求美好理想、完善人格、超越自我、实现人生价值的教育，是内容和形式的选择最为自由的教育，是实践终身教育理念最活跃、最富有成效的教育形式，因而也是最能体现教育民主和自由的教育。成人教育提供了一系列不同种类的适合个性、独创性和职业的教育与训练，使每个人都能找到自己发展的道路，实现自我教育，以在充满可预测与不可预测的社会中立足发展。成人教育是一种崭新的教育理念，是教育走向成熟的标志，也是教育不断自我完善的结果；它回归了人的本身，体现了教育平等和教育民主的原则。我们可以毫不夸张地说，成人教育丰富了教育的内涵，提升了教育在社会发展中的地位，完成了教育社会化的使命。因而提升成人教育学科的价值能够对教育学学科产生更深刻的影响。

二、如何提升成人教育学科的国际意识

　　成人教育学科自在中国产生以来，就以"舶来品"的身份出现，因而中国成人教育学科身上或多或少有西方成人教育学科的影子。从成人教育学科的发展历程来看，最初阶段翻译、引进西方成人教育著作，学习西方成人教育学科知识，"引进或加工"成中国成人教育学科。因此，中国成人教育学科也被诟为西方成人教育思想的"跑马场"、理论的"杂货店"。[①] 成人教育学科应当学习西方成人教育学

[①]　韩钟文、杜以德：《中国成人教育学科发展构想》，载《中国成人教育》，2005(7)。

科理论，但学习程度如何把握？如何把握好中西关系？这是成人教育学科发展需要考虑的重要命题。

　　成人教育学科的发展需要国际视野，需要学习西方，但不是照抄、照搬西方。改革开放以来，成人教育学者们也已经认识到，要真正发展中国特色的成人教育学科，就应该在国际视野上把握自身的主旋律，打造中国成人教育学科的主阵地。因此，成人教育学科的国际视野应当具备三个意识。其一，开放意识。开放意识是应当学习西方，而不是坚持民族主义与保守主义，跟进时代发展前沿，去沟通与交流，通过交流学习先进理念，借鉴可供我国成人教育学科发展的优势点。从发展历程的成果中可以看到，成人教育学科伴随着其国际视野的打开而逐渐提升了内涵。其二，批判意识。国际视野意味着平等的交流，学习也意味着批判的继承。平等交流的前提需要中国成人教育学科独立的话语权，需要本土特色，需要科学完善的成人教育学科体系，需要紧契时代潮流的理论素养，如此种种，都需要成人教育学科的自身建设。同时，我们要批判地学习西方的优势，融合本土实践，建设真正"为我所用""有意于我"的特色学科。其三，创新意识。在保持开放与批判学习的前提下，我们还必须自我创新。创新意味着进行中国特色的成人教育学科建设，打造一种进步、开放、有生命力、有创造力、有批判力、有历史阐释力和具有国际视野的学术场域。①"一时代之学术，必有其新材料与新问题，取用此材料，以研究问题，则为此时代学术之新潮流"。中国成人教育学科应从"引进式"转换为"原创性"，从"依附性"转换为"独立性"。我们要以中国成人教育实践和成人教育问题为理论研究、学科建设之源，吸纳传统文化智慧，借鉴西方成人教育实践和研究的成功经验，才能真正使中国成人教育学科走向正规化和科学化。

---

　　①　颜桂堤、孔苏颜：《文化研究的理论范式转换及中国经验》，载《新疆师范大学学报（哲学社会科学版）》，2016(4)。

三、如何促进成人教育学科的理论与实践的结合

理论体系为研究实践问题提供理论依据，而实践问题的研究又同时为学科建设不断提供新信息。[①] 成人教育学科是立足并产生于成人教育实践的学科。社会环境的变化导致成人学习需求的改变，从而影响成人教育。为此，成人教育学科应当立足于实践领域进行理论研究。在这个阶段，农村教育、社区教育、现代远程教育、网络教育、终身教育体系构建、学习型社会建设等[②]新型成人教育实践形式不断出现，成人教育学科将如何用自身学科体系去解释与解决一系列的新问题？这是成人教育学科的责任，也是其躬耕实践、建构理论的责任。

成人教育学科要加强理论与实践的结合。其一，注重成人教育学科的理论深化。我国成人教育学科在建设的过程中注重以问题为中心展开研究，这样的理论建构风格能够切合实际，但却不具普遍性。问题引发理论的更新，但并不是理论的源泉。因此，成人教育学科应注重理论升华，不只是解释具体的问题，更是要致力于批判；不只是描述现象，更是要注重反思。另外，各类成人教育加强了对自身存在、发展的必要性研究，对自身管理体制、运作机制的研究，对自身体系构造、结构完善的研究，对自身历史回顾、现状分析、前景展望的研究，对自身与相关教育类型的关系研究等。其二，成人教育学科的理论建构要躬耕于成人教育实践中。我们强调成人教育学科体系的建设，强调理论建构，并不是单纯的形而上的思辨，应关注实践，特别是中国的本土实践。成人教育的问题往往涉及许多深层次的矛盾，需要深入调研，不能只进行简单的经验总结和单

---

① 白逸仙：《多学科研究：高等教育理论体系构建之方法》，载《高等教育研究》，2010(5)。

② 董明传、谢国东、叶忠海等：《中国成人教育改革发展三十年》，259 页，北京，高等教育出版社，2008。

纯的问题研究，也不能进行"纯粹思辨式"的理论研究。[①] 另外，各类成人教育加强了应用性研究。比如，各类成人教育对品牌建设、学校发展、市场开拓、目标制定、课程建设、队伍建设、教育管理、教育技术、后勤保障以至对教育对象的分布情况、生存状态、生理心理、学习需求、学习机理等都需要进行深刻、细致的探讨。其三，成人教育学科需要促进理论与实践的紧密结合和双向促进。唯物史观表明，社会的基本矛盾决定成人教育学科发展的社会属性。因此，成人教育学科理论体系的建构要想凸显时代性，必须紧紧围绕当前社会变革和发展的方向而确定与展开，并随着社会变革和发展的方向的变化而变化。我们必须高度关注成人教育实践的实际问题，通过对社会热点、难点或疑点等进行理性探索，及时给予科学指导。最重要的是，我们要以满足社会民众的学习需求为导向和立足点，以成人为本，走进成人的生活世界，开展民情、民生、民意的调查，特别关注对成人学习需求的调查分析，构建独具中国特色的、凸显本土人本关怀的成人教育学科，有力地促进本土成人教育学科理论体系的建构。

---

① 桑宁霞：《中外视野下的成人教育》，290 页，太原，山西人民出版社，2006。

第六章

成人教育学的完善成熟阶段(2012年至今)

推动成人教育学科独立发展的进程也是追求成人教育学科独立的过程，这已经成为这一阶段的主题和焦点问题。该阶段的成人教育学科研究彰显"成人学习""成长与发展"的特色，以实现成人的全面发展为指导思想，并在此基础上提出发展的基本原则、框架体系、方法论思考。成人教育学定位于一个独立的社会科学存在体系，在终身教育、终身学习、学习型社会三个基础上稳固定位。在这一阶段，成人教育学科由自在走向自为。

第一节　成人教育学的实践基础

一、深入探索继续教育的发展

2012年11月，党的十八大做出了"建设学习型社会"的战略决策；2017年3月5日，李克强在十二届全国人民代表大会第五次会议的政府工作报告中提出，办好公平优质教育；加强民族教育，办好特殊教育、继续教育、学前教育和老年教育。所以这一阶段要加强学习型社会建设的系统规划和顶层设计，健全和完善有关继续教育的法律、法规与各项规章制度，使终身教育体系建设建立在科学扎实的基础之上。

二、加快建设学习型社会

在加快建设学习型社会的背景下，我国成人教育的政策目标和内容不断发生变化。继续教育城市联盟、继续教育大学企业联盟签约成立，并宣读了倡议书，举行了高校资源服务学习型城市、学习型社区和学习型行业企业签约仪式。制定实施《中国教育现代化2030》，以教育现代化支撑国家现代化，使更多的孩子成就梦想，更多的家庭实现希望。2017 年 10 月，党的十九大报告提出："办好继续教育，加快建设学习型社会，大力提高国民素质。"成人教育逐渐纳入社会保障和社会福利体系。

第二节　成人教育学的制度基础

成人教育政策的制定和实施也受到教育环境因素的影响。这种影响主要表现在三个方面：成人教育的传统与现状、成人教育的理念、成人教育的政策倾向。成人教育的传统与现状主要是通过人们继承特定的思维模式、价值观来产生作用的，同时还影响成人教育的政策目标和方案内容。成人教育的理念和政策倾向是每个国家的政府都有的，它们会对成人教育政策的制定和实施起到一定的导向作用。新中国成立至今，我国成人教育的思想理念得到继承和发扬。这在每个阶段的政策中都有体现，同时每个阶段的成人教育实践活动各具特点，这又对成人教育政策也提出了相应的要求。

一、继续教育制度的成熟

2012 年 6 月，教育部发布的《国家教育事业发展第十二个五年规划》指出，加强职业教育与普通教育、继续教育的相互沟通，搭建通过各种学习途径成才的"立交桥"。

2012 年 11 月 8 日，胡锦涛代表十七届中央委员会向中国共产党第十八次全国代表大会做了题为"坚定不移沿着中国特色社会主义道

路前进 为全面建成小康社会而奋斗"的报告，提出完善终身教育体系，建设学习型社会。

2013年1月23日，《教育部2013年工作要点》提出要积极发展继续教育。

二、终身教育制度的成熟

与国外终身学习立法相比，我国地方终身学习立法的探索呈现出鲜明的本土化特征，即在立法理念、立法内容和立法实施等方面都体现出政策沿革、环境和策略的时效性等特征。出台的法律作为终身学习政策因果链上的终端，有植根于政策的基因密码，也具有我国立法环境和文化传承的鲜明特质。实践证明，充分的本土化探索与实践才能构建出适合我国终身学习事业发展的终身学习法。

(一)《太原市终身教育促进条例》

《太原市终身教育促进条例》于2012年9月28日审议批准，并于2012年12月1日起正式实施。此条例是继福建省2005年9月28日施行的《福建省终身教育促进条例》和上海市2011年5月1日施行的《上海市终身教育促进条例》后由我国第一个省会城市正式启动立法程序制定的地方终身教育条例。

(二)《成人教育培训服务三项国家标准》

《成人教育培训服务三项国家标准》包括《成人教育培训服务术语》《成人教育培训工作者服务能力评价》和《成人教育培训组织服务通则》。2012年10月，这三项标准经国家质量监督检验检疫总局、国家标准化管理委员会正式批准发布，并于2013年2月1日实施。政府通过这三项标准对成人教育培训服务进行标准化，并提出评估标准。成人教育培训服务与人民生活和经济社会发展密切相关，是政府管理成人教育服务、追求最佳效益的活动过程。《成人教育培训服务三项国家标准》的提出对于成人教育培训服务具有里程碑的意义，它使成人教育在市场竞争中实现规范有序发展，并通过建立质量评估标准形成政府、办学机构、社会多元评价相结合的质量保障体系。

(三)《河北省终身教育促进条例》和《宁波市终身教育促进条例》

随着终身学习理念不断融入新内涵，我国的大政方针政策也引入这一新理念并逐步完善更新。从党的十六大报告涉及"终身教育体系"以来，关于其阐述从"构建"到"建设"和"基本完成"，再到 2012 年党的十八大报告提升为"完善"，即"完善终身教育体系，建设学习型社会"。这样的表述一方面体现出这一理念的重要性，另一方面表明该理念不断深入完善，这对 2014 年颁布的两部地方终身教育条例的本土化探索也起着重要的促进作用。

在我国地方终身学习立法本土化探索的新阶段，依据党的十八大报告，我国《河北省终身教育促进条例》和《宁波市终身教育促进条例》涉及的教育类型更加具体，惠及的人群范围逐步扩大，使终身教育体系的内容得以补充。这一阶段的立法体系是对终身教育体系的补充丰富与进一步完善。

三、老年教育制度的完善

作为中国社会治理和社会发展的重要内容之一，老年教育对于维护社会稳定、促进社会和谐和保障人民安居乐业具有重要意义。因此进入老年教育政策的形成与选择期以来，国家各项老年教育政策的发展出现更为关注社区建设、社会治理等关涉全社会发展的倾向。[1]

2012 年，《中华人民共和国老年人权益保障法》修订出台，明确规定了继续受教育是老年人应有的权利，终身教育和社区教育体系的构建都应将老年教育纳入其中，国家鼓励社会发挥作用将各类老

---

[1] 王英、王小波:《中国老年福利的"新常态":老年教育的社会政策化》，载《宁夏社会科学》，2015(6)。

年学校办好,老年教育应在老年人扩展学识、充实生活、保障健康、陶冶情操、融入社会中发挥提供服务的作用。2014 年 6 月 10 日,教育部、民政部、国家发展改革委、财政部、人力资源和社会保障部、国家卫生和计划生育委员会、中央文明办、共青团中央、全国老龄工作委员会办公室发布《教育部等九部门关于加快推进养老服务业人才培养的意见》。2016 年,国务院出台《老年教育发展规划(2016—2020 年)》,这是我国发展多年以来第一部老年教育专项规划,对未来老年教育的发展将起到不可估量的促进作用。

四、社区教育政策的完善

2014 年,国家开放大学印发了《关于批准首批国家开放大学社区教育实验中心(基地)的通知》,批准青岛社区大学等 14 家单位为首批国家开放大学社区教育实验中心。2015 年,《关于批准第二批国家开放大学社区教育实验中心(基地)的通知》发布。

2014 年 8 月 11 日,《教育部等七部门关于推进学习型城市建设的意见》提出构建终身教育体系,促进各类教育融合开放;广泛开展城乡社区教育,推动社会治理创新;营造终身学习文化氛围等。

2016 年,《教育部等九部门关于进一步推进社区教育发展的意见》就社区教育发展提出了具体明确的指示。

五、处境不利群体培训制度的完善

2014 年,《国务院关于进一步做好为农民工服务工作的意见》指出,大力施行农民工职业技能提升计划,不断完善和落实促进农民工就业与创业的政策,实施过程可由政府购买服务以提高相关工作的实效性,进一步服务好农民工,提高其就业质量。2017 年,《国家教育事业发展"十三五"规划》提出,建立不同人群的教育筹资制度;在培训工作的具体实施方面,要尤其注重将教育培训的"技能包"提供给处境不利群体。2017 年,《国务院关于做好当前和今后一段时期就业创业工作的意见》提出,要坚持实施就业优先战略和更加积极的就业政策，抓好处境不利群体就业创业，完善城乡劳动者平等的就业制度，健全处境不利群体就业援助长效机制，防范化解处境不利群体的失业风险等。2018 年，《国务院关于推行终身职业技能培训制度的意见》提出，要深入实施处境不利群体技能提升计划；在资金方面，政府统筹加大关于成人能力提升培训与终身职业技能培训工作的投入力度，建立起政府、企业、社会等多元投入机制。

从政策内容的实施过程来看，许多相关政策的顺利实施不是某一部门单方面的力量就能实现的，需要众多部门与团体的合力保障，必须充分调动全社会的力量，有效利用各种有利资源，努力构建全方位、多层次的能够有效促进处境不利群体公平就业的社会保障网络。

六、开放大学制度的完善

2016 年，《教育部关于办好开放大学的意见》就开放大学提出了具体明确的要求，对开放大学的功能、基础设施、课程、专业建设等方面进行了明确部署，从而使开放大学制度愈加完善。

第三节　成人教育学科概况

成人教育学科的完善成熟是在规范发展之后。在这个阶段，成人教育学科的自主性突出，产生了一批标志性的成熟著作和教材；成人教育学科体系的研究结构丰富稳定、建制恢宏成熟；成人教育学研究生培养招生单位增多，具有博士授予权的单位增多；成人教育学科的社会影响力增大，功能增强。

一、成人教育学的招生单位增多

这一阶段的成人教育学专业研究生培养招生单位增多，为成人教育学科建设培养了大批专业人才，如表 6.1 所示。

表 6.1　2017 年成人教育学专业研究生招生单位一览表

序号	成人教育学专业研究生招生单位名称	序号	成人教育学专业研究生招生单位名称	序号	成人教育学专业研究生招生单位名称
1	华东师范大学	14	云南大学	27	华中师范大学
2	四川师范大学	15	南昌大学	28	南京农业大学
3	曲阜师范大学	16	云南师范大学	29	深圳大学
4	西南大学	17	河北师范大学	30	中央民族大学
5	山西大学	18	广西师范大学	31	北京交通大学
6	河南大学	19	河北大学	32	长江大学
7	福建师范大学	20	广西民族大学	33	内蒙古民族大学
8	福建农林大学	21	湖南师范大学	34	扬州大学
9	陕西师范大学	22	河南师范大学	35	浙江大学
10	南京师范大学	23	华南师范大学	36	中国农业大学
11	江西师范大学	24	宁波大学	37	江西科技师范大学
12	浙江师范大学	25	西北农林科技大学	38	西华师范大学
13	上海师范大学	26	贵州师范大学		

注：2017 年成人教育学专业博士点招生单位为华东师范大学、西南大学和南京师范大学。

二、成人教育的课题研究丰富

这一阶段的课题研究如表 6.2、表 6.3 所示。

表 6.2　全国教育科学规划"十二五"期间(2012—2015 年)成人教育课题一览表

序号	课题名称	课题负责人	工作单位	课题类别	立项年度
1	社区青少年道德教育中的亲社会行为干预策略研究	张庆鹏	广州大学	国家青年	2012

续表

序号	课题名称	课题负责人	工作单位	课题类别	立项年度
2	媒介时代的公民教育：基于媒介批判的立场	班建武	北京师范大学	国家青年	2012
3	大学教育与社区教育的协同发展研究	王 霞	山西大学	国家青年	2012
4	学习哲学视角下学习型社会建设深化路径研究	曾文婕	华南师范大学	国家青年	2012
5	失地农民创业培训机制及政策支持系统研究	鲍海君	浙江财经学院	国家青年	2012
6	开放大学的外部质量保证研究	刘永权	北京广播电视大学	教育部重点	2012
7	开放大学学分银行功能及建构研究	黄 霖	四川广播电视大学	教育部重点	2012
8	西方学习型社会创建成的历史背景与实践内涵研究	张创伟	嘉兴城市大学	教育部重点	2012
9	成人学籍协同管理的路径与政策研究——一种"学分银行"的模式	张云雷	南京理工大学	教育部重点	2012
10	欠发达地区农民工教育培训机制创新研究	朱冬梅	西南交通大学	教育部重点	2012
11	中国新时期老年教育史研究	杨 晨	上海开放大学	教育部重点	2012
12	闲暇环境教育与生态旅游耦合机制研究	钟永德	中南林业科技大学	教育部重点	2012
13	转型期成人高等教育内涵式发展策略研究	顾兴强	宁波大学	教育部青年	2012
14	国际视野下终身学习关键能力的比较研究	邱 婷	江西师范大学	教育部青年	2012
15	教育虚拟社区伦理的作用机制及评价研究	胡凡刚	曲阜师范大学	国家一般	2013

续表

序号	课题名称	课题负责人	工作单位	课题类别	立项年度
16	连片特困地区生态移民技能培训服务链的绩效研究——以武陵山片区为例	柳劲松	中南民族大学	国家一般	2013
17	城市处境不利者社会流动教育归因及补偿机制研究	胡弼成	湖南大学	国家一般	2013
18	世界公民教育思潮下不同文明国家公民教育的本土生长研究	宋　强	东北师范大学	国家青年	2013
19	城镇化进程中失地失业农民再就业培训长效机制的行动研究	邵爱国	苏州科技学院	国家青年	2013
20	推进社区教育基本公共服务均等化研究——基于上海的实践	李　珺	上海市教育科学研究院	国家青年	2013
21	大学与城市底层社会的互动：民国时期民众教育实验区研究	娄岙菲	华东师范大学	国家青年	2013
22	学习型城市发展指数的构建与应用研究	谢　浩	北京师范大学	教育部重点	2013
23	微学习理念下的开放大学课程与教学改革研究	郑绍红	浙江广播电视大学	教育部重点	2013
24	社会自由主义到新自由主义：英国大学继续教育范式转型研究	秦发盈	曲阜师范大学	教育部重点	2013
25	大都市圈城市化进程中新生代农民工教育需求的实证研究——以北京地区为案例	梁　燕	北京联合大学	教育部重点	2013
26	新生代农民工职业培训影响因素及其模式创新研究——基于福厦泉的调查	刘唐宇	福建农林大学	教育部重点	2013

续表

序号	课题名称	课题负责人	工作单位	课题类别	立项年度
27	社区教育政策的公平取向研究：基于保障公民学习权的视角	马丽华	华东师范大学	教育部重点	2013
28	学习型城市建设的国际比较研究	徐辉富	上海开放大学	教育部重点	2013
29	人力资本视野下中小企业员工非正式学习研究	杜友坚	温州大学	教育部重点	2013
30	专职社区教育工作者职业化专业化发展研究	王　鹏	吉林师范大学	教育部青年	2013
31	社区学习共同体生命价值与成长机理研究	汪国新	杭州市成人教育研究室	国家一般	2014
32	城镇化进程中"五位一体"的新型职业农民培养体系构建与实践	吴易雄	湖南省教育科学研究院	国家一般	2014
33	"新型农民学院"的创新机制实践研究	刘克勤	丽水职业技术学院	国家一般	2014
34	中小学兼职体育教师继续教育培养模式的研究与实践	李映红	广东药学院	国家一般	2014
35	英国学校公民教育及其启示	唐克军	华中师范大学	国家一般	2014
36	新生代农民工城市融入的教育支撑体系研究	倪建伟	浙江财经大学	国家青年	2014
37	城镇化背景下西部农村成人教育组织建设研究	杨　智	贵州师范学院	国家青年	2014
38	社会治理创新中新生代农民工学习权及其保障机制研究：以发达地区为例	吴　结	广东开放大学	教育部重点	2014
39	现代服务业视野下的社区教育信息化构建与实践研究	胡水星	湖州师范学院	教育部重点	2014

续表

序号	课题名称	课题负责人	工作单位	课题类别	立项年度
40	新共同体：区块提升促进全域教育优质均衡发展的江干模式	徐　晖	杭州市江干区教育局	教育部重点	2014
41	新生代农民工公民意识教育模式研究	廖金香	吉首大学	教育部青年	2014
42	社区儿童教育发展模式的国际比较研究	李　智	江南大学	教育部青年	2014
43	就业导向下新疆"农村区域发展"专业应用型人才培养模式研究	袁　培	新疆财经大学	教育部青年	2014
44	中国终身教育体系构建的路径与机制研究	吴遵民	华东师范大学	国家重点	2015
45	美国公民教育及对我国民族教育的启示	王文丽	西北师范大学	国家一般	2015
46	农村产业再造机理下返乡农民工创业教育研究	刘金发	曲阜师范大学	国家青年	2015
47	农民工返乡创业教育支撑体系及绩效研究	郑小强	西南石油大学	国家青年	2015
48	基于中国经验的公民教育与国家建构的互动机制研究	刘争先	四川师范大学	国家青年	2015
49	特大型城市新生代农民工城市生活学习与社区认同研究	赵晓红	华东理工大学	教育部重点	2015
50	学习型社会视域下终身学习质量指数开发与应用研究	王仁彧	上海开放大学	教育部重点	2015
51	老龄化背景下老年教育供需矛盾及对策研究	胡忠英	温州广播电视大学	教育部重点	2015

序号	课题名称	课题负责人	工作单位	课题类别	立项年度
52	终身教育体系构建背景下西部乡村教师非正式学习实践模式研究	杨晓平	遵义师范学院	教育部重点	2015
53	"一带一路"倡议背景下宁夏阿拉伯语人才培养体系的建设	张爱琴	宁夏大学	教育部重点	2015
54	老龄教育与我国老年人新媒体使用状况研究	丁苗苗	浙江大学	教育部重点	2015
55	老年教育与青少年教育的对比研究：社会支持和希望对积极情绪体验的影响	姚若松	广州大学	教育部重点	2015
56	大职教观下高职院校建设社区教育学院的路径与支持体系研究	陈新文	襄阳职业技术学院	教育部重点	2015
57	老年人社区照护服务双向需求与人才分类培养研究	尹尚菁	国家开放大学	教育部青年	2015

表 6.3　全国教育科学规划"十三五"期间（2016—2017 年）成人教育课题一览表

序号	课题名称	课题负责人	工作单位	课题类别	立项年度
1	中国普惠性老年教育推进路径及策略研究	国卉男	上海市教育科学研究院	教育部重点	2016
2	学习型社会背景下开放大学文化建设研究	王　冰	天津广播电视大学	教育部重点	2016
3	农村教师培训的社会支持系统研究	曾柏森	玉林师范学院	教育部青年	2016
4	农民工学历教育与非学历教育共享发展研究	张　默	沈阳农业大学	教育部青年	2016

续表

序号	课题名称	课题负责人	工作单位	课题类别	立项年度
5	社区学习共同体的理论建构与培育策略	孙培东	山东省教育科学研究院	教育部青年	2016
6	基于社会融合的失地农民集中居住区社区教育模式研究	唐开福	四川师范大学	国家一般	2017
7	"场域—惯习"视角下农民生态价值观培育路径研究	秦绪娜	曲阜师范大学	国家一般	2017
8	以"精准培训"助推"精准扶贫"——老区教育脱贫中高等继续教育的角色担当	胡俊生	延安大学	国家一般	2017
9	中国老年人"精神性"的教育建构研究	李　洁	华东政法大学	国家一般	2017
10	制度效应与秩序回归：我国当前语境下社会教育实践困境与突破	娜仁高娃	山西大学	国家青年	2017
11	面向老年人的 MOOC 设计与应用路径研究	赵　妹	陕西师范大学	国家青年	2017
12	城市社区教育信息化发展指数研究	宋亦芳	上海开放大学长宁分校	教育部重点	2017
13	医养结合养老服务人才培养模式研究	陈瑞鹏	山东协和学院	教育部青年	2017

三、成人教育学的博士点增多

河北大学、广西师范大学、曲阜师范大学相继具有教育学一级学科的授权资格，与此同时，具有招收成人教育方向的博士研究生的权利。这些学校的成人教育学博士点正在建设中。

四、成人教育国际交流活动广泛

2014 年 6 月 13 日，中国成人教育协会会长郑树山与美国加州教育文化基金会代表团举行会谈。美国加州教育文化基金会会长司徒焯正一行应邀于 2014 年 6 月 13 日抵京进行为期 3 天的访问。6 月 13 日下午，郑树山亲切会见了代表团一行，并与之举行了会谈。双方对老年养护人才培训进行了广泛深入的磋商。中国成人教育协会常务副会长刘志鹏、张昭文等人陪同会见。

中美双方对世界面临人口老龄化问题表示极大关注。司徒焯正介绍了美国养老人才培养的相关问题，还就美国政府有关养老政策、经费解决的途径以及老年养护捐助免税政策等进行了详细介绍。他表示愿意与中国成人教育协会合作共同为老年养护做些工作。

郑树山介绍了中国人口老龄化的趋势和面临的挑战。他表示，中国成人教育协会十分关注中国老年养护人才的培养，并成立了中国成人教育协会老年服务人才教育培训专业委员会，希望与美方在老年养护领域进行交流合作。

2014 年 6 月 25 日，中国成人教育协会代表出席"中澳友好城市论坛暨商务、教育洽谈会"，来自中国国际贸易促进委员会、中国农业国际合作促进会、中国国际商会和北京、湖南、山西、甘肃等省市所属有关机构、社团等的 150 多人出席。北京市、陕西省、甘肃省还与澳大利亚签署了在职教育培训、科研合作等项目的交流合作协议书。

在洽谈会上，薛华领向澳大利亚代表团介绍了中国成人教育协会的基本情况和提供教育服务的范围，并就双方在成人继续教育和职业教育方面的交流合作意向进行了探讨。澳大利亚昆士兰州雅儿巴市议员肯尼迪欧·马尔科姆表示，澳大利亚与中国教育领域有着极大的合作兴趣，希望与中国成人教育协会在继续教育、职业教育等有关信息、资料交流和教材编写方面进行交流与合作。澳大利亚昆士兰州发展委员会主席、澳大利亚能源部部长助理马龙·泰德表示，中国是世界上的教育大国，也是学生人数众多的国家之一；中澳两国有着广泛的合作前景，欢迎中国成人教育协会与澳大利亚在教育、科研领域进行交流合作。

第四节　成人教育学科成果

在这一阶段，成人教育学主要体现出完善成熟的特点。成人教育学的基本问题和学科建设等理论研究有突破性进展，主要表现在：第一，成人教育学科的概念及内涵等理论问题研究日益完善成熟。第二，成人教育学的使命与价值视域全面和世界进行接轨，基于人类学、文化学的成人教育学语境形成，直指人类共同语言——人类如何成人？第三，成人教育学族系中社区教育、老年教育在经济全球化、社会化的加速推动下，迅速走上了完善成熟的快车道，吸引了大批资深教育学者加入，加速了这些年轻而具有生命力的学科的完善成熟。第四，成人教育学的研究队伍结构更加完善，理论研究更加成熟。年老的研究者宝刀未老，再立新功，与时俱进，硕果累累；新的研究者后生可畏，大批博士研究生进入成人教育学的研究领域。更为可喜的是，一批研究教育理论的资深专家进入了成人教育学的研究领域，他们带来了规范、严谨的治学作风，用专业的方法和手段为成人教育学的更新和发展做出了贡献。

一、叶忠海的《现代成人教育学原理》

这本著作体现了全新的构思，是由多家成人教育学硕士点集体开发的一本力作。它成为成人教育学科点研究生的统一教材，因为它汇集了最新的研究成果。首先，我国成人教育学的研究内容不断向成人教育学中最本质的问题靠拢，其著作也开始尝试上升到理论层面去架构属于自身的结构体系。其次，随着成人教育学科的完善成熟，我国成人教育学者对成人教育学科体系架构的逻辑起点的认识呈现出一种向成人教育学核心主体聚合的趋势，他们开始不断尝试打破原有著作中的架构体系，转向对成人教育学科体系中最原始、最基本、最直接的范畴，即成人教育主体"成人"的关注。这些著作也多能体现出我国学者尝试以"成人学习"为逻辑起点来架构我国成人教育学科理论体系的特征。最为典型的就是叶忠海于 2015 年 4 月出版的《现代成人教育学原理》。这本著作果敢地扬弃了传统的以普通教育学科体系为参照系构建起来的成人教育学科结构体系，对成人教育学的框架结构和基本内容进行了大胆的变革创新，突破性地把"成人的成长和发展"作为贯穿全书的主线，将"以成人为本"的人本理念作为指导，以成人的终身发展为最终价值取向。这本著作必将成为我国成人教育学科理论体系架构研究中的星星之火，引领我国成人教育学科理论体系由"自在"走向"自为"。由中国人民大学出版社出版的叶忠海的《现代成人教育学原理》（2015 年）的目录体系如下。

第一章　成人教育学的发展历程

　第一节　国外成人教育学的产生和发展

　第二节　我国成人教育学的产生和发展

第二章　成人教育的哲学基础

　第一节　哲学与成人教育

　第二节　成人教育的人本论

　第三节　成人教育的功能论

　第四节　成人教育的质量观

第三章　成人教育的经济学基础

　第一节　经济学与成人教育

　第二节　经济发展理论与成人教育

这本著作在以下三个方面对成人教育学科的推进做出贡献。

首先，在逻辑起点上，分析了成人学习和成人成长与发展。这本著作的第七章论述了人的成长、发展与教育，论述了人的成长、专业发展与成人教育的关系。接着下面三章，分别阐述了成年早期（18～35岁）的教育原理和设计，成年中期（36～60岁）的教育原理和设计，成年晚期（60岁以后）（分低龄老年期、中龄老年期、高龄老年期)的教育原理和设计。每个时期都具体分析了其身心基础和依据，以及教育的意义与教育内容、教育模式、教育策略、教育的特殊性和差异性。这本著作明确了逻辑起点的具体内容，也明确了作为该逻辑起点展开的客观秩序，在成人教育学科发展中具有里程碑的意义和价值。

其次，在学科定位上，将成人教育学定位于独立的社会科学。这本著作分别设立成人教育的哲学基础、经济学基础、社会学基础、心理学基础、人才学基础这些章节，在于廓清与相关社会科学领域的关系，说明其借鉴相关社会科学的特殊性，也说明其超越这些社会科学领域的现实性。从这样的阐述中可以发现，没有一种社会科学能够完整地承载成人教育学这个学科的宏大基础。成人教育学集合了诸多社会科学的营养，并在此基础上超越了这些社会科学。另外，一切社会科学，离开了"成人"，也就失去了存在的基础；在这个意义上，成人教育学是"成人"的艺术，是"成人"的法则。这本著作在学理上回应了关于成人教育学作为一门独立的社会科学的定位的呐喊。

最后，在体系内容上，分析了成人教育的存在形态。这本著作从学校形态的成人教育、组织形态的成人教育、社会形态的成人教育三个维度系统地分析了成人教育的形式体系。社会形态的成人教育按照国别形式来划分，有日本的公民馆，瑞典的学习圈，中国的扫盲教育、学习型城市的建设，美国的社区教育、读书会；按照社会成员年龄来划分，有学前社会教育、中年成人教育、老年教育；按照社会内容来划分，有女性教育，家政教育，休闲教育，时政教育，生活教育，职业培训(教师培训、干部培训、劳动力转移、企业培训)等；按照社会运动的形式来划分，有民主主义成人教育、激进主义成人教育、进步主义成人教育、终身教育等；按照办学主体(综合考虑出资、方案制定、参与实施的程度)来划分，有以下五种：政府主导型、政府民众协同型、市场(社会团体)主导型、民众(社区成员)主导型、雇主主导型。学校形态的成人教育在办学形式上包括广播电视大学、职工高等学校、农民高等学校、管理干部学院、教育学院、独立设置的函授学院、普通高等学校举办的成人教育、卫星电视教育、高等教育自学考试、农技校、中等和初等成人教育等形式。建设学习型社会的大背景下,出现了各级各类的组织形态的成人教育。这些成人教育形式从地缘区域来划分,有学习型社区、学习型城区、学习型村落、学习型楼组、学习型乡镇的成人教育;从团队组织来划分,有学习型企业、学习型事业单位、学习型学院、学习型党组织等的成人教育;从亲缘关系来看,有学习型家庭的成人教育等。成人教育如影随形于社会的方方面面。

这本著作以开阔的世界成人教育学的研究视域,超越教育学一级学科的禁锢,广泛汲取社会学科营养,打造自主学科的新形象,成为成人教育学科成熟的重要标志性著作。

二、叶忠海的《老年教育学通论》

青年强则国强,老人安则家安、国安。发展老年教育使老年人在"老有所养"的基础上能够"老有所学,老有所乐,老有所为",成为会学习、有价值的终身学习者,充实愉悦地度过晚年生活,不仅有助于实现老年人自身的成长发展,而且有助于家庭的幸福美满与社会的和谐稳定。老年教育政策、实践和理论研究同步开展。综观老年教育实践丰富完善的过程,教育定位从生活教化到参与学习再到实践活动,教育形式从单一到多样再到反映地区特色,自上而下、由浅入深地构建了老年教育实践活动的体系格局,也通过最直观的形式展现了老年教育从边缘走向中心的转变。老年教育理论研究领域紧随其后,结合新时代的新理念、新探索和新发展,不断实现新的突破。由同济大学出版社出版的叶忠海的《老年教育学通论》(2014年)的目录体系如下。

这本著作的理论贡献如下：第一，凭着高度的责任感与使命感用实际行动开始了有益的探索，其价值方向、行动方向和职业精神都是令人敬佩的。这本著作将老年期划分为老年早期、老年中期、老年晚期，并对每个时期老年教育的特点进行了客观概括，其教学、课程和评价都不同程度地揭示了老年教育的规律。第二，系统性和规范性的统一。从 1983 年山东老年大学成立到现在，老年教育的实践在中国勃兴，各种老年大学、老年学校据不完全统计达到 6 万多所。实践中出现的种种问题急需理论做出解答，同时实践中产生的经验也需要在理论上进行梳理和归纳。这本著作是一个形而上的系统性和规范性的总结：其系统性在于它从构架来说是系统、全面、完整的；规范性在于它给予老年教育的发展更多规范性的指导，规范评价，规范模式，规范课程体系，规范教学，突出理论的指导作用。第三，既站在中外老年教育历史发展的基础上，又根基于哲学、心理学、教育学的学科基础，结合老年教育自身的特点和规律，构建了老年教育学科体系，丰富了成人教育学研究的范畴，为完善成人教育学科体系做出了重要贡献。

三、高志敏的《成人教育学科体系论》

由上海教育出版社出版的高志敏的《成人教育学科体系论》(2017年)近70万字，对成人教育学科体系的形成和发展进行了细致的梳理与探索。全书分为四个部分：第一部分为成人教育学的历史追问；第二部分为成人教育学科体系的历史追溯；第三部分为成人教育学科体系的反思；第四部分为成人教育学科体系的前瞻。

第一，情怀与责任。西方有普罗米修斯盗天火给人间的传说，成人教育工作者在一定程度上具有这样的人格特质，即给处境不利的人类带来光明与希望。这本著作的作者对于成人教育学科的情怀表现为执着、忘情、坚守、勇敢。说到执着，洋洋洒洒70万字，他十年磨一剑，不断积累，不断发掘，不断升华，不断清晰，在这样一个浮躁的世界，身怀敬畏之情，执着于成人教育学科的历史和体系的构建，其执着的精神让后辈汗颜。说到忘情，其研究的最高境界是忘记自己。他为了写该书，在颈椎病反复发作的时候，手臂都抬不起来，但是他沉醉其中，忘记疼痛，忘记理疗，专心治学。说到坚守，成人教育学科无论遭到何等的非议和贬斥，他都深信不疑，深切热望，坚信成人教育学科的自主独立，坚信其具有不可替代的价值和意义。说到勇敢，在这个布满荆棘的学术之路上，"杀出一条血路"，走出一条坦途，不能不说他勇力超人。

第二，思想与贡献。这本著作的内容丰富，体系宏大，将成人教育学科建设在历史沿革中积累的研究成果都如数家珍式地盘点，有许多理论发现和理论贡献。这本著作以异域追踪和本土循迹为主线，对国内外成人教育及成人教育学的萌芽和发展进行了历史考察；从异域回溯和本土回望两条线索出发，对成人教育学科体系的形成和拓展展开追溯；对异域智慧和本土功夫进行串联、归结、比较、整合，再从伦理与纲领、性质与目标、意义与作用、源点与路向、内容与边界、空间与方法等角度，以批判的眼光对成人教育学科体系及其未来发展进行思考和展望。无论对历史进程的把握（初创：发生在学科认定之前；推进：行动在学科认定时代；追梦：坚执在学科认定滞后）还是对体系建构的"学之说""体系说"的评介与归纳，都精准而深刻，独到而新颖。这本著作成为成人教育学科体系研究的里程碑式的巨作。

第三，高远与前瞻。这本著作的作者对于成人教育学科有期盼、有憧憬。置身于现代社会之中，我们在充分地享受现代化所带来的福利和便捷的同时，也可能陷入人性的迷失。置身现代境遇之中的成人教育学该如何应对？成人教育学必须关照成人的生活，它是生活的福音。"理论是灰色的，而生命之树长青。"我国当代成人教育学应回归"使人成人"的价值属性，回归人文关怀，摆脱科技理性的镣铐，奔向人文的超越。成人教育应该摆脱功利主义、科技理性的枷锁，回归人本，关照人性，指向人文。成人教育是培养人的，人的根基在生命。我国成人教育学应当重视人的生活和生命的完整性。这些人是关心自己的人，亦是关心他人、关心全世界的人，是既有理智又有丰富情感的健全的人。成人教育学应是扭转大局的利器，应是传播知识与理性的海洋，应是塑造精神与灵魂的乐园，应是弘扬个性与价值的自由世界。成人教育应该向社会、个人发挥它独特的价值引领作用。在当代社会文化的大众化、世俗化、网络化、虚拟化的趋势下，成人教育更应该祛除"利益为先"的魅影，引领先进、多元的文化发展，呼唤精神与灵魂、文化的回归。

四、侯怀银的《社区教育》

社区教育是实现社区全体成员素质和生活质量的提高以及社区

发展的一种社区性的教育活动和过程。社区教育与成人教育有着很深的渊源，无论在历史发展上，还是在属性特点上，成人教育对社区教育的生成都产生了重要作用。

由北京师范大学出版社出版的侯怀银的《社区教育》(2015年)的目录体系如下。

第一章　何谓社区教育

　　第一节　社区教育究竟是什么

　　第二节　社区教育的特征

　　第三节　社区教育与相关概念的联系与区别

第二章　社区教育的变迁和发展

　　第一节　社区教育的国外变迁历程

　　第二节　社区教育的国内变迁历程

　　第三节　新世纪国内外社区教育的发展

第三章　社区教育功能

　　第一节　社区教育功能的概念

　　第二节　社区教育功能的分类

　　第三节　社区教育功能的实现

第四章　社区教育分类

　　第一节　社区教育分类的缘起和特征

　　第二节　社区教育分类的主体与路径

　　第三节　社区教育的具体分类

第五章　社区教育目的

　　第一节　社区教育目的的概念

　　第二节　社区教育目的的结构与功能

　　第三节　社区教育目的制定的理论基础

　　第四节　影响社区教育目的制定的因素

　　这本著作的理论贡献如下：第一，它是社区教育理论著作中的集大成者。从社区教育的中外历史到社区教育的功能属性，从社区教育的课程开发到社区教育的资源，从社区教育的体制模式到社区教育的管理机制，从社区教育的研究到评价，全面系统、深刻严谨地构建了社区教育的基本理论框架，是研究社区教育基本理论问题的集大成者。

　　第二，它的理论观点新颖超前。社区教育不是社区与教育的简单叠加。实施社区教育，所要强调的是教育需要摆脱传统孤立和封闭的状态，需要增强、沟通、协调教育与社会的联系，发挥教育的社会功能，增强其对社会的作用；教育既要主动争取社会的支持和参与，又应自觉接受社会的监督和评价；学校应向社会开放，社会要根据其成员的教育需求提供多种多样的可供选择的教育机会。社区教育强调教育与社区之间的开放、参与、互动和协调。在此基础上，这本著作分析了社区教育与成人教育的联系：社区教育无论内容、对象还是关注的重心或者价值取向，都可以从成人教育的发展态势和特征等方面得到启迪或获得真谛。与此同时，社区教育在继承成人教育这些独特的特点的同时，在办学模式、教学管理和招生政策等方面都进行了改变，使社区教育制度具有很大的弹性、灵活性和多样性。比如，社区教育的办学体制开始由原先的国家办学转向国家办学、社会力量办学和民办公助并重，进一步实现学校、社会和家庭三者相结合的办学模式。

第三，它的理论功底深厚。这本著作的作者研究基础教育，现在又深爱社区教育、社会教育，是情怀、激情、责任使然。这本著作呈现的理论框架严密完整，理论积淀深厚，与作者厚实的学养是有关系的；再加之社区教育一线的实践经验，理论扎根深厚，思想宽广深远，分析一语中的，论据充分有力。

五、桑宁霞的《成人教育哲学》

世界的存在是物质的，还是哲学的，人们争论不休。当然，在这样一个后现代时代，多元本身就是本质。人类在走过了几百年的技术之路后，没有任何时候像现在这样充满了傲慢的理性和深刻的不安，……成人教育哲学是超越了成人教育实践丛林后沉淀和升华下的瑰宝，是在循着一个不可知的力量走出的轨迹，当然其中也注入了更多的理想和美好的意志，像一个内心平和的引导者试图来引导正确地使用意识场，以正面的情感和思考来改变我们所处的世界。希望这本著作的探索能为成人教育工作者提供更多的理性思考和价值启示。

由三晋出版社出版的桑宁霞的《成人教育哲学》(2018 年)的目录体系如下。

第一章　成人教育的起始逻辑
　　一、成人教育的定义
　　二、成人教育产生的归因分析
　　三、成人教育兴盛的原因分析
　　四、成人教育动力不足的理论思考
第二章　成人教育的属性逻辑

　　这本著作的理论贡献如下：第一，对于成人教育起始逻辑的思考有重要的意义。这对于把握成人教育的发展轨迹有重要价值。这本著作的作者认为，现代成人教育的兴起与文艺复兴和启蒙主义有重要的相关性。这也从成人教育的文化基因的角度说明了成人教育所具有的平等、民主、公平、人文关怀等价值追求。这本著作延展这一逻辑，进一步把握成人教育的属性逻辑和实践逻辑，深刻揭示了功能、实践所根基的哲学沃土。第二，联系的方法是重要的哲学方法。这本著作从生产关系的角度论述成人教育与职业教育、社区教育、终身教育、学习化社会等的关系，论述成人教育在培育这些教育类型中所做出的重要贡献，阐述其中的生成关系；从哲学的高度确定成人教育的重要地位。第三，从哲学的高度分析成人教育的公共价值，旨在分析成人教育学科的独立性和自主性，为推进成人教育学科的自主发展做出努力。

六、戴宏才的《从实然到应然：中国成人教育制度论》

　　成人教育制度是成人教育学科重要的根基。思想上认识到成人教育是什么，决定着行为上如何实施成人教育，进而决定着制度：思想和行为的路标与实际运作的规则。人们对于成人教育制度的认识是有深刻变化的；行为上从教育思想的外显到成人的生存与发展；制度上从实然到应然，回归本真。2012 年 1 月重庆大学出版社出版的戴宏才的《从实然到应然：中国成人教育制度论》有意义，也有价值。其目录体系如下。

第一章　导　论

　　一、问题的提出及研究意义

　　二、基本概念的界定

　　三、文献综述

　　四、研究的理论依据

　　五、研究的基本思路、方法与创新

　　六、研究的重点与难点

第二章　成人教育制度概念的出场

　　第一节　思想：对教育对象的认识所历经的四次飞跃

　　第二节　行为：教育思想的外显和成人的生存与发展

　　第三节　制度：思想和行为的路标与实际运作的规则

　　第四节　思想、行为和制度的相互关系及其时间之维

第三章　成人教育制度价值的诉求

　　第一节　中国成人教育制度：以人为本的价值尺度

　　第二节　中国成人教育制度：崇尚自由的价值取向

　　第三节　中国成人教育制度：促进发展的价值目标

第四章　成人教育制度在场的考察

　　第一节　中国成人教育制度的规范文本体系

　　第二节　中国成人教育中非正式制度的表现

第五章　成人教育制度缺场与失范

　　第一节　中国成人教育制度链条的断裂

　　第二节　中国成人教育制度规范的失灵

　　这本著作的理论贡献如下：第一，站在更高的高度上审视成人教育制度的发展以及终极价值和意义。正当人们建议以终身教育法的出台取代成人教育法和成人教育法的研究越来越淡出人们的视野的时候，这本著作的作者站在一个成人教育历史发展的高度来审视成人教育法的实然和应然问题。这是一种更深刻的思想，也是一种更具有开拓意义的理论思考——成人教育制度的超越性文本，直抵成人教育的价值核心，在理念完善的基础上才有可能实现制度完善。

　　第二，借助中国成人教育制度链条的断裂、中国成人教育制度规范的失灵，以及制度失范对思想和行为的影响等，指出制度设计中出现的偏差对实践和理论的影响，是一个理论工作者的责任和勇气，也是对经济全球化视野下更好地发挥成人教育的功能和价值的警醒。成人教育是一项社会公共事业，它超越了教育本身的意义。

第三，成人的生存与发展是制定成人教育制度的出发点，也是本质追求。思想制度、学科理念、学科建构有承继关系，其中思想制度甚至发挥灵魂的作用。成人教育制度呼唤超越"鼠目寸光"的功利主义，超越"霸王条约"的一厢情愿，超越急功近利的应景之为。

第五节　成人教育学科研究

成人教育学科的结构研究、本质方法论研究等也在继续探索，成人教育学科体系问题研究不断完善；成人教育实践探索仍在继续跟进，不断反思、总结，并逐步发展、提升。这一阶段的成人教育学科研究体现如下特点。第一，成人教育学本土化的实践探索总结较多。第二，基于历史梳理成人教育学科的发展，经验与热点总结并行。第三，出现关于国外成人教育学科发展的介绍。新时代关于成人教育学的研究呈现多样化，既有关于成人教育学科素养与学科潜力及成人教育学者使命的探究，也有关于成人教育学专业与人才培养的探索，还有从成人教育学的视角对某一问题及其启示的探讨。此外，关于成人教育相关学科的研究仍在继续，如老年教育、社区教育、终身教育研究，仍在不断深化提升。新时代成人教育学的研究队伍逐渐扩大，众多学者的地位凸显。

一、成人教育学科的价值视域更加深化

这一阶段确立了成人教育学作为一门社会学科的定位。这一定位将会对成人教育学科理论体系的扩充、公共价值体系的确立和学科发展产生积极的影响。桑宁霞和赵苏婉在《成人教育学的公共价值》(2014年)一文中从成人教育的外部性和供给方式入手称成人教育是公共产品，从非竞争性和排他性入手称成人教育是准公共产品，从而总结出成人教育学应秉持满足成人公共学习需求的原则，提供

满足成人学习需求的公共产品。成人教育学在学科生成、价值定位和内在关系上都体现了公共价值，它对规划学科发展方向、构建学科逻辑框架和发挥学科优势等方面都产生了重要影响。①

　　同时，桑宁霞和张晓瑞在《成人教育学学科定位存在的问题及破解》（2015 年）一文中认为现有的成人教育学的学科定位有两种：一是将成人教育学纳入教育学的二级学科，看重"成人教育"中"教育"的一方面；二是将成人教育学作为教育学的分支学科。② 在实践中，以上两种观点都不利于我国成人教育学学科建设的推进，也成为成人教育利用多种形式开展教学，在教育对象上互相重叠、概念混淆，在管理机构、办学单位上权责不清等问题的根源。因此，破解成人教育学的学科定位问题的路径主要有研究主体的重新确立、研究理念的重新思考和本体价值的重新厘清。这样既有利于丰富学科的理论体系，也有利于更新学科的价值体系，还有利于探寻学科的发展出路。

　　辛慧敏和曾青云在《中国成人教育学的历史使命》（2017 年）一文中从理论底蕴、主体架构和基本特征三个角度阐述了中国成人教育学的历史使命的认知基础；从学科挑战与使命本质、学科身份与使命职能和队伍建设与使命趋势的关系三个角度进行探讨，进而总结出中国成人教育学的历史使命的践行策略：应以问题导向聚合成人教育学科的核心价值，以大局意识廓清成人教育学科的主体责任，以社会动力推进成人教育学科的可持续发展。③

二、成人教育学科的内涵更加清晰

　　秦发盈和刘一呈在《学科视野下成人教育学的内涵及发展策略》

---

① 桑宁霞、赵苏婉：《成人教育学的公共价值》，载《中国成人教育》，2014(11)。

② 桑宁霞、张晓瑞：《成人教育学学科定位存在的问题及破解》，载《中国成人教育》，2015(3)。

③ 辛慧敏、曾青云：《中国成人教育学的历史使命》，载《中国成人教育》，2017(17)。

(2012年)一文中从学科的概念入手，探究学科的内涵与标准，从而针对学科的内在制度和社会建制，探寻出成人教育学主要是在学科内在制度的意义上发展尚不充足，需要在建构学科范式、明晰学科边界、深化学科理论体系研究等方面做出努力，从而不断提高成人教育学科的地位与尊严。①

何光全在《成人教育学的争论及意义》(2013年)一文中围绕成人教育学的基本假设、概念和命题的争论展开深入研究。从成人教育学的概念来源入手，该文章指出诺尔斯的四个基本假设并将成人教育学与儿童教育学进行对比，总结出成人教育学是一种学的理论。文章通过分析这些观点在我国引发的争论，从而得出结论：首先肯定了成人教育学作为研究领域的地位已渐趋巩固；其次，关于成人教育学的认识和争论将持续深化；最后，全球的争论为我们理解和实践成人教育学搭建了重要桥梁。②

在成人教育学的本质上，陈正和曾青云在《现代成人教育学的本质探究》(2017年)一文中指出现代成人教育学的本质的关键要点在于教育资源有限与教育机会平等、教育信息对称与教育决策分散和自由发展与自主选择；应正确理解现代成人教育学的科学性、理论性和实证性的本质；在实践彰显上注重理论分类与学术本质表达、理论作用与社会本质显扬和理论优势与文化本质张扬等问题。③

王峰在《成人教育流变与成人教育学科建设》(2014年)一文中指出成人教育学科发展的动力来源于经济社会发展中的成人教育形式、方法、范围、议题。成人教育学科的建立完善需要实践支撑和时间过渡。成人教育需要逐步去掉其狭隘性，从概念、认识到理论研究，

①　秦发盈、刘一呈：《学科视野下成人教育学的内涵及发展策略》，载《河北大学成人教育学院学报》，2012(1)。

②　何光全：《成人教育学的争论及意义》，载《开放教育研究》，2013(3)。

③　陈正、曾青云：《现代成人教育学的本质探究》，载《成人教育》，2017(11)。

再到实践都要有独立性，并逐步扩大职能，直到扬弃原有认识，建立新的体系。该文章指出成人教育的变与贯要求其学科建设应保持动态开放，表现为要超越成人教育活动和教育逻辑、成人教育历史发展和成人教育发展来认识成人教育的变化，从而总结出动态流变中的成人教育学科建设要脱离传统教育体系。因此，我们要从成人教育学知识范畴、成人教育学原理和成人教育学研究方法三个方面来构建中国成人教育新的学科体系。①

三、成人教育学科发展的研究系统深入

王宏和王一凡在《成人教育学发展的历史思考》（2012 年）一文中对成人教育学的发展进行纵向历史梳理，并将其分为成人教育学的前奏与尝试、萌芽与契机和确立与博弈三个阶段；指出其发展历程由成人"教育"之学，转变为"成人教育"之学，直到"成人教育学"，分析总结出各阶段相应的特点，进而得出成人教育学当前仍处于确立与博弈阶段的结论。②

周鸿渐在《改革开放以来我国成人教育学发展探讨》（2017 年）一文中指出改革开放后成人教育学科建设的成就主要表现在逐步完善成人教育学科机构，积极出版成人教育学术专著，快速提升成人教育的专业地位，培养成人教育高端人才，引进国外成人教育丰硕盛果等。文章进而分析出成人教育学科建设存在学科建设认知、照搬西方教育思想、缺乏实践教育人才、须完善学科建设框架等不足，总结出优化成人教育学科建设应提升管理人员的认知度，提高成人教育学科的地位，构建跨学科教育体系，创新成人教育学研究，加速培养科研人员，提升成人教育科学化水平，创新我国教育学体系，灵活运用国外成人教育新思想的策略。③

---

① 王峰：《成人教育流变与成人教育学科建设》，载《中国成人教育》，2014(10)。
② 王宏、王一凡：《成人教育学发展的历史思考》，载《职教论坛》，2012(27)。
③ 周鸿渐：《改革开放以来我国成人教育学发展探讨》，载《中国成人教育》，2017(2)。

同时，在历史梳理和经验总结中，运用各种统计工具对成人教育学的发展进行汇总、回眸与展望和对成人教育学的研究热点进行分析的研究也逐渐增多。比如，乐传永和孙立新在《回顾与展望：2012年我国成人教育理论研究综述——基于对2012年人大复印报刊资料〈成人教育学刊〉的统计分析》(2013年)一文中基于对2012年人大复印报刊资料《成人教育学刊》的统计，对这一期刊所转载的论文进行分析，指出成人教育理论研究主要包括成人教育的相关理论研究(基本理论的相关研究、交叉学科的相关研究、课程与教学的相关研究)、远程教育的相关研究，成人教育发展与管理研究，构建终身教育与学习化社会的相关研究等；总结出回顾与反思类研究渐受青睐，基本理论类研究减少，实践导向性研究倾向明显增强，继续教育的相关问题成为研究的重中之重，比较成人教育研究的地位坚不可摧。[1]

李兴敏和罗唱在《成人教育学研究热点转化与发展方向预测》(2015年)一文中基于《成人教育学刊》2009—2014年全文收录的文献，从来源期刊、作者信息的内容分析、研究热点的转化入手，指出成人教育学包括继续教育、成人教育、终身教育、开放教育、远程教育、职业教育、教师教育、农村成人教育等多种教育的发展，总结出研究成人教育的活跃学者已经产生，农民工教育培训是当时成人教育研究的重点。[2]

同样，陶孟祝在《应"回归与走进"之呼唤 奠成人教育学科之根基》(2015年)一文中指出从学科脉络、研究学者和学术成果阐述的角度铭记历史画卷；从探究学理之美、探究三大理念、探索成人群体、

---

① 乐传永、孙立新：《回顾与展望：2012年我国成人教育理论研究综述——基于对2012年人大复印报刊资料〈成人教育学刊〉的统计分析》，载《中国成人教育》，2013(5)。

② 李兴敏、罗唱：《成人教育学研究热点转化与发展方向预测》，载《现代远程教育研究》，2015(6)。

探求成人教育、探明成人学习、探略地域之别的角度见证学术成就，从而总结出随着成人教育研究学者的持续增多，成人教育学科将不断提升发展的高度，取得更大的成绩。①

陈醒在《我国成人教育学研究的热点及趋势透析——基于硕博学位论文的可视化分析》(2016 年)一文中基于硕博学位论文进行可视化分析，指出我国成人教育学研究的热点主要集中在成人高等教育、教师专业发展、农村成人教育、终身教育和学习型社会建设、比较成人教育、成人教育学基础理论体系、成人教学模式等问题上，指出我国成人教育学研究呈现出充盈人文关照、秉承实践导向、关注变革创新和践行开放多元的趋势。②

四、成人教育学科的本土化研究更加深入

成人教育学本土化实践进程中，不断总结经验并逐步发展提升。侯怀银和吕慧在《20 世纪我国成人教育学学科建设的本土探索》(2013 年)一文中将 20 世纪初我国成人教育学的学科建设分为初建、重建、停滞、再建、发展和成型六个阶段，并指出成人教育学在概念、性质、体系、方法等方面取得的成果，从而总结出当前我国成人教育学的学科发展亟须解决的五个问题，即成人教育学的独立地位、成人教育学与相关学科的关系、成人教育学的国际责任、成人教育学和成人教育实践的关系以及成人教育学研究队伍建设。③

桑宁霞和刘丽在《民国时期中国成人教育学本土化探索研究》(2016 年)一文中将民国时期成人教育学本土化探索的历史轨迹划分为萌芽、产生和兴盛阶段，探究出中国成人教育学本土化探索的理

---

① 陶孟祝：《应"回归与走进"之呼唤 奠成人教育学科之根基》，载《高等继续教育学报》，2015(6)。

② 陈醒：《我国成人教育学研究的热点及趋势透析——基于硕博学位论文的可视化分析》，载《河北大学成人教育学院学报》，2016(4)。

③ 侯怀银、吕慧：《20 世纪我国成人教育学学科建设的本土探索》，载《教育理论与实践》，2013(7)。

论架构主要表现在解救"愚穷弱私"的价值诉求、适合国情民性的教育体系和田野思辨完美融合的方法论，从而得出回归价值取向，坚定使人"成人"，建立自主原创体系和坚定躬耕实践，回溯传统方法论的启示。①

李中亮和焦峰在《中国成人教育学本土化建设的省思》(2016 年)一文中分析了中国成人教育学本土化建设是中国传统成人教育文化的继承、成人教育理论的实践指导力提升和中国特色成人教育学的发展等的必然诉求，从而指出其推崇西方文化现象、西方成人教育成功经验和西方成人教育学语言魅力的移植化倾向，存在缺失中国文化个性，消解中国成人教育的实践个性，忽视中国成人教育学的语言个性的问题，由此总结出中国成人教育学本土化建设推进中应坚持本土化基础上的国际化和现代化，立足中国文化背景，运用充满智慧的东方语言，推进成人教育学科体系和科研队伍建设等策略。②

杨楚校在《现代成人教育学的"本土化"建构》(2018 年)一文中指出推进现代成人教育学的本土化建构，应认识到本土化是现代成人教育学历史脉络的赓续，是重大问题的探索，也是实践经验的蕴意，由此提出本土化的主体架构中，学术话语的本土化是基础，研究范式的本土化是内核，专业课程建设的本土化是抓手。同时，该文章指出应注意研究方法以马克思主义科学方法论为指导，在深入研究本土化基本结构的基础上，把握好几个关键环节：注重成人教育学科本土化的科学性、关注成人教育学科本土化的协同性和把握成人教育学科本土化的创造性。③

---

①　桑宁霞、刘丽：《民国时期中国成人教育学本土化探索研究》，载《中国职业技术教育》，2016(15)。

②　李中亮、焦峰：《中国成人教育学本土化建设的省思》，载《河北大学成人教育学院学报》，2016(1)。

③　杨楚校：《现代成人教育学的"本土化"建构》，载《中国成人教育》，2018(8)。

五、成人教育学科的自主性建设更加深入

(一)关于成人教育学科建设存在的问题及对策的探索

桑宁霞和赵苏皖在《成人教育学研究的矛盾与超越》(2014 年)一文中指出成人教育学研究呈现出学科定位、价值归属、体系构建等多方面的矛盾冲突,从而得出成人教育学研究应夯实成人教育学基础理论,回归成人教育学价值理性,确立独立自主的理论体系的结论。①

王欣欣和朱静然在《我国成人教育学科建设的困境与对策》(2016 年)一文中指出我国成人教育学科发展的困境主要表现为理论研究薄弱,"普教化"现象严重,国别特色不明显,学科体系结构薄弱和研究方法滞后,从而得出我国成人教育学科建设应不断夯实理论研究、彰显"成人"特质、凸显中国特色、建设均衡的学科体系结构、完善研究方法的结论。②

于莎和赵义情在《我国成人教育学科建设的现实困境与破解之策》(2018 年)一文中指出我国成人教育学科建设取得了一系列成绩,但也面临着学科方向尚未明确,话语体系尚未确立,学科范式尚未统一,学科地位尚在边缘等现实困境。该文章指出其原因主要为追逐热点与寻求本质之间存在矛盾,走向国际与立足本土之间存在冲突,经验总结与理论升华之间存在隔阂和学术价值与社会价值之间存在脱节等。为摆脱以上困境,该文章指出应重视成人教育学科本体论研究,夯实成人教育学科发展基础;合理借鉴国外研究成果,推进本土化研究;树立科学的研究观,实现理论与实践的有机耦合;加强研究队伍建设,实现成人教育学科内生发展。③

---

① 桑宁霞、赵苏皖:《成人教育学研究的矛盾与超越》,载《中国职业技术教育》,2014(36)。

② 王欣欣、朱静然:《我国成人教育学科建设的困境与对策》,载《中国成人教育》,2016(6)。

③ 于莎、赵义情:《我国成人教育学科建设的现实困境与破解之策》,载《中国成人教育》,2018(24)。

　　葛敏和缪建东在《基于学科"边界"视角的成人教育学科发展困境及对策》(2018年)一文中指出成人教育学仍面临着亟待厘清学科"边界"的三个现实问题,即"母子"争议的学科设置、"边界"模糊的学科场域和"孤立"研究的学科视野。这三个现实问题将影响到我国成人教育学总体上的可持续的、有深度的发展。为此,成人教育学在应对学科"边界"的问题上要选择保持独立的学科定位、彰显独特的学科特色和坚守互涉的学科研究,促使自身协调、深度发展。[①]

　　李金在《追问与省思:我国成人教育学科建设的实然与应然》(2018年)一文中从成就、实然困境和应然追求三个角度进行分析。首先,我国成人教育学科建设的显著成就主要表现为:成人教育的基本理论研究取得新突破,研究领域拓展新视角,交流平台多样化,研究方法多元化,群体力量规模化。其次,我国成人教育学科建设的实然困境主要有成人教育研究的科学意蕴不足、人力整合欠佳、学科特色不明、手段方法失当和体系薄弱。最后,我国成人教育学科建设的应然追求为:应聚焦现实问题,调整学科方向;凝聚研究合力,强化学科力量;挖掘自身特色,打造学科品牌;反思既成观念,回归学科本真;秉持开放包容,丰富学科内涵。[②]

　　(二)关于成人教育学科建设的原则与策略的探索

　　熊茵在《基于回归"成人世界"的成人教育学科建设研究》(2018年)一文中指出成人教育旨在促进成人的个性完善,关注成人的生命价值与生存意义,培养和谐发展的个体。但长期以来,我国成人教育学科发展存在诸多困境,使"成人问题"缺失。这突出表现在以下几个方面:成人教育学科边界模糊,"成人问题"研究肤浅;成人教

　　[①]　葛敏、缪建东:《基于学科"边界"视角的成人教育学科发展困境及对策》,载《中国成人教育》,2018(1)。

　　[②]　李金:《追问与省思:我国成人教育学科建设的实然与应然》,载《河北大学成人教育学院学报》,2018(1)。

育学科结构移植化倾向明显，"成人意识"缺乏；成人教育学科建设
功利化倾向严重，人文精神缺失。基于此，我们需要采取有效策略，
在学科建设定位、教学内容和教学方法、学科体系构建等方面解决
成人教育学科建设在"成人问题"上的取向偏差问题。①

　　毛晨蕾在《转型视域下成人教育学科建设的原则与策略》（2018
年）一文中指出面对成人教育转型取向的问题，办学体制上从计划体
制转向市场体制，办学理念上从强调经济效益转向社会效益，办学
类型上从学历教育转向非学历教育等，强调其对学科发展的影响是
全方位的，包括对学科知识内涵、学科理念、学科范式、结构体系、
研究方法等的影响。因此，成人教育学科建设要突破理论研究的狭
隘和偏见，增强学科体系与社会发展的契合度，走出一条适合成人
教育学科特色的发展之路。此外，成人教育转型要求成人教育学科
发展应势而出，科学定位发展目标，突破学历教育的局限性，扩大
教育的全民参与性和终身性，逐步建立起完善的成人教育学科体系；
基于自主性、主体性和独创性原则，促进成人教育的科学化、本土
化建设，增强成人教育学科体系与社会发展的契合度。②

　　肖菲和白露在《学科互涉视阈下成人教育学科发展的思考》（2015
年）一文中指出基于学科多元知识的整合与创生的互涉本质，针对成
人教育学科研究疆域逐渐受到蚕食，成人教育学科理论体系遭受外
界质疑等问题，学术共同体声音不一，从而影响外界对成人教育学
科的认同。成人教育学科应该以问题研究导向来拓展研究疆域，通
过科际整合来提升理论信度，实现话语整合来推进自身的发展。③

---

　　① 熊茵：《基于回归"成人世界"的成人教育学科建设研究》，载《中国成人教育》，
2018(22)。

　　② 毛晨蕾：《转型视域下成人教育学科建设的原则与策略》，载《中国成人教育》，
2018(21)。

　　③ 肖菲、白露：《学科互涉视阈下成人教育学科发展的思考》，载《职教论坛》，
2015(9)。

陈醒在《格局与方略：中国成人教育学科建设》(2017 年)一文中指出成人教育学科体系建设对成人教育学科的存在和发展至关重要。当前我国成人教育学科体系建设在成人教育学科基本理论问题方面取得了重要的成就，但是也面临着独立性尚差、原创性不足、研究视野狭窄和实践性缺失等困境。为促进成人教育学科体系建设的深化发展，需要完善学科架构、深化理论研究、拓展研究视野和沟通成人教育实践。[①]

(三)关于成人教育学科结构的探索

卢媛媛和曾青云在《中国成人教育学科结构的演进与优化》(2016 年)一文中指出成人教育学科经历肇基、规范和开放三个阶段。因此，我们应通过同一性的作用来重新设置成人教育学科边界。关于成人教育学科结构问题的争议主要体现为应用研究和基础研究谁先，专业素质和人文素质孰重，队伍组合与队伍培养何方为主，强调学科育人结构要有现代理念和历史高度、国际视野和本土传承、专业情结和人文情愫，以实现成人教育学科结构的整体优化。因此我们要重启"跨越以西概中"的发展引擎，重塑"穿过学术围墙"的社会平台，重构"善于自我创新"的运行机能。[②]

张丽玲等人在《我国成人教育学科结构优化研究》(2017 年)一文中针对成人教育学科存在的现实问题：成人教育学科结构体系薄弱，发展不均衡；成人教育学科缺乏成人意识，知识界定模糊；成人教育学科结构体系照搬西方经验，本土化特色不鲜明，总结出成人教育学科结构优化的基本原则：独立性原则、原创性原则、科学性原则、实践性原则。面对成人教育学科结构优化的策略，我们应注重

---

① 陈醒：《格局与方略：中国成人教育学科建设》，载《河北大学成人教育学院学报》，2017(1)。

② 卢媛媛、曾青云：《中国成人教育学科结构的演进与优化》，载《中国成人教育》，2016(13)。

成人教育学科结构的均衡发展，完善成人教育学科架构；更新成人教育学科建设理念，强化理论与实践结合；深化成人教育学科基础理论研究，激发科研创新意识。①

　　毛海英在《中国成人教育学科根基的形成与走势》(2017 年)一文中指出中国成人教育学科根基的形成中，中国古典哲学是成人教育学科的思想根基，儒家教育文化是成人教育学科的内涵根基，中国书院教育是成人教育学科的实践根基；中国成人教育学科存在西方移植说的偏见、学科边缘论的短视和专业难继论的困虑；在发展走势上，中国成人教育学科的文化根基走向"多元混搭"，学术根基走向"科类穿越"，实践根基走向"社会跨界"。②

　　(四)关于成人教育学科体系建设的完善的探索

　　陈维华和韩倩在《新常态下成人教育学科体系建设的原则和策略》(2015 年)一文中指出在新常态的背景下，成人教育学科体系建设要坚持反思性、自主性、创新性和实践性的原则，从注重理论与实践相结合、完善学科架构、创新研究方法、壮大研究队伍等方面加强成人教育学科体系建设，促进成人教育事业的长远发展。③

　　张品茹在《我国成人教育学科体系构建研究》(2016 年)一文中从成人教育学的内涵和来源入手，指出成人教育学科体系的逻辑起点主要是"成人学习"，成人教育学科体系的结构主要分为与成人教育直接相关的分支学科、成人教育学与其他学科综合形成的交叉学科以及基于不同研究对象的其他分支学科三种，进而总结出我国成人教育学科体系构建的基本原则主要为反思性原则、独立性原则和创

---

　　① 张丽玲、何丹、常立生：《我国成人教育学科结构优化研究》，载《中国成人教育》，2017(12)。
　　② 毛海英：《中国成人教育学科根基的形成与走势》，载《中国成人教育》，2017(1)。
　　③ 陈维华、韩倩：《新常态下成人教育学科体系建设的原则和策略》，载《中国成人教育》，2015(19)。

新性原则。文章还指出我国成人教育学科体系构建应深化理论研究、拓宽研究视角和强化理论与实践的联系。[①]

董香君和茅国华在《回顾与展望：我国成人教育学科体系建设》(2017年)一文中回顾了我国成人教育学科体系建设的成就，包括成人教育理论专著颇丰，成人教育专业组织壮大，成人教育期刊种类多样和成人教育学位点渐趋增多；反思了我国成人教育学科体系存在的问题，包括成人的主体性价值缺失，学科体系框架不完善，本土化特色凸显不明，与社会发展契合不够和理论研究滞后于实践。文章还对我国成人教育学科体系的发展趋势进行展望：转变发展理念，彰显人文关怀；明晰基本问题，完善学科架构；立足本国实际，加强国际交流；秉持社会导向，拓宽研究视野；深化理论研究，融合社会实践。[②]

王宝琴和许建宝在《我国成人教育学科体系建设的有效策略》(2018年)一文中指出成人教育学科体系建设应在品牌塑造上坚持独创性、知识系统上秉持独立性和研究方法上注重实证性。成人教育学科体系建设的现状为：学科体系远离"成人"，学科发展依附性严重；课程发展不均衡，体系结构不合理；学科研究薄弱，理论与实践脱节。因此，成人教育学科体系建设不仅应注重学科结构的整体性发展，促进学科建设的多元互动，而且应加强学科品牌建设，形成学科发展的拳头产品，还应加强成人教育"元理论"研究，提升学科研究水平。[③]

六、成人教育学科的方法论更加规范

在成人教育学科的方法论原则上，张泽在《成人教育学科发展的

---

① 张品茹：《我国成人教育学科体系构建研究》，载《中国成人教育》，2016(15)。

② 董香君、茅国华：《回顾与展望：我国成人教育学科体系建设》，载《北京宣武红旗业余大学学报》，2017(2)。

③ 王宝琴、许建宝：《我国成人教育学科体系建设的有效策略》，载《中国成人教育》，2018(2)。

方法论原则》（2017 年）一文中指出以"实践先行"推进成人教育学科发展，以"问题导向"促进成人教育学科发展变革，以"理论自信"支撑成人教育学科发展创新，并对成人教育学科发展的方法论原则问题进行反思：新教条主义的偏执、新形式主义的影响、新虚无主义的干扰，提出方法论原则的实施策略：推进成人教育学科组织的联动，强化成人教育学科精神的培育，促进成人教育学科人员的交流。①

七、关于国外成人教育学科的研究持续进行

凌玲在《诺尔斯成人教育学理论的形成脉络》（2013 年）一文中提出，作为第一位试图完整建构成人教育学理论体系的学者，诺尔斯对成人教育学的理论建构做出了开拓性的贡献，其学术生涯从探索非正规成人教育开始，以 1967 年接触 andragogy 概念为分界点；指出诺尔斯关于成人教育学理论的研究分为前后两个时期，分别研究非正规成人教育理论和成人教育学理论构建的相关问题。②

张建昌在《国外成人教育学发展现状及其在当代的应用价值》（2017 年）一文中通过分析国外成人教育学发展现状，指出我国当代成人教育学发展在立法体系、质控体系和服务功能方面的不完善，总结出我国应促进成人教育立法完善，重视成人教育资源投入，严格成人教育质量监管等经验，进而得出当代成人教育学发展要注重立法、质控、创新办学和发展模式等优化的结论。③

李建伟和董香君在《美国成人教育学科体系建设探究》（2017 年）一文中将代表人物及论著、学位点设立、专业组织和专业期刊等判定学科独立性与成熟性的标准作为切入点，阐述美国成人教育学科体系建设取得的显著成就，进而得出我国成人教育学科体系建设应

———————

① 张泽：《成人教育学科发展的方法论原则》，载《中国成人教育》，2017(9)。
② 凌玲：《诺尔斯成人教育学理论的形成脉络》，载《中国成人教育》，2013(13)。
③ 张建昌：《国外成人教育学发展现状及其在当代的应用价值》，载《继续教育研究》，2017(7)。

秉承独立创新，催生学术论著；加强学科点建设；聚焦专业人才培育；建立成人教育组织；构建成人学习共同体；创办专业期刊，重视学术交流的结论。①

八、关于成人教育学者的使命研究呈现多样化

(一)关于成人教育学者的素养与学科潜力及使命的探究

聂琴在《论成人教育学者的学科素养及其养成》(2014年)一文中从成人教育的学科理解和理论自信、问题意识和研究态度、开放视野和成长能力、发现眼光和实践勇气、包容心态和执着精神五个角度探讨了成人教育学者应有的、特殊的学科素养及其养成。②

李兴敏等人在《成人教育学科之高校生存空间、学者潜力和发展预测》(2015年)一文中采用文献计量学的方法，对若干年来成人教育学科建设过程中高校在全国的贡献、导师个人在任职高校的贡献进行趋势分析，再现了成人教育学科历史的发展规律并预测未来高校和导师个人的发展情况；验证了高校对于教育学一级学科的倾向性导致成人教育学科和教育管理学科的同步兴衰的现象。③

崔铭香和杨柳在《论终身教育视域下成人教育学者的使命》(2015年)一文中提到，在终身教育思想的背景下，从成人教育学者的内涵与特点出发，指出成人教育学者的新使命表现为研究对象上扩充成人教育的内涵和外延，研究范围上扩展成人教育的研究领域与视域，研究动向上加强对成人教育的民主化研究，研究重点上加强对成人学习者学习理论的研究，研究要求上架构理论研究与实践对接的桥梁。④

---

① 李建伟、董香君：《美国成人教育学科体系建设探究》，载《中国成人教育》，2017(6)。

② 聂琴：《论成人教育学者的学科素养及其养成》，载《中国成人教育》，2014(17)。

③ 李兴敏、罗唱、李泳桥：《成人教育学科之高校生存空间、学者潜力和发展预测》，载《高等继续教育学报》，2015(6)。

④ 崔铭香、杨柳：《论终身教育视域下成人教育学者的使命》，载《职教论坛》，2015(18)。

（二）关于成人教育学专业与人才培养的探索

南海和胡莉彬在《论我国成人教育学研究生培养模式及其改革策略——基于价值学视角的审视》(2014 年)一文中指出我国成人教育学研究生培养模式的三大缺憾为对培养模式的内涵缺乏前提性反思，对已有培养模式缺乏价值学考量，对培养模式的改革缺乏利益相关者的参与，从而总结出应从世界成人教育学研究生培养史出发来考虑我国成人教育学研究生培养模式的归属问题，并对其进行价值学的视域界定和实践探索；提出我国应正确理解成人教育学研究生培养模式改革，对其进行价值学考量等。①

郭荔宁在《我国高校成人教育学专业学风建设问题与对策》(2014 年)一文中指出成人教育学专业学风建设存在学习信念困惑、学习目标迷惘和学习方法缺失的问题，强调其产生的原因是专业学科建设滞后，专业导师队伍建设缺位，专业课程设置偏失等；提出应明确与时俱进的学习目标，打造坚韧不拔的学习品格和培养深沉严谨的学习范式的策略。②

李金在《我国成人教育学研究生的培养研究：回顾与展望》(2015 年)一文中从成人教育学研究生的教育现状、培养模式、课程设置、专业学习、培养中存在的问题及对策五个方面的研究进行历史回顾，指出理性对待研究生的培养现状，是成人教育学研究生培养研究的客观基础；科学分析研究生的培养模式，是成人教育学研究生培养研究的重中之重；宏观把握研究生的课程设置，是成人教育学研究生培养研究的关键环节；客观解读研究生的学习能力，是成人教育学研究生培养研究的应有之义；积极回应研究生的已有问题，是成

---

① 南海、胡莉彬：《论我国成人教育学研究生培养模式及其改革策略——基于价值学视角的审视》，载《教育理论与实践》，2014(6)。
② 郭荔宁：《我国高校成人教育学专业学风建设问题与对策》，载《职教通讯》，2014(1)。

人教育学研究生培养研究的必然路径。①

　　李中亮在《我国高校成人教育学专业人才培养：问题与对策》
(2016 年)一文中指出，我国成人教育学专业存在人才培养历史短、
规模小、类型少，课程理论性强，教学实践性弱，职业认同感低的
问题；提出应建立多层次、多规格的成人教育师资培养体系，建立
能力导向的人才培养目标，完善成人本色的课程结构，创新教学方
式，加强职业指导，优化导师素质的应对策略。②

　　(三)基于成人教育学视角对某一问题及其启示的探讨

　　王明慧在《节日的教育意义：成人教育学视角的审视》(2015 年)
一文中指出节日不仅仅是一个日子，其蕴含的教育意味也值得深思；
从成人教育学的视角来看，节日的教育意义在于延续社会记忆、促
进生命意义的思考、提供审美契机和休闲教育契机。节日的教育意
义主要表现在学习符号意义，促进文化习得；传递社会秩序和规范，
维护社会稳定；促进民族认同，增强归属感；学会敬畏和感恩，遵
守自然法则；反思自我，提升社会交往能力；思考生命意义，不断
充实自身等方面。③

　　常杉杉在《女性主义教育思想及其对成人教育学的启示》(2016
年)一文中对三次女性主义浪潮及其影响下的教育思想进行简单总
结，并从意识层面、教育者和受教育者、教学内容、成人经验、培
养目标与成人教育研究六个角度分析了对成人教育学发展的启示，
提出要对成人教育价值观进行女性主义改造，接受并正确认识性别
的自然差异，将性别意识纳入主流课程，促进学习和积累，促进人

---

① 李金：《我国成人教育学研究生的培养研究：回顾与展望》，载《广州广播电视大
学学报》，2015(5)。

② 李中亮：《我国高校成人教育学专业人才培养：问题与对策》，载《中国成人教
育》，2016(16)。

③ 王明慧：《节日的教育意义：成人教育学视角的审视》，载《当代继续教育》，
2015(2)。

的全面发展，以历史发展的眼光积极寻求法律和政策的保障。[1]

石俊杰和陶孟祝在《苗族文化传承的困境与思考——基于成人教育学的视角》（2017 年）一文中指出随着经济全球化背景下各民族文化交流的频繁和文化碰撞的加剧，苗族文化传承也面临着文化传承观念意识淡薄，文化遗产保护力度不足，学校缺乏文化传承氛围，民间文化活动形势低迷等困境。基于成人教育学的视角，文章提出在苗族地区发展社区教育，优化职业教育，办好地方开放大学，结合现代科技优势等建议，以推动苗族文化的传承与发展。[2]

九、成人教育分支学科的研究不断深化

老年教育、社区教育、终身教育等的研究仍在不断深化提升。

在老年教育中，刘宗锦在《我国城市社区教育协同治理研究》（2017 年）一文中指出通过回顾我国社区教育的发展现状，总结出社区教育的发展困境；通过分析社区教育的国际经验，提出构建我国社区教育协同治理模型，并举例分析协同治理的实践研究，最后分析政策建议。[3]

安旺国和蔡淑梅在《国内老年教育研究及可视化分析》（2018 年）一文中运用科学计量学方法及可视化技术进行可视化分析，总结和梳理近 25 年来我国老年教育研究的现状及结构；通过主题聚类挖掘出老年大学、社区老年教育与理论依据研究，老龄化社会高等院校老年教育研究，老龄化与老年人力资源开发研究，老年教育、终身教育及国外老年教育研究，老年教育与社区、成人教育及构建学习型社会的关系研究五大热点领域，利用战略地图分析研究的发展趋

---

① 常杉杉：《女性主义教育思想及其对成人教育学的启示》，载《成人教育》，2016（5）。

② 石俊杰、陶孟祝：《苗族文化传承的困境与思考——基于成人教育学的视角》，载《民族高等教育研究》，2017（4）。

③ 刘宗锦：《我国城市社区教育协同治理研究》，博士学位论文，天津大学，2017。

势，以期为后续相关研究提供参考。①

在社区教育中，侯怀银在《"社区教育"解析》(2017年)一文中指出社区教育是"在社区中的教育""为了社区的教育"和"关于社区的教育"，包含社区、居民、社区教育内容、组织者和资源五个要素。社区教育具有地域服务性、对象广泛性、内容丰富性、形式多样性、资源整合性、办学主体多样性和方式补偿性七大特征。社区教育与社会教育、家庭教育、学校教育、成人教育等概念既有联系，又有区别。②

邵晓枫在《当前我国社区教育发展困难与对策研究》(2018年)一文中指出，当前影响我国社区教育发展的主要困惑与关键问题是社区教育的归属不明确，社区教育与其他教育形式的关系不清楚，缺乏统筹管理部门，相关法律法规缺失与不完备，从而导致社区内各种教育力量条块分割，各自为政，多头管理，使社区教育发展面临严重的困境。该文章指出解决这些问题的关键在于明确社区教育的归属，即应明确社区教育是在社区内进行的社会教育，应归属于社会教育，同时应建立统筹管理社区教育的机构。③

在终身教育中，既有终身教育理论研究，也有终身教育立法研究，还有终身教育政策研究。朱敏和高志敏在《终身教育、终身学习与学习型社会的全球发展回溯与未来思考》(2014年)一文中结合历史和比较的研究方法，在全球发展脉络中系统地展现与分析了终身教育、终身学习和学习型社会这三大理念的基本内涵及其主要政策与实践举措的发展和成因，指出三者在理念上一直存在内在一致性，即都以促进人的全面发展为根本目的，它们在实践运作上虽各有侧重，但又离不开相互之间的支持与协同。文章为更深入地把握三者

---

① 安旺国、蔡淑梅：《国内老年教育研究及可视化分析》，载《成人教育》，2018(6)。
② 侯怀银：《"社区教育"解析》，载《山西大学学报(哲学社会科学版)》，2017(1)。
③ 邵晓枫：《当前我国社区教育发展困难与对策研究》，载《河北师范大学学报(教育科学版)》，2018(1)。

之间的关系提供了一个整体性的认知框架，并以此框架为基础，就三者的未来行动策略提供了若干可资参考的思路。①

吴遵民和黄健在《国外终身教育立法启示——基于美、日、韩法规文本的分析》(2014 年)一文中通过研究国外终身教育立法经验，指出我国终身教育立法需要解决的主要问题为：保护公民的终身学习权，坚持以政府为主导，建立终身教育体系，架构终身教育"立交桥"，建设学分银行，设置终身教育机构和专职教育管理人员，将终身教育经费列入国家教育经费预算。②

国卉男在《中国终身教育政策研究——基于政策文本的分析》(2013 年)一文中对终身教育政策进行梳理，从而探寻出终身教育政策的发展特点与实践特色，并提出相应的建议。③

孙艳丽在《整体性视角下终身教育本质内涵阐释》(2018 年)一文中分三步研究终身教育：代际定位、识别两极概念、辨析区间关键概念，为探索终身教育的本质内涵提供了一种整体性的视角，从时代变迁中把握终身教育内涵的变化，从时间、学习形式、学习内容三个维度把握终身教育的整体性；指出终身教育蕴含了人文主义教育观。④

总之，这一阶段成人教育学发展的内容主要为：第一，成人教育学基本理论问题研究逐渐深化系统。比如，学科内涵、价值、本质，学科建设和学科体系等方面的研究逐渐增多，且逐渐深入。第二，成人教育学实践性探索仍在继续且日趋科学化。比如，本土化

---

① 朱敏、高志敏：《终身教育、终身学习与学习型社会的全球发展回溯与未来思考》，载《开放教育研究》，2014(1)。

② 吴遵民、黄健：《国外终身教育立法启示——基于美、日、韩法规文本的分析》，载《现代远程教育研究》，2014(1)。

③ 国卉男：《中国终身教育政策研究——基于政策文本的分析》，博士学位论文，华东师范大学，2013。

④ 孙艳丽：《整体性视角下终身教育本质内涵阐释》，载《高等继续教育学报》，2018(4)。

研究、经验总结和热点探析等持续进行。第三，成人教育相关学科研究继续深化提升，学科群逐渐扩展。比如，关于老年教育、社区教育、终身教育的研究不断涌现。第四，成人教育研究呈现多样化的视角。比如，关于成人教育学人才培养和成人教育学者的素养等问题进入人们的视野；也有一些运用成人教育学视角分析社会问题的相关研究。

随着成人教育实践的丰富和多样化发展，成人教育自身的特色愈益显现，促使我国成人教育学者们不得不对我国成人教育实践中的各类现存和突发性问题进行深层次的挖掘和思考。这种思考正像细胞的增生裂变一样，呈现一种幂次级大增长的趋势，将推动我国成人教育学者们在我国成人教育本土实践的基础上不断上升到更高的理论层面去探索和研究具有中国风格、中国特色和中国气派的成人教育学。正是在这种不断的摸索中，成人教育学自身的框架体系走向了"自为"，走向了成熟。

第六节　完善成熟阶段的反思

一、成人教育学科的自为历程还在继续

中国成人教育学从"自在"到"自为"的历程，是中国成人教育学者扎根于丰富的中国成人教育实践，以"中国"为根基，以"成人"为中心，以"文化"为根脉，对中国特色的成人教育学科理论体系进行构建的过程。其中，研究者逐渐形成了独立、自主的"创造"研究意识和"原创"研究意识，由对普通教育科学研究和对国外成人教育科学研究的"引进式加工"转向"原创性发展"。这个过程尽管有许多不尽人意之处，但是能够从中国成人教育实践的自身问题入手，能够从中国文化着眼，对本土成人教育实践问题和理论问题进行研究，逐步形成具有中国风格、中国气派的成人教育学，其本身就是有重

要价值和意义的。中国成人教育学的自为历程还在进行中。

二、成人教育学科方法论的争论还在继续

有关科技理性方法论和人文主义方法论之间的争论，我国著名学者柳士彬曾站在方法论的高度进行了相对恰切的阐释：方法论的运用主要在于帮助我们认识和改造世界，而非理解和体悟世界；我们并不想也无意于去否认以科技理性为支撑的方法论在成人教育研究及其学科理论体系架构中的重要作用，而只是单纯地想要理性地指证科学主义、技术主义方法论本身所存在的自身无法克服的局限性，并试图在方法论的层面引导人们去高度警惕极端意义上的方法论在成人教育研究和学科建设过程中对人的异化的危险。[①] 因此，在选择成人教育学的研究方法时，我们应把握一个恰切的度，既要重视科技理性方法论的存在价值，也应充分领会人文主义方法论的独特魅力。

---

① 柳士彬：《我国成人教育学科发展的形上之思》，载《成人教育》，2005(3)。

成人教育学的发展成就
与趋势

通过对成人教育学科内在规律的探索，我们不难发现，它着力单数的深化，又重视复数几何的衍生；注重国外研究成果的引进，又踏响了我国成人教育研究的脚步；赋予成人教育以理论力量，又给予成人教育以实践认知；模仿教育学学科体系架构，又延展社会文化视域；追求事实研究取向，又探索价值实践取向；为人类和谐共生服务；学科研究从自在、自主走向自为……

一、成人教育学科发展取得的成就

成人教育学科发展的历程是成人教育学科体系不断扩展、扩容的过程，总体上可以从三个方面来把握，即成人教育学科理念上的协调力、成人教育学科体系上的延展力和成人教育学科建构上的创生力。"扩容"一词多用于工程地质学和通信原理学中。《辞海》对它的解释有两种：一种是扩大通信设备的容量，另一种是泛指扩大规模、范围、数量等。成人教育学科的扩容性是指成人教育学科在单向或三向不等的外在学科力或社会力的作用下，随着其他相关作用力本身的强化以及对其造成影响的加剧，成人教育学科内部发生扩展，使内部的系统由最初的单一化变成多样化、复杂化、丰富性和非单质的过程。这里所说的"单向或三向不等的外在学科力或社会力的作用"的结果是在一级学科教育学的扩展与壮大下，在社会学、哲学、心理学等学科的影响下，在社会政策和社会文化的制约下，成人教育学科内部发生着扩容性变化。

（一）成人教育学科理念上的协调力的扩容

哲学中将人的生命分为两种：一种是自然生命，另一种是文化生命。自然生命来源于天性，文化生命来源于教育。人的自然生命源于生育，人的文化生命源于教育。成人教育学协调着社会、家庭及个人生活的方方面面，给人的文化生命以无限的空间和无穷的力量，使学习知识与丰富自我充盈到个体的生命里程之中。成人教育学在学科理念上秉持着包容的价值观和公正平等的信念。在这种学科理念下，成人教育学在进行教育工作的过程中和处理不同的受教者的各种学习需求时，能够有条不紊地协调其中的关系，从而保证成人教育的有序进行。

包容是指一种给予普遍的、非歧视的和非互惠的关注及帮助。每个人存在于社会环境中必然要处理人与自我、人与社会、人与自然之间的关系。秉承包容的价值信念，人的内心将会更加柔软，处理问题时的心态也会更加平和，对待万物生灵时也会在内心生出无限的怜爱。包容是成人教育学的一种终极追求，成人教育学希望的教育结果是每一个社会上的人都可以接受全面的、协调的、共享的、持续的、和谐的教育，让整个社会在知识的理性下繁荣，在大爱的感性下发展。平民教育家晏阳初认为，"人的人格本来平等，原无上下高低之分；因为社会制度不良，一部分人得有受教育的机会，一部分人没有受教育的机会"。面对区域教育的不平衡、个体受教育机会的不均衡和教育投资的高成本等教育问题的层出不穷，成人教育学以其包容特质惠及大众，解决和改善处理教育不公平、机会不均衡等问题，尽量能够给予每个独立的、想要求知的、想要自我完善的个体一条通往希望的道路，从而促进整个社会的和谐，实现社会的共生共荣。

"后人本心理学"的代表人物肯·威尔伯在其《没有疆界》中将人类的意识进行了一次全新的、浅显易懂的描绘。他将人类的意识分为五个层次，认为大多数人处于角色层次、私我层次和生命整体层次，这几个层次的人无法脱离自我，用不同的条框将自我束缚其中。在后人本层次和一体意识层次中，人的存在超越其现实，实现人类所追求的大爱、人与人之间的包容以及人与自然的和谐共生。成人教育学以其包容性的价值观深入每个学习者的内心世界，让他们感到社会的关爱，从而去包容他人，进而达到后人本层次和一体意识层次，使人人为人人。

成人教育学科理念还体现为追求教育公平。党的十八大报告指出，大力促进教育公平，合理配置教育资源，重点向农村、边缘、贫困、民族地区倾斜，支持特殊教育，提高家庭经济困难学生资助水平，积极推进农民工子女平等接受教育，让每个孩子都能成为有用之才。教育公平在其实施过程中包括了三个层次，分别是起点的公平、过程的公平和结果的公平。成人教育学的教育对象不受性别、种族、出身、经济地位、居住环境等影响都可以进行学习，从而保证了教育起点的公平。成人教育过程中师生之间是一种平等的关系，教学方式采用的是情境再现等民主的形式，从而保证了教育过程的公平。成人教育学对教育结果也相当看重，对教育结果的检验及时有效，从而保证了教育结果的公平。此外，成人教育学将教育从青少年群体扩容到社会的每个公民之中，从而使教育在时间和空间上进行延伸，在时间上贯穿人的一生的发展需要，在空间上扩展到家庭、企业和社区的每一个角落，在施教范围上保障了教育公平，对终身教育体系的建立及促进社会和谐发展有着重要的作用。

成人教育学对处境不利群体的关怀侧重的是包容性。包容是一种大爱，求得人与人、人与自然以及人与社会的包容性发展。包容性的教育是指一种兼收并蓄或求同存异的大教育，与包容性的教育最为接近的教育理念是全纳教育。这种教育理念充分关注人的包容性发展，满足个体自我实现的需要。从逻辑结构上分析，包容性发展的理论内核主要包含了发展理念的公平性、发展过程的全民参与性、发展内容的全面协调性和发展成果的全民共享性几个维度。[①]成人教育学对处境不利群体采取包容的态度，从性别、年龄、城乡差异、体能状况等方面对他们进行分类，划分出女性处境不利群体、老年处境不利群体、农民处境不利群体、残疾人处境不利群体等。此外，成人教育学对处境不利群体的关注视域十分广泛，将处境不利群体的"不利"聚焦于个体生存环境、健康、人格、机会、法律、财富、权利等方面，充分运用政治学、文化学、社会学、经济学、人类学、法学的理论知识去惠及群体，通过现实可行的举措去解决和改善处境不利群体的生存与生活。成人教育学不仅通过自身的学科理念协调着不同阶层人群的学习需求，而且在个体的生命进程中作为终身教育体系的一部分，协调着个人接受学校教育后的不同阶段的学习与发展，为每个人的自我追求铺设道路。成人教育学以其独有的特性使每个个体享有公平的、全民的、协调的、共享的发展机会，将教育与社会结合起来，既发挥成人教育的社会功能，又使社会对成人教育给予足够的重视，以较强的包容性保证每个人的自我实现的需要，从而实现马斯洛的需要层次理论的最高层次。

德国著名哲学人类学家兰德曼认为，人是社会的存在、历史的存在、传统的存在，而根本上是文化的存在。[②] 文化是教育的根源，成人教育学科理念上的协调力离不开其对文化的深刻把握，它将成

---

① 王翼、王岩：《"包容性发展"：一个崭新的时代命题》，载《江西财经大学学报》，2012(5)。

② 麻艳香、蔡中宏：《在互动中发展的教育与文化——教育与文化的关系研究》，载《科学·经济·社会》，2010(1)。

人的学习与区域文化、传统文化、少数民族特色文化紧密衔接，通过文化这一渠道去提升人的综合素质，特别是丰富人的价值理念和精神内涵。

(二)成人教育学科体系上的延展力的扩展

成人教育学的扩展性体现在学科体系上极强的延展力。成人教育学科体系上的延展力是指成人教育学中的基础学科按照自身的逻辑线索衍生出一系列新的课程和教学形式，满足成人不断学习的需求和热情。成人教育学科的课程安排与设置上进行多元扩张，教学形式和手段上与时俱进，知识体系上呈现发散式扩展。

成人教育学科体系上的延展力在课程上的体现是成人教育课程突破传统教育模式，丰富多彩。它由三类课程组成。其一是核心课程类，即成人发展、成人学习、教学过程与教学手段、项目开发与管理等；其二是专门课程类，即成人教育史、成人教育哲学、成人教学法等；其三是特殊课程类，即成人基础教育、比较成人教育研究、成人教育立法研究等。此外，因为成人教育研究对象的范围极其丰富，群体极其广泛，所以成人教育开设了关于工人、退役军人、妇女、老人等的课程，从而为那些因为某种原因无法得到正规教育的青年人、退休或者无劳动能力的老年人、为家庭献出自己青春的妇女、社会上无法得到正规学习的残疾人、离开部队急需学习一技之长的退役军人、为了家庭和生活进城务工的农民工等群体打开了一扇通往希望的大门，让他们有所学也有所为。成人教育学这种惠及大众的、多姿多彩的、师生互动的、注重生产的、包容公平的学科体系，使整个学习过程的周期短、次数频、规格多、成效快，使成人在学习中能直接有效地把科学技术、知识技能转化为现实社会生产力，可以把潜在的尚未成熟的劳动力培养为现实的成熟的劳动力。

在课程的实施上，也就是在教学方式上，成人教育走在时代的前沿，以其强有力地接受新生事物的能力，利用互联网和新媒体使成人教育的包容度更全面，延展度更深入。成人可以随时随地进行学习，根据自己的时间和学习水平掌控具体的学习强度，从而使学习更加便捷，掌握知识更加灵活。此外，成人教育学根据成人的学习特点，在教学方式上采取情境式教学、对话式教学、案例教学等模式，充分体现服务成人学生的宗旨。这种结合成人学习特点的延展性的教学方式让成人教育的效率大大提升，让成人的学习热情也特别高涨。

成人教育学作为一门学科，其研究视域既具个人性又具社会性，故而在教育知识体系上的延展力更为明显。关于教育知识的划分，刘庆昌在《教育知识论》中将其分为四个层面，分别为个人教育知识和公共教育知识；社会的教育知识和理想的教育知识；事实性的教育知识、观念性的教育知识和方法性的教育知识；教育活动的知识、教育事业的知识和教育思想的知识。[1] 成人教育学科的扩展性特质有效地将教育知识的这四个层面都涵盖其中。因此，成人教育学的知识体系包含的不仅是个人教育知识，而且是公共教育知识；成人教育不仅是现实存在的教育，而且是终身教育理念下未来理想的教育；成人教育学不仅涉及事实、观念，而且涉及方法与应用。成人教育学延展的知识体系使其教育结果不仅对个体的发展起着重要作用，而且对社会进步有着深远影响。

成人教育学对社会生活的影响也是具有延展力的。在教育实践方面，成人教育超越了学校教育的空间和时间的界限，使教学过程更加灵活，教学形式丰富多样，采用微课、翻转课堂、移动学习等方式，充分利用了成人原有的经验，增强了成人学习的有效性。例如，中国远程教育网、中国现代远程与继续教育网等利用互联网媒

---

[1]　刘庆昌：《教育知识论》，目录 1 页，太原，山西教育出版社，2008。

体的形式在成人学生与教师之间架起了沟通和学习的桥梁。在政教结合方面，成人教育充分联合各种社会资源，组织机构和政府部门的力量，为自身发展开道护航，利用政策与财政的支持充分保证了成人学习的无障碍和稳定性。

（三）成人教育学科建构上的创生力的扩大

创生力是成人教育学的扩大性研究的重要方面，它给予成人教育学丰富的存在形式和生命力。成人教育源于"教育"，是从"教育"的母体中孕育而来的，符合进化论的逻辑：在原有存在形态的基础上裂变新的具有更强功能和具有更强生存力量的存在物，以适应社会发展的需要……成人教育以其不断的自我更新能力、自我分化能力和自我重构能力在教育进化中不断壮大。

早期的成人教育学是以单数形式存在的，蕴含着关于成人教育的几乎所有理论表述及认识成果。比如，近代以前的哲学在问世之初是以综合形态存在的，成人教育学最初也是综合形态的。之后，伴随成人教育实践和成人教育学自身的成熟与开放，单数形式的成人教育学逐渐走向分化，孕育出许多成人教育学的分支学科，从而形成现有的成人教育学科体系。成人教育学的理论体系、知识体系和课程体系构成了成人教育学科体系的基本框架，其基本框架的形成、构建和完善是成人教育学不断创生的过程，形成的多层次、多序列、多角度的成人教育学正是其创生力的体现。

成人教育学科体系可以分为三类，如下表所示。第一类是由基础学科成人教育学分化出的分支学科，如成人学习、成人教学论、成人课程论、成人管理论、成人教育史学、比较成人教育等。从综合形态到分支形态的演变使成人教育学的交叉学科日渐丰富，从原本的一个问题点逐渐演变成知识线与面，随着研究的不断深入，知识面在横向与纵向间延伸，最终形成了较为清晰的知识体系和研究范式。第二类是由成人教育学与其他学科相结合产生的交叉学科，如成人教育学、成人教育心理学、成人教育经济学、成人教育伦理学、成人教育统计学、成人教育哲学等。这类学科主要是以哲学、社会学、心理学等学科为理论分析框架，对这些学科视域内的那部分成人教育现象或问题进行观察，视角深入且透彻，未来的扩展度相当可观。第三类是由不同教育对象所构成的特殊领域，如工业成人教育、军队成人教育、家庭成人教育、犯罪成人教育、妇女成人教育、老年成人教育等。成人教育学科体系的分类体现了目前成人教育学科体系由理论学科向应用学科、由最初的单数形式演化成复数形式的扩展。

成人教育学科体系的分类

分支学科	成人学习	成人教学论	成人课程论	成人管理论	成人教育史学	比较成人教育
交叉学科	成人教育学	成人教育心理学	成人教育经济学	成人教育伦理学	成人教育统计学	成人教育哲学
特殊领域	工业成人教育	军队成人教育	家庭成人教育	犯罪成人教育	妇女成人教育	老年成人教育

现行的教育学正在日益走向学校教育的死胡同，教育愈发模式化和僵化。在这种背景下，成人教育学突破了其"母体"教育学，从传统的学校教育是唯一教育途径的怪圈中脱离出来，超越了教育学的传统视域，从社会学、经济学、人类学、文化学、管理学、伦理学、心理学、生态学和政治学等学科出发，以其强有力的扩容性将继续教育、职业教育、社区教育、终身学习、学习型社会等教育实践纳入其中，建立了一种民主的、灵活的、以人为本的现代教育模式。

在《终身教育引论》一书中，保罗·朗格朗说过：在为保证终身教育实现所采取的各项措施——"具体事务"中，成人教育的发展是首要的，因为成人教育看上去是整个终身教育的"火车头"。成人教育学是构建终身教育体系的重心与主体，是终身教育体系蓬勃发展的关键。成人教育学可以满足个体对知识渴望的需求，对于扁平化社会的治理以及学习型城市、学习型社会的建立起着重要的作用，对于改善社会分层与调和社会流动也起着不可或缺的作用。

新中国成立 70 年以来的成人教育学科发展，是一个不断扩容的历史，是一个不断深入探讨成人教育社会化的历史，是一个对成人教育进行有效的分类和梳理的历史，更主要的是一个逐渐厘清成人教育学科"价值"的历史。"价值"这一概念最早是由哲学家苏格拉底提出的，价值即作为主体的人的需要与作为需要对象的客体的属性之间的一种特定的关系。探讨成人教育学科的价值在于寻找到作为主体的人的需要与成人教育学科的扩容性之间的内在和外在的特定关系。明确成人教育的价值对成人教育学科本体建设有重要意义，对其一级学科教育学以及其他学科的延展性发展有重要启示，对拓展成人教育的社会实践有重要价值。此外，由于成人教育学科的扩容价值延展至社会生活的方方面面，故而在国家战略的展开、民生工作的进行和政府职责的履行中，成人教育学科具有重要的作用，便于相关工作的开展和有效进行，有助于学习型社会的建设与和谐社会的建立。

二、当代成人教育学科的视域与发展趋势

自人类产生之日起，带着对宇宙和自然的敬畏，古代成人教育便以口耳相传的姿态俯瞰人类历史；自西方先哲将人类视野拉回人间后，带着对自然和社会的征服，近现代成人教育便开始了人类理性展扬和工具功利的显势征程；然而科技这把双刃剑带来的整个人类社会的浮躁和矛盾纠结，产生了诸多涉及人类生存的全球性问题。成人教育学作为富蕴生命活力的学科，重新进行新的使命和价值的思考，使人成熟，使人类觉醒，助推全球性问题的解决，才能真正擢升成人教育学科价值而合归道统。

　　成人教育学一贯以来在探求本身逻辑起点的征程中孜孜不倦。学者们试图分别从"使人成人""成人的学习""成人的生活""成人的成长与发展"等几个着力点去找到能够撬动成人教育学科并给成人教育学科带来价值和逻辑框架的规定因素。但是无论我们着重于哪一个，推进成人教育价值的吁求，都应该跳出教育学的逻辑和域境，超越成人教育的具象实践活动和理论探究，超越成人教育历史的轨迹和思维定式，超越局部成人教育学无能为力的点化，超越范式研究经验的窠臼，放眼宇宙、自然和整个人类社会，抓好成人教育学走向丰满和成熟的契机，才能真正感知成人生命的价值和幸福。[①] 究其宗旨和目的，成人教育最核心的还是让成人获得更多做人的尊严、学习的自由和生活的美好。但是当我们仅站在这些逻辑起点上并将此作为全部追求的时候，我们却发现并没有使学习者从根本上获得尊严，争得自由，生活幸福，我们的终极诉求在偏离正道的弯曲悖谬的道路上已经越走越远。基于此，我们必须重新审视当代成人教育学的价值归宿，站在"使人成熟""使人类归正"的新的逻辑起点上，祛除加在成人教育学科价值上的功利色彩，还原成人教育学本应有的普遍性、公共性和伦理性。

　　(一)使人类有尊严——成人教育学科的共惠价值成为共识

　　人类作为一种特殊的灵性存在，尊严和价值一向是其存在的重要追求。在人类社会漫长的演进过程中，平等、自由、民主支撑着人类文明的发展，是成人教育学立足的三个重要支点。当代成人教育所倡导的平等、自由、民主的理念是站在人类自身的场域中提出来的。一直以来成人教育领域蔓延的全球性问题始终没有得到实质性的推进和解决。

---

　　① 王峰：《成人教育流变与成人教育学科建设》，载《中国成人教育》，2014(10)。

　　平等，是人们相互间与利益获取有关的相同性。① 每一个生命自呱呱坠地之日起便享有生而为人的平等权利，尽管我们在肤色、天赋、性别等先天条件上无法做出平等的选择，但是在得到整个人类社会认同的人格精神和政治尊严等基本权利上，我们每一个人应该享有平等的选择权利。成人教育学从现代走向当代，从知识的装备变成了智慧的启蒙，着力解决人类面临的困境，所以它不仅仅是停留在经济和财富层面上的一种对人的权利的抗争。早在普罗泰戈拉时期，关于平等的问题就已经被存眷了，但是仅局限于公民政治权利的平等。而真正将平等纳入自己的理想体系内做出贡献的，当属在哲学、政治学、法学驰骋不息的杰出思想家柏拉图。首先柏拉图反对不平等的社会现象，在《理想国》中赋予妇女与成年男子同等的接受教育的权利。他认为女子在能力上并不低于男子，男子能做的事情女子也可以做；不论执政者还是卫国者，女子和男子一样都有参与选举和被选举的权利。② 其次柏拉图对因为贫富鸿沟而带来的暴乱、不同势力的对抗会有担忧，他认为财产的差别会带来统一社会的土崩瓦解。③ 柏拉图站在正义的天平上诠证平等的力量，为当代成人教育的国际性问题的解决提供了哲学基础。当然柏拉图的高足亚里士多德在平等问题上的解读更是让我们眼前一亮。首先亚里士多德认为平等是一种美德。人的天性气质是由经验、历练和习惯而变得高尚；只有高尚的生活才会使人变得高尚；高尚已经转化为人的血和肉。④ 平等造就了友谊，赐予人力量，人类应该尊重平等。平等使朋侪相亲，城市相近，四方结盟；失去平等，会使针锋相对，弱恨强势，社会产生危机。⑤ 其次他强调两种正义的平等观。

　　① 王海明：《平等问题的哲学思考》，载《南通大学学报（社会科学版）》，2011(1)。
　　② 袁鸣：《简明西方哲学史》，52页，北京，北京工业大学出版社，2013。
　　③ 梅蒋巧：《西方哲学史中的平等思想》，载《传奇·传记文学选刊》，2011(5)。
　　④ 袁鸣：《简明西方哲学史》，59页，北京，北京工业大学出版社，2013。
　　⑤ 梅蒋巧：《西方哲学史中的平等思想》，载《传奇·传记文学选刊》，2011(5)。

成人教育学的平等观，不仅要强调每一个成人在教育机会、教育条件、教育效果和教育政策上的平等，而且要走进成人的内心世界，去唤醒成人自主学习和接受教育的生命灵魂，使每一个成人都应该享有平等自觉的选择权。

自由，是排除外在窒碍之后能够按照自己的知、情、意识（意志）进行的行为，自由是行为的可能性而并不是行为本身。① 每一个个体的差别的内在本性是从诞生之日起就自然产生的，生命个体本身能够按照自己内心的要求实现自我的完善，即实现了个性自由②；除此之外，生命个体还会面对纷繁复杂的人类社会关系和利益的纠葛，人与他人在利益、地位、角色、权利和义务上如果能完成清晰界定，亦能保持社会自由之体；当然作为宇宙视域中的生命个体，人类只有在尊重客观规律的前提下，充分发挥自身的主观能动性才能最终实现真正的主体自由。关于成人教育学的自由价值观，康德和黑格尔时期讨论得最为热烈。康德的自由观有三个层次。首先是认识论层次上的"先验自由"，它包含两个相辅相成的方面：一是对经验世界的独立性，可以开脱一切机械因果性的约束；二是自行开始一个因果系列的原因性。康德首提的"先验自由"为"实践自由"留出了一个作为理论范畴的可能性空位。③ 其次是实践层次上的"实践自由"，它分为"自由的任意"和"自由意志"。"自由的任意"能够"独立于感性冲动的强迫而自行规定自己"，也就是说康德自由的任意中就已经包含了一般的实践理性而非动物病态的任意；"自由意志"是康德的道德律，要求完整而不受滋扰地使用理性，使理性自身就具有超越一切感性欲求之上的尊严，是一贯和永恒的。最后是心理和

---

① 王海明：《平等问题的哲学思考》，载《南通大学学报（社会科学版）》，2011(1)。
② 涂艳国：《试论"人的自由发展"的涵义》，载《华中师范大学学报（哲学社会科学版）》，1997(3)。
③ 邓晓芒：《康德自由概念的三个层次》，载《复旦学报（社会科学版）》，2004(2)。

社会现象中作为经验的"自由感"和"自由权"。自由感强调自由美的审视；自由权过渡到自然目的，进而开始探讨人类文化。这里强调大自然利用人类膨胀的欲望，让其尽力实现自己的意图，而通过自由这个外部世界的合法法则使其做好心中道德的准备。① 黑格尔在康德的根砥上，取消了自在之物和现象的区分，对其消极自由的看法提出批判。首先黑格尔认为可能的自由应该是具有任意性的；其次必然的自由应该不仅仅是自由的一种自身关系，而是与他人关系的统一；最后黑格尔强调现实的自由是带有历史的理性的，是通过概念实现思维的解放的，因为概念是包含自我、享受和爱的现实力量载体，是强大的自由意志和自由精神的体现。② 成人教育学的自由观，不仅强调社会所能提供给个人的在社会和个性发展等机会上的自由，而且强调每一个成人主体针对自己的发展都有自由的意志和觉知。

　　民主，最经典的阐释便是"人民的治理""人民的自主"③，亦包罗政治民主与生活民主两层含义。在政治哲学的视野中，"公民"与人民最相近，不同政体决定公民对象的不同。参与治理需要公民具备一定水平的理智力和行政参与力，同时国家和政体要为公民提供参与政治治理的便利条件，如解决生存担忧、具有空闲的时间和可操作的空间场所以及意见传达的通道等。显然这是不符合现实情况的，所以近现代民主以参与式选举委托代表参与治理，行使最终决定权。生活民主的范畴里，强调每一个人都能够自主地生活和自觉地学习等来适应变化万千的人类社会。成人教育学的民主观以20世纪美国民主教育思想的守卫者杜威佐证得恰如其分。他站在实用主义的立场去分析美国民主社会的现状，首先提出教育是实现民主社

---

① 邓晓芒：《康德自由概念的三个层次》，载《复旦学报（社会科学版）》，2004(2)。
② 邓晓芒：《康德和黑格尔的自由观比较》，载《社会科学战线》，2005(3)。
③ 韩水法：《民主的概念》，载《天津社会科学》，2007(5)。

会的"首要工具",合格的公民需要从学校教育开始就得到完善的培养,因此学校教育要密切与社会生活的关系,时刻关注社会的动态和变化。其次,杜威认为教师应该参与学校的管理,学校要培养适合民主管理的教育工作者,保证民主教育和民主社会的顺利实现。① 杜威眼中的民主社会不仅是在数量上需要更多的共同利益,而且需要多方社团自由交往而产生新的形势以改变和调整社会习惯。② 著名的后现代主义者哈贝马斯对民主理论有了新的重构,首先从主体间性的视角出发,认为西方商谈论的民主应该走出主体封闭和主客狭隘。③ 其次哈贝马斯的民主理论摆脱了国家中心主义倾向,通过公共非正式意见与建制意志的互动,使公民政治自主权、人民主权和国家权力交叠在一起。最后民主理论强调只有法律植根于生活世界,才能推动公民以理性的方式参与政治。这样议会才能获得更多的民意和坚实的民主基础,商谈而出的法律也才具有合法性。这些都是建立在对意见和风险的清醒认知的基础上的,生活世界的理性有利于实现自由民主的公民政治化,提高公民当家做主的积极性和主动性。成人教育学的民主观,不仅强调在政治和生活上的自主做出决定的行为,而且强调每一个成人都有通过民主方式参与国家治理和个人治理的自觉意志,将其视为捍卫成人个体基本权利的武器。

回观西方哲人对于成人教育学的平等、自由、民主的价值观的看法,我们可以知道,立足于人类本身的当代成人教育学要想实质性地推进领域内问题的解决,最关键的还是成人个体生命的自我觉知和践行。生命是神圣的,作为万物之灵长的人类的生命更是丰富多彩的。回归人类本身,提高成人在平等、自由和民主意志上的自

①　陈如平:《杜威论民主的教育管理》,载《高等师范教育研究》,2001(1)。

②　[美]约翰·杜威:《民主主义与教育》,王承绪译,96～97 页,人民教育出版社,2001。

③　高鸿钧:《走向交往理性的政治哲学和法学理论(下)——哈贝马斯的民主法治思想及对中国的借鉴意义》,载《政法论坛》,2008(6)。

觉性，真正扎根于成人的内心而并非一味地从外部供给技能和投资。只有这样，当代成人教育学才能唤醒沉睡的人类灵魂，使人类有尊严，从而实现成人教育学的光荣使命。

(二)使人类享和谐——成人教育学科的公共属性深度彰显

成人教育学是研究成人教育规律的一门学科，其重要的内容在于使成人顺利地实现继续社会化的教育目标。而继续社会化的进程中由于科技和信息技术的发展带来的一些全球性问题正使人类头顶的星空蒙上了一层阴霾。所以为实现这一教育目标，一方面我们需要通过成人教育实现社会的共享和包容性的发展；另一方面我们也需要通过成人教育唤醒成人主体的公共责任和对众生的悲悯情怀。要达到这样的价值追求，我们必须重申成人教育学共享包容的公共价值，确定成人教育学涵盖人类学、社会学、文化学、生态学、全球学的学科格局。

包容，是在尊重与保护法律所赋予的公民基本权利的基础上，聚集社会要素，施展一切可以发挥的积极性和创造性，处理人与人、人与社会关系的一种价值尺度。[①] 包容代表着阵容、胸怀和力量，包括阶层、民族、文化、宗教和生态的包容。全球性问题的出现不是偶然的，社会公平与和谐发展需要每一个成人的自觉意志和实际践行。陶行知是中国近现代史上伟大的人民教育家，"爱满天下"是其践行爱的教育的最响亮的口号。综观其一生的教育理念和教育实践活动，这种对人民和整个人类社会的大爱与博爱被体现得淋漓尽致。首先，在陶行知看来，只有从根本上做到大爱、博爱，每个成人的最大人生目的才能实现，整个社会才能共和与和谐，社会才具有渗透性的包容。[②] 其次，陶行知在乡村和边疆地区创办了晓庄学

---

① 邓伟志：《论包容》，载《探索与争鸣》，2012(3)。
② 许庆如、丁锦宏：《陶行知"爱满天下"教育情怀的原因探析》，载《江苏第二师范学院学报(社会科学)》，2014(6)。

校、生活教育社、山海工学团、育才学校，实施"小先生制"，组织
"科学下嫁运动"等，为我国扫盲教育的发展做出了杰出的贡献，为
成人教育在中国实现学科独立无私奉献自己。[①] 他对教育事业的爱
是忧国忧民的、包容共进的大爱。再次，陶行知认为教育爱应该寻
求在起点和过程中的"公平的爱"，这是具有高度原则性和深刻性的
爱。他认为教育爱是公允和主动的，通过实施普及教育思想将受教
育权交给人民，并提出"文化为公""教育为公"，把教育还给人民。
最后，陶行知的教育爱还表现在"让人成为人"的塑造完人的过程，
关注受教育者身心的完全发展，因材施教，解放和包容受教育者。
晏阳初，是享誉世界的平民教育家和乡村建设家。从小在蒙受家爱、
师爱、友爱的氛围中成长起来的晏阳初，产生了爱民、爱国和爱天
下的大爱施予。[②] 首先，在法国战场为华工服务的过程中，他发现
了中国的四大弊病"愚贫弱私"，并提出文艺、生计、卫生、公民"四
大教育"和学校式、社会式、家庭式"三大方式"来医治"愚贫弱私"四
大弊病。其次，他强调"民为邦本，本固邦宁"，体现了深刻的民本
思想和爱国思想。他强调平民教育运动的实质在于在旧中国探寻一
条解决民族危机、实现民富国强的道路。最后，他的"爱天下"体现
在将平民教育运动推广到亚、非、拉各国，致力于国际特别是第三
世界国家的平民教育运动和乡村建设运动，提出了"除天下文盲，做
世界新民"的口号，使世界人民普受惠泽。成人教育学的包容观，不
仅强调社会公共服务和福利建设全纳与包容每一个社会个体，而且
强调完塑每一个成人个体博大的胸襟，使更多的人饱有包容，更多
的人释放悲悯。

　　共享，是每个人的自由发展和一切人的自由发展的共济、共生、

---

① 高敏：《教育爱的践行者——陶行知》，载《赤子(上中旬)》，2015(17)。
② 张建敏、杜学元：《平民教育家晏阳初的"爱"的思想及启示》，载《文史博览(理
论)》，2011(5)。

共荣，是资源配置达到或接近帕累托最优状态的和实现资源分级共同享有的目标的一种共有体态。① 在推进成人学习者的学习权利、丰富成人学习的内容、不断尝试成人学习的民主形式的过程中，我们发现如此的事实：比起教育的壁垒所形成的社会固化和阶层固化，我们所做的尝试和努力只是杯水车薪，我们不得不寻求超越教育本身格局的更大的格局，寻求社会问题根本上的解决，那就是我们必须挖掘成人教育学共享包容的公共价值，寻求"使人成人"的能量源泉和力量支点。中国近代资产阶级民主革命家、教育家、思想家和北京大学前校长蔡元培为北京大学的改革做出的杰出贡献家喻户晓，他撕开了学术自由的切口，同时也突破了传统封建固守的僵化弊端，倡导造福民众的公民道德教育。首先，蔡元培提出"思想自由，兼容并包"的口号。他认为大学是"囊括大典，网罗众家"的地方，应该支持不同的学术派别，容纳争鸣，促进学术的自由推进②；同时厘清了学术与政治的界限，认为学术应该独立于政治之外，大家共同探讨并吸收精华实现共享；认为对不同的学术观点要持以宽容的态度，只有互相交流才能共享智慧和理性的魅力。其实蔡元培的学术自由思想不仅仅在北京大学落地成熟，更在社会的其他领域得到了拓展，后来发生的五四运动就是最好的明证。其次，蔡元培提出了公民道德教育，对国家与国民、权利与义务、法治与人权、道德教育都提出了自己的想法。公民道德教育是蔡元培道德教育理论的核心，主张自由、平等、博爱。他将道德教育目标定为"育国家之良民"③，这充分体现了舍己为人、共享共荣的人道主义精神。在他看来，只有为社会的长远发展而采取道德行为才是有意义的。"民众教育的保

①　许海东、郑茸：《共享发展理念的科学内涵、哲学向度及其现实指向》，载《学术论坛》，2017(2)。

②　张平海、张国祥：《试析蔡元培"思想自由，兼容并包"的教育思想》，载《河南师范大学学报(哲学社会科学版)》，2000(4)。

③　傅敏：《蔡元培的公民道德教育思想解析》，载《商品与质量》，2012(S2)。

姆"俞庆棠一生同样为社会教育的发展而奔波辛苦，她认为民众教育是失学儿童、青年、成人的基础教育，也是进修和继续的教育。[①]民众教育应该面向社会每个人的每个阶段，是全民、全程、全部的社会教育，并且应该是共享的教育；民众教育的内容要贴近生活，利好职业，注重实用性。俞庆棠还认为社会风气的改良需要通过学习、工作和休闲来实现。这些思想在一定程度上丰富了近代成人教育发展的理论，并在一定意义上提高了民众素质和生活质量。[②]成人教育学的共享观，不仅强调国家与组织为所有公民提供统一、便利的公共资源和公共平台，而且强调成人基于自身所处的社会场域，在行动与觉知上有共享、公共的自我诉求和意志担当。

综上所述，成人教育学需要为每一个人提供公平的机遇机会，摆正姿态，公正对待每一个人，使人归于内心的和谐宁静，以大爱博爱渗透到每一个成人个体中，促进成人个体及社会整体的包容性发展，实现资源的整合共享和相对均等配置，推进当代成人社会的和谐共包、共享发展。

(三)使人类存敬畏——成人教育学科的伦理影响人类发展

科学技术的发展让人类文明能繁荣发展，也有了更多的生命体验和享受，但是也不断地膨胀了人类的欲望，消减了人类对于自然和生命的敬畏之情。随着量子力学的"超弦理论"的问世，人类开始质疑自身的理性和智慧，科学技术的利好背后潜藏着危机。成人教育学基于使人类成熟、使人类归正的逻辑起点，在当下比任何时候都需要让人类有如此的警醒，让人类心存敬畏，从而保障人类的可持续发展，敬畏自然和宇宙的规则，实现自然伦理和人文伦理的统一。

---

① 俞庆棠:《民众教育》，3页，南京，正中书局，1935。
② 夏少卿、崔博:《俞庆棠民众教育思想对现代成人教育的启示》，载《高等函授学报(哲学社会科学版)》，2010(1)。

可持续发展是当前成人教育学的自然伦理发展的关键点，可持续发展的内涵规定了它是既满足当代人的需要，又不对后代人满足自身需要的能力构成危害的发展。① 如果我们将可持续发展与人类未来和国家经济、生态、人口等联系起来的话，可持续发展就不只是一种发展观，更是一种关乎道德的理想状态。可持续发展的提出与其说是一种对发展速度和程度的界定，不如说是人类为自己留存未来空间的手段。中国古代贤哲关于人类有限性的认识对我们今天处理和宇宙、自然的关系有十分重要的借鉴意义。老庄哲学是以"道"为中心展开论述的。《道德经》对于人、地、天、道和自然的循环关系的表述众人皆知，它明确阐发了人与自然相容共生的问题，认为人类应该顺应自然发展，这样才能实现天地人三者合一，才是吉祥之兆。道是万物之母，如果不遵循就会有凶险。② 老庄主张人与自然、宇宙万物应该始终处在一个良性循环的境界中，没有竞争和霸权，没有国家和民族的歧视，天人合一，整体协调，平衡和谐，万世永存。可持续发展鼓励经济发展，同时也强调一定要坚持以人为中心，坚持社会、经济、环境可持续发展的三维架构，形成社会、废物、资源多元循环复合系统。经济发展的过程中一定要充分考量环境的承载力，因为各种环境都有一个上限在，经济的发展绝对不能超过这一红线，否则危及的是人类本身的生存。当然在儒家的"天人合一"中，人是一个道德性的存在，天是人的道德性的提升与映涵。儒家强调宇宙、自然、社会、人统一于"仁"。《中庸》提出"天命之谓性，率性之谓道"；孟子提出"尽心、尽性、知天"；《易传》提出"天道变化，各正性命"。这里强调人的道德性是天赋的，人只有通过不断地修行才能真正达到自我的人性之完善，通过与天之绝对契

①　朱鸿亮：《关于可持续发展概念的哲学分析》，载《广西社会科学》，2003(2)。
②　张一方：《老庄哲学与可持续发展的经济观》，载《商丘师范学院学报》，2010(5)。

合完成生命本体的超越。仁就是生命的感通。① 贪欲是人性中隐藏的罪恶，沉溺于此便失掉了人的"仁"和尊严。成人教育学的可持续发展观，不仅强调在经济发展上的暂时的节制和制度的约束行为，而且强调有责任和义务唤醒每一个成人主体与整个人类社会敬畏宇宙和自然，考量人类生存和超越的行为，做出更加谨慎而内发的决定。

乐生应该成为今天人类生存秉持的正确人生观。乐生强调快乐体验和幸福，强调生命本体内心的欢愉，同时也强调让别人亦欢愉。当前很多危机的产生不在于经济而在于人的内心，不在于贫穷而在于贪婪②，所以我们应该遵循生命本身内在的要求，以乐观和快乐的心态面对社会生活、自然和宇宙万物，才能更加自然地诠释自己生命灵魂的敬畏，彰显生命本体意念的能量。当然西方学者在可持续发展和乐生上也有很多述谓性的表达。现代存在主义哲学是关于生的意义的生命哲学，强调个体意识的培养，是一门反社会化、组织化和机械化的极端个人主义哲学，所以引发了诸多的质疑和诟病。后现代主义哲学顺势而成，其中以格里芬和科布为代表的建设性后现代主义对人类的可持续发展提出了独到精辟的见解，被称为"后现代科学"。格里芬和科布认为生态学是一种与现代分析科学完全不同的整体思维方式，是一种实在的观点，认为世界是有机与无机的统合和相互联系发生作用的复杂系统，小部分只有在大的统一体中才能清晰明了。他们还认为对生态的适应是一种适度的、节制的、完整的价值观，这种价值观允许万物在各自的利益域中动态平衡发展。为此，我们需要关心、爱护、照顾美好的世界大家园。同时他们对宇宙也做了相应的分析，认为整个宇宙是主动地包含于它的每一部

---

① 王凤双、李艳秋：《儒家的天人合一哲学与可持续发展》，载《佳木斯大学社会科学学报》，2005(3)。

② 汪涌豪：《养志与乐生：中国人的幸福观》，载《传承》，2011(10)。

分中，每一部分也有机地包含于其他部分和整个整体，是一个有机的整体。建设性后现代主义强调内在的关系，强调对过去和未来的关心，注重历史的延续性和统一性，以及未来创造能力的重要性。人与他人、人与他物的关系是构成个人成分的部分，不能割裂开来。考量了近现代成人教育功利主义盛行、工具理性膨胀的弊病之后，乐生幸福才是走进当代最好的诠释。成人教育的问题在于我们站在低矮的位置看待本应更高大的事物并妄想把此事物纳入我们的全部视野之内。① 成人教育学的乐生观，不仅强调社会能够给人类提供休闲体验和外部条件，而且强调心态和意识上新的考量，是对生命体本身、我们生存的宇宙星球、自然和社会的敬畏与爱护。

　　当下成人教育学对于可持续发展与人类生存和幸福的关注度不在所有历史之下。立足中国现实国情，习近平总书记的"中国梦"的提出更是给全球生态问题和人类生存上了深刻的一课。习近平总书记无论在民生还是在环境、经济、政治、文化上都进行了改革，更是提出了"让人民幸福"的当代成人发展学的价值吁求。中国梦是习近平幸福观的重要内容，而人民幸福是中国梦的实质。习近平总书记强调幸福的主体是"有生命的人民"的集合体，幸福是理想和现实的统一，仰望星空还须脚踏实地；幸福观的最高目标是实现一切人的自由而全面的发展②，要充分尊重个人幸福的欲求，同时也要尊重人与人、人与自然、人与社会、人与宇宙间大多数的普遍而全面的幸福。习近平总书记认为人民幸福的价值旨归是人民现实的幸福③，国家和社会要给人民提供幸福的价值导向，让他们体验生命，享受生活，要在实际生活中有所觉知，并且要充分保障人民幸福的权益。同时他认为要实现健康、和平和生态的幸福，关注生命体本

①　王峰：《成人教育流变与成人教育学科建设》，载《中国成人教育》，2014(10)。
②　赵洁：《试论习近平幸福观》，载《淮北职业技术学院学报》，2015(5)。
③　陈云：《习近平幸福观的历史唯物主义维度》，载《学习论坛》，2017(1)。

身的基本身体健康和精神幸福，建设一个和平温馨而和谐稳定的保障性社会与一片生态文明的社会主义蓝天。然而这一切都取决于我们适度温和地对待自然、对待宇宙，这样才能真正实现人类自身存在的超越和乐生幸福。

综上所述，成人教育学科的视域与价值定位是一个方向性的战略问题。成人教育学产生于人类本身而最终又会归于人类本身。尽管在历史的长河中，人类不断地探寻与外界的平衡，竭尽全力迎合自然、社会和人本身外的能量的守恒，但是归根结底更应该将视线拉回到人类针对本身的思考，而成人教育学就是这样一门探讨人类存在价值的学科。我们需要站在天地宇宙的能量磁场，实现人类与宇宙、自然、社会、存在和超越之外的和谐共融，而成人教育学科价值也正是在实现平等、自由和民主中，在索隐包容、共享的公共中，在映涵可持续发展、乐生的伦理视域中，予以更加丰富多彩地显势。因此片面地断定成人教育学科被边缘化，以及一味地批判成人教育学的功利和工具，不应该是我们对今天成人教育学发展状态的解读。在社会转型的大背景下，成人教育学科价值转型的最关键的时刻，是成人教育学由不完善、不自觉逐步走向成熟和自我理解的里程碑时代；成人教育学科的建立和完善需要放在人类和宇宙、人类和社会、人类和自我的广阔域境中，定位在历史、当今、区域发展的坐标演化中，需要给成人教育学科发展放足时空，才能铸锻其内蕴的价值。在市场经济价值多元的当代发展中，成人教育学应更具有历史的使命感和责任感去放眼全球，放眼众生，展开理性的察异，关注现实社会，回归生命体内在的价值吁求，使人类成熟，使人类归正，从而实现成人教育学平等、自由、民主、包容、共享、可持续发展和乐生的伟愿。

参考文献

[1] ［美］达肯沃尔德、［美］梅里安：《成人教育——实践的基础》，刘宪之、蔺延梓、刘海鹏译，北京，教育科学出版社，1986。

[2] ［美］约翰·杜威：《民主主义与教育》，王承绪译，人民教育出版社，2001。

[3] ［英］彼得·贾维斯：《成人教育和继续教育社会学》，贾宗谊、冯彬、戴增义等译，北京，春秋出版社，1989。

[4] 毕淑芝、司荫贞：《比较成人教育》，北京，北京师范大学出版社，1994。

[5] 戴宏才：《从实然到应然：中国成人教育制度论》，重庆，重庆大学出版社，2012。

[6] 董纯朴：《中国成人教育史纲》，北京，中国劳动出版社，1990。

[7] 董明传、谢国东、叶忠海等：《中国成人教育改革发展三十年》，北京，高等教育出版社，2008。

[8] 杜以德、韩钟文、何爱霞等：《中国成人教育学科体系结构及其分类研究》，北京，高等教育出版社，2006。

[9] 高志敏：《成人教育社会学》，石家庄，河北教育出版社，2006。

[10] 高志敏：《成人教育学科体系论》，上海，上海教育出版社，2017。

[11] 关世雄、张念宏：《成人教育手册》，北京，北京出版社，1986。

[12] 关世雄、张念宏：《世界各国成人教育现状》，北京，北京出版社，1986。

[13] 关世雄：《成人教育的理论与实践》，北京，北京出版社，1986。

[14] 郭人全：《乡村民众教育》，上海，黎明书局，1934。

[15] 黄尧：《90 年代中国教育改革大潮丛书：成人教育卷》，北京，北京师范大学出版社，2004。

[16] 何爱霞：《成人教育社会学研究》，北京，中国海洋大学出版社，2007。

[17] 何东昌：《中华人民共和国重要教育文献：1949—1975》，海口，海南出版社，1998。

[18] 侯怀银：《社区教育》，北京，北京师范大学出版社，2015。

[19] 黄健：《成人教育课程开发的理论与技术》，上海，上海教育出版社，2002。

[20] 马宗荣、黄雪章：《中国成人教育问题(上、下)》，北京，商务印书馆，1937。

[21] 乐传永：《成人教育转型发展研究》，杭州，浙江大学出版社，2014。

[22] 李本栋：《职工技术培训》，沈阳，辽宁人民出版社，1981。

[23] 厉以贤：《学习社会的理念与建设》，成都，四川教育出版社，2004。

[24] 梁忠义：《职业技术教育手册》，长春，东北师范大学出版社，1986。

[25] 刘庆昌：《教育知识论》，太原，山西教育出版社，2008。

[26] 秦向阳：《成人教育学》，南京，江苏教育出版社，1989。

[27] 人民教育出版社《外国教育丛书》编辑组：《业余教育的制度和措施》，北京，人民教育出版社，1979。

[28] 桑宁霞：《成人教育哲学》，太原，三晋出版社，2018。

[29] 桑宁霞：《中外视野下的成人教育》，太原，山西人民出版社，2006。

[30] 邵燮麟：《信息、控制、系统与成人教育》，重庆，重庆出版社，1985。

[31] 施斌：《职工教育浅说》，南昌，江西人民出版社，1984。

[32] 孙世路：《外国成人教育》，北京，教育科学出版社，1982。

[33] 孙世路、项秉健、高志敏等：《成人教育》，哈尔滨，黑龙江教育出版社，1989。

[34] 孙中山：《孙中山全集》第六卷，北京，中华书局，1985。

[35] 唐超群、王思文：《成人教育学习方法论》，北京，农村读物出版社，1989。

[36] 唐亚豪：《成人教育新论》，长沙，湖南师范大学出版社，2002。

[37] 王北生、姬忠林：《成人教育概论》，开封，河南大学出版社，1999。

[38] 王坤庆：《教育学史论纲》，武汉，湖北教育出版社，2008。

[39] 王茂荣、朱仙顺：《成人教育学基础》，北京，职工教育出版社，1988。

［40］王茂荣：《成人教育面面观》，北京，职工教育出版社，1988。

［41］王守安、王显润：《职工教育经济概论》，长春，吉林人民出版社，1981。

［42］王文林、余博、宋文举：《成人教育概论》，长沙，湖南教育出版社，1988。

［43］吴康宁：《教育社会学》，北京，人民教育出版社，1998。

［44］吴遵民：《现代国际终身教育论》，上海，上海教育出版社，1999。

［45］叶忠海：《成人教育学通论》，上海，上海科技教育出版社，1997。

［46］叶忠海：《老年教育学通论》，上海，同济大学出版社，2014。

［47］叶忠海：《社区教育学基础》，上海，上海大学出版社，2000。

［48］叶忠海：《现代成人教育学原理》，北京，中国人民大学出版社，2015。

［49］殷明发：《职工高等教育的结构、教学、管理》，上海，上海科学技术文献出版社，1984。

［50］余博：《成人教育工作者岗位培训教程：成人教育基础》，北京，气象出版社，1990。

［51］俞庆棠：《民众教育》，南京，正中书局，1935。

［52］袁鸣：《简明西方哲学史》，北京，北京工业大学出版社，2013。

［53］臧永昌：《中国职工教育史稿：1915—1983》，沈阳，辽宁人民出版社，1985。

［54］张维：《成人教育学》，福州，福建教育出版社，1995。

［55］张正身、徐良驹：《职工教育学》，兰州，甘肃人民出版社，1985。

［56］赵光武、黄书进：《后现代哲学概论》，北京，首都师范大学出版社，2013。

［57］中共教育科学研究所教育制度研究室：《职工教育与人才培养》，北京，教育科学出版社，1981。

［58］周嘉方：《成人教育管理》，上海，上海科技教育出版社，1997。

［59］周泽林：《职工教育学概论》，长沙，中南工业大学出版社，1986。

［60］祝捷：《成人教育概论》，长春，东北师范大学出版社，2006。

［61］蔡棋瑞：《学习化——21世纪教育大趋势》，载《成人教育》，1996(12)。

［62］曾煜：《成人教育学科体系建设初探》，载《中国成人教育》，2008(3)。

［63］畅肇沁：《对社区教育发展中存在问题的分析与思考》，载《教育理论与实践》，2006(10)。

［64］陈桂生：《终身教育的精义何在》，载《上海教育科研》，2000(4)。

［65］陈乃林、经贵宝：《终身教育略论》，载《教育研究》，1997(1)。

［66］陈清洲：《成人教育学科体系的构建与发展》，载《湖南师范大学教育科学学报》，2006(2)。

［67］陈世林：《关于老年教育问题的思考》，载《西北成人教育学报》，2001(3)。

［68］陈维华、韩倩：《新常态下成人教育学科体系建设的原则和策略》，载《中国成人教育》，2015(19)。

［69］陈文兵：《终身教育理论视野中的社区教育》，载《陕西师范大学继续教育学报》，2001(3)。

［70］陈醒：《格局与方略：中国成人教育学科建设》，载《河北大学成人教育学院学报》，2017(1)。

［71］陈瑶：《夸美纽斯的终身教育思想评介》，载《成人教育》，2007(8)。

［72］陈正、曾青云：《现代成人教育学的本质探究》，载《成人教育》，2017(11)。

［73］程艳峰：《对成人教育学学科建设若干问题的当代反思》，硕士学位论文，山西大学，2007。

［74］崔铭香、杨柳：《论终身教育视域下成人教育学者的使命》，载《职教论坛》，2015(18)。

［75］董华、桑宁霞：《论成人高等教育的社会化趋向》，载《中国成人教育》，2002(7)。

［76］董明传：《关于社区教育与终身教育的思考》，载《上海高教研究》，1998(12)。

［77］董香君、茅国华：《回顾与展望：我国成人教育学科体系建设》，载《北京宣武红旗业余大学学报》，2017(2)。

［78］窦春玲、韩钟文：《成人教育学科与相关学科的关系研究》，载《继续教育研究》，2006(5)。

［79］杜以德、柳士彬：《成人教育学科建设回顾反思》，载《光明日报》，2005-03-28。

［80］杜以德：《成人教育学科体系的逻辑起点》，载《教育研究》，2006(10)。

［81］冯少舟：《构建学习化社会现代远程教育体系》，载《现代远距离教育》，1999(4)。

［82］高时良：《我国老年教育的历史传统及其借鉴意义》，载《教育评论》，1992(4)。

［83］高学镛：《建立成人教育体系的设想》，载《成人教育》，1982(2)。

［84］高志敏：《"成人教育"概念辨析》，载《陕西师范大学继续教育学报》，2000(1)。

［85］高志敏：《成人教育：再解读与再认知》，载《河北师范大学学报(教育科学版)》，2008(11)。

［86］高志敏：《关于成人教育科学的认识论问题》，载《成人教育》，2001(5)。

［87］高志敏：《关于终身教育与学习化社会理念的探讨》，载《教育研究》，2001(3)。

［88］高志敏：《论成人教育的社会功能》，载《中国成人教育》，1993(4)。

［89］高志敏：《论成人教育与社会文化的关系》，载《中国成人教育》，1995(2)。

［90］高志敏：《终身教育理论对成人教育意义的若干认定》，载《成人教育》，1991(Z2)。

［91］葛敏、缪建东：《基于学科"边界"视角的成人教育学科发展困境及对策》，载《中国成人教育》，2018(1)。

［92］韩树杰：《对成人学习概念及其基本特点的再思考》，载《河北大学成人教育学院学报》，2005(3)。

［93］韩钟文、杜以德：《成人教育学科建设的历史回顾》，载《成人教育》，2006(11)。

［94］韩钟文、杜以德：《试论中国成人教育学科体系构建的逻辑起点》，载《成人教育》，2006(2)。

［95］韩钟文、杜以德：《中国成人教育学科发展构想》，载《中国成人教育》，2005(7)。

［96］韩钟文：《成人教育学科体系的发展脉络》，载《教育研究》，2006(10)。

［97］韩宗礼、胡保利：《关于成人教育概念的探讨》，载《河北成人教育》，1997(2)。

［98］寒松：《成人教育的艺术和科学——成人教育学》，载《成人教育》，1989(12)。

［99］何爱霞：《成人教育学科体系建设的推进举措》，载《教育研究》，2006(10)。

［100］何光全：《成人教育学的争论及意义》，载《开放教育研究》，2013(3)。

[101] 贺向东：《成人教育在终身教育体系中的地位和作用》，载《北京成人教育》，1999(8)。

[102] 侯怀银、吕慧：《20 世纪我国成人教育学学科建设的本土探索》，载《教育理论与实践》，2013(7)。

[103] 侯怀银：《"社区教育"解析》，载《山西大学学报（哲学社会科学版）》，2017(1)。

[104] 胡凤英：《成人教育改革与发展：聚焦终身教育和学习化社会》，载《中国成人教育》，2000(10)。

[105] 胡秀锦：《对我国成人教育评价体系建构的基本理论问题》，载《成人教育》，2001(2/3)。

[106] 胡秀锦：《论社区教育的几个基本理论问题》，载《成人教育》，2002(12)。

[107] 华玉：《高阳乡村民众教育思想的回顾与思考》，载《广西大学学报（哲学社会科学版）》，2011(2)。

[108] 黄利群：《关于发展我国社区教育的几点思考》，载《教育研究》，1994(1)。

[109] 黄尧：《构建终身教育体系 建设学习化社会》，载《职教论坛》，2001(10)。

[110] 黄尧：《关于构建终身教育体系和学习化社会的几点思考》，载《中国职业技术教育》，1999(12)。

[111] 黄逸：《社区教育的实践与思考》，载《教育理论与实践》，1991(2)。

[112] 纪河、麦绣文：《成人学习者的学习心理及基本特性》，载《中国远程教育》，2006(1)。

[113] 蒋华、邵晓枫：《社区教育的根本任务：繁荣"民族的科学的大众的文化"》，载《职教论坛》，2012(10)。

[114] 晋银峰：《论社区教育和学习化社会》，载《继续教育研究》，2002(6)。

[115] 赖立：《成人教育理论研究的进展及其改进》，载《北京成人教育》，1997(8-9)。

[116] 郎业伟：《社区教育理论研究》，载《佳木斯教育学院学报》，1992(4)。

[117] 乐传永、孙立新：《回顾与展望：2012 年我国成人教育理论研究综述——基于对 2012 年人大复印报刊资料〈成人教育学刊〉的统计分析》，载《中国成人教育》，2013(5)。

［118］李春芳：《试探社区教育功能》，载《教育科学》，1991(4)。

［119］李峰：《教育社会学主要理论流派及其视野下的成人教育》，载《中国成人教育》，2006(2)。

［120］李金：《追问与省思：我国成人教育学科建设的实然与应然》，载《河北大学成人教育学院学报》，2018(1)。

［121］李俊：《对成人学习心理问题的研究综述》，载《北京市总工会职工大学学报》，2002(3)。

［122］李伟、徐晓明：《成人学习动机特点及其教学策略应对》，载《河北工业大学成人教育学院学报》，2008(4)。

［123］李小融：《"终身教育"与"学习化社会"——21世纪教育发展的主导思想》，载《四川省干部函授学院学报》，1999(2)。

［124］李兴敏、罗唱、李泳桥：《成人教育学科之高校生存空间、学者潜力和发展预测》，载《高等继续教育学报》，2015(6)。

［125］李兴敏、罗唱：《成人教育学研究热点转化与发展方向预测——基于〈成人教育学刊〉2009—2014年全文收录文献》，载《现代远程教育研究》，2015(6)。

［126］李雪：《成人自我导向学习模式与策略》，载《成人教育》，2006(12)。

［127］李志锋、李志刚：《远距离教育的历史分期和理论基础初探》，载《现代远距离教育》，1994(1)。

［128］李志远：《21世纪成人教育的功能、地位及作用新论》，载《成人教育》，2006(6)。

［129］李中亮、焦峰：《中国成人教育学本土化建设的省思》，载《河北大学成人教育学院学报》，2016(1)。

［130］李中亮：《中国成人教育学发展的指导原则》，载《河北师范大学学报(教育科学版)》，2007(5)。

［131］厉以贤：《社区教育、社区发展、教育体制改革》，载《教育研究》，1994(1)。

［132］林纬华、黄健：《终身学习：人类打开21世纪大门的钥匙》，载《上海成人教育》，1997(11)。

[133] 林瑜：《现代成人教育理论和实践的思考与借鉴》，载《高等函授学报（哲学社会科学版）》，2002(1)。

[134] 凌玲：《诺尔斯成人教育学理论的形成脉络》，载《中国成人教育》，2013(13)。

[135] 刘伟涛：《新形势下的社区教育概述》，载《哈尔滨学院学报》，2012(12)。

[136] 刘艳纬、田慧：《俞庆棠民众社会教育思想对当代成人教育的启示》，载《文教资料》，2012(24)。

[137] 柳士彬：《成人教育学科体系建设的基本原则》，载《教育研究》，2006(10)。

[138] 柳士彬：《论中国成人教育的起源及其原始形态》，载《继续教育研究》，2001(2)。

[139] 柳士彬：《我国成人教育学科发展的形上之思》，载《成人教育》，2005(3)。

[140] 娄立志：《教育科学学科体系与成人教育学科体系的构建》，载《成人教育》，2002(5)。

[141] 卢媛媛、曾青云：《中国成人教育学科结构的演进与优化》，载《中国成人教育》，2016(13)。

[142] 马成成：《终身教育与社区教育关系辨析》，载《吉林省教育学院学报（中旬)》，2012(10)。

[143] [美]密勒：《美国成人教育的哲学和争论》，吴堂译，载《现代外国哲学社会科学文摘》，1960(2)。

[144] 宁安生：《我国社区教育回顾与展望》，载《辽宁教育研究》，2000(12)。

[145] 秦发盈、刘一呈：《学科视野下成人教育学的内涵及发展策略》，载《河北大学成人教育学院学报》，2012(1)。

[146] 桑宁霞、刘丽：《民国时期中国成人教育学本土化探索研究》，载《中国职业技术教育》，2016(15)。

[147] 桑宁霞、张晓瑞：《成人教育学学科定位存在的问题及破解》，载《中国成人教育》，2015(3)。

[148] 桑宁霞、赵苏婉：《成人教育学的公共价值》，载《中国成人教育》，2014(11)。

[149] 桑宁霞、赵苏皖：《成人教育学研究的矛盾与超越》，载《中国职业技术教

育》，2014(36)。

[150] 桑宁霞：《社区教育：终身教育的重要途径》，载《太原师范专科学校学
报》，2001(4)。

[151] 邵景峰：《成人教育的教学原则》，载《成人教育》，1982(4)。

[152] 邵晓枫：《当前我国社区教育发展困难与对策研究》，载《河北师范大学学
报(教育科学版)》，2018(1)。

[153] 唐积文：《关于如何建立成人教育教学论的初探》，载《成人教育》，
1982(2)。

[154] 田汉族、贺宏志：《终身教育：概念分析与本质探寻》，载《河北师范大学
学报(教育科学版)》，2004(3)。

[155] 王宝琴、许建宝：《我国成人教育学科体系建设的有效策略》，载《中国成
人教育》，2018(2)。

[156] 王垂芳：《成人教育的国际交流和研究趋势》，载《北京成人教育》，
1984(9)。

[157] 王峰：《成人教育流变与成人教育学科建设》，载《中国成人教育》，
2014(10)。

[158] 王戈：《当前我国老年教育的问题与反思》，载《西北成人教育学报》，
2010(5)。

[159] 王宏、王一凡：《成人教育学发展的历史思考》，载《职教论坛》，2012(27)。

[160] 王继平：《终身教育 成人教育 社区教育——终身教育思想的传入、实践
和展望》，载《中国职业技术教育》，1999(12)。

[161] 王欣欣、朱静然：《我国成人教育学科建设的困境与对策》，载《中国成人
教育》，2016(6)。

[162] 王旭：《成人教育与终身教育》，载《北京成人教育》，1985(1)。

[163] 王学义：《健康老龄化：人口老龄化的对策》，载《西南民族学院学报(哲
学社会科学版)》，2002(12)。

[164] 王一凡：《成人教育学的历史研究——基于静态与动态视角的考察》，硕
士学位论文，华东师范大学，2008。

[165] 王英、王小波：《中国老年福利的"新常态"：老年教育的社会政策化》，

　　　　载《宁夏社会科学》，2015(6)。

[166] 吴遵民：《成人教育学》，载《北京成人教育》，1987(10)。

[167] 吴遵民：《走出理解误区——对当代终身教育理论内涵的深层思考》，载
　　　　《杭州师范大学学报(社会科学版)》，2008(3)。

[168] 夏少卿、崔博：《俞庆棠民众教育思想对现代成人教育的启示》，载《高等
　　　　函授学报(哲学社会科学版)》，2010(1)。

[169] 肖菲、白露：《学科互涉视阈下成人教育学科发展的思考》，载《职教论
　　　　坛》，2015(9)。

[170] 肖力维：《总结与开拓——谈世纪之交的成人教育理论研究》，载《西北成
　　　　人教育学报》，2001(3)。

[171] 萧树滋：《远距离教育在我国的产生及发展》，载《现代远距离教育》，
　　　　1991(1)。

[172] 谢国东：《谈我国老年教育事业的现状与发展》，载《中国成人教育》，
　　　　1993(2)。

[173] 辛慧敏、曾青云：《中国成人教育学的历史使命》，载《中国成人教育》，
　　　　2017(17)。

[174] 熊雷：《学习化社会的特点及发展》，载《上海高教研究》，1998(12)。

[175] 熊茵：《基于回归"成人世界"的成人教育学科建设研究》，载《中国成人教
　　　　育》，2018(22)。

[176] 徐荣远：《论终身学习与学习化社会》，载《成人教育》，2001(8-9)。

[177] 许瑞泉：《成人教育学：期待母学科的重建——成人教育学学科建设之思
　　　　考》，载《辽宁教育研究》，2008(9)。

[178] 宣兆凯：《社区终身教育理念与 21 世纪成人高等教育发展》，载《青海师
　　　　范大学学报(哲学社会科学版)》，2002(2)。

[179] 杨诚德：《成人教育的学习心理及特性》，载《中国成人教育》，2010(10)。

[180] 杨楚校：《现代成人教育学的"本土化"建构》，载《中国成人教育》，2018(8)。

[181] 杨平、王一凡：《成人教育学概念的内涵考察》，载《职教论坛》，2010(28)。

[182] 姚远峰：《成人学习的多学科研究述评》，载《中国远程教育》，2007(8)。

［183］姚远峰：《西方成人教育学史略》，载《湖北大学成人教育学院学报》，
      2006(3)。

［184］叶忠海：《终身教育体系下成人教育的发展》，载《湖南师范大学教育科学
      学报》，2002(1)。

［185］余博：《中国成人教育的起源问题》，载《成人教育》，1982(1)。

［186］余善云：《略论社区教育体系建设》，载《重庆广播电视大学学报》，2012(3)。

［187］喻朝善：《成人学习基本特点分析》，载《成人教育》，2003(10)。

［188］张典兵：《当代成人教育理论发展的突出特征》，载《函授教育》，1999(3)。

［189］张峰：《新世纪成人教育定位分析》，载《继续教育研究》，2005(5)。

［190］张夫伟：《成人教育学学科独立性研究》，硕士学位论文，曲阜师范大
      学，2003。

［191］张建昌：《国外成人教育学发展现状及其在当代的应用价值》，载《继续教
      育研究》，2017(7)。

［192］张品茹：《我国成人教育学科体系构建研究》，载《中国成人教育》，2016(15)。

［193］张晓峰、范国睿：《论学习型城市的构建》，载《开放教育研究》，2002(2)。

［194］张旸、魏菊艳：《弗莱雷的成人教育思想及其现实意义》，载《陕西师范大
      学继续教育学报》，2005(1)。

［195］张泽：成人教育学科发展的方法论原则》，载《中国成人教育》，2017(9)。

［196］张忠华：《终身教育与学习化社会》，载《继续教育研究》，2000(1)。

［197］周鸿渐：《改革开放以来我国成人教育学发展探讨》，载《中国成人教育》，
      2017(2)。

［198］周蕴石：《成人教育在教育体系中的地位与作用》，载《成人教育》，
      1984(4)。

［199］朱敏、高志敏：《终身教育、终身学习与学习型社会的全球发展回溯与未
      来思考》，载《开放教育研究》，2014(1)。

［200］朱涛：《成人教育学科体系建设刍论》，载《西北成人教育学报》，2004(3)。

附 录
本学科发展大事记

1950 年

在北京召开了全国工农教育会议，这是新中国成立后的首次成人教育专门会议。

1953 年

我国实行第一次人口普查，我国直接调查登记的人口为 574205940 人，年龄在 18 岁及以上的人口为 338339892 人，占登记人口的 58.92%。

1957 年

高冈实的《英国之成人教育》(陈清泉译)由商务印书馆出版。

1963 年

M. 戴维的《南斯拉夫的成人教育》(陈羽纶等译)由商务印书馆出版。

1966 年

4 月 10—25 日，中华全国总工会在福州召开"全国职工业余教育经验交流会"。

1968 年

5 月 7 日，黑龙江省在纪念毛泽东的"五七"指示发表两周年时，把大批机关干部下放劳动，在庆安县柳河开办一座农场，定名为"五七干校"。

1972 年

教育事业计划规定，把工作重点放在农村小学教育上，要求各地根据当地情况，采取多种办学形式，使更多的学龄儿童入学，在他们入学后不断提高他们的文化知识水平，同时还要求进行成人扫盲工作。

1978 年

党的十一届三中全会顺利召开，这次会议实现了四个方面的拨乱反正。

重建后的中央教育科学研究所成立了教育制度研究室（成人教育研究中心的前身）。

3 月 20 日，国务院批转教育部的《关于办好七二一大学的几点意见》，规定对七二一大学进行全面整顿，提高教学质量，有办学条件的应积极发展。

4 月 17 日，经国务院批准，教育部发布《关于恢复或建立教育学院或教师进修学院报批手续的通知》，规定恢复建立教育学院或教师进修学院，由省、直辖市、自治区审批，报国务院备案，抄送教育部。

8 月 8—18 日，教育部在河北涿县（今涿州市）召开直属高校座谈会。会议提出在 1985 年前，新建一批短期大学，大力发展电视、广播、函授、夜大学等业余教育，使高校在校生人数翻番，到 1985 年达到 300 万～400 万人。

11 月 6 日，国务院发布《关于扫除文盲的指示》，要求各地采取措施，分别在 1980 年、1982 年或稍长一段时间内，基本上扫除少年、青年、壮年文盲。

1979 年

教育部所属中央教育科学研究所下设成人教育研究中心，标志着成人教育专门研究机构和专职理论工作者的出现。

张宪宏出席"第一次世界继续工程教育大会"，将"继续教育"这一概念引入我国。

4 月 5—18 日，教育部在成都召开业余初等、中等学校教材座谈会。会议对业余初等、中等学校的基本任务、课程设置、教材编写的指导思想和方法进行了讨论。

7 月 25 日—8 月 6 日，中华全国总工会在北京召开职工业余教育工作座谈会。会议提出要在国民经济的三年调整期内，加快发展职工业余教育。

8 月 28 日—9 月 3 日，教育部、中央广播事业局在北京召开第二次全国广播电视大学工作会议。会议交流了半年来的工作经验和就 1980 年招生工作等问题进行了研究。

9 月 14—24 日，教育部在郑州召开全国职工教育工作会议。会议指出，今后一个时期的职工教育工作的主要任务是，对领导干部、管理人员和技术人员普遍进行轮训，提高他们的科学管理和业务技术水平。

11 月 28 日—12 月 11 日，教育部、农业部、共青团中央、中国科学技术协会在天津联合召开第二次全国农民教育工作会议。会议提出，会后一个时期内，农民教育的主要任务是继续抓紧扫盲，大力发展业余初等教育，积极举办业余初中，广泛开展农业科学技术教育，加强政治教育。

1980 年

4 月 10—16 日，教育部在北京召开高等学校举办函授、夜大学工作会议。

4 月 20—25 日，教育部在北京召开五七大学座谈会，提出本着实事求是的精神，整顿县办五七大学，确定将教育部门办的五七大学改为农民技术学校。

4月28日，全国职工教育管理委员会成立。

5月，厦门大学海外函授部恢复。后经教育部批准，厦门大学海外函授部改称厦门大学海外函授学院，开设中国语文专科、中医内科专科、中国语文高中班，并准备开设中医针灸进修班。

7月10日，教育部通知试行《全国重点高等学校接受进修教师工作暂行办法》。

9月5日，国务院批转《教育部关于大力发展高等学校函授教育和夜大学的意见》，提出函授和夜大学教育要采取积极恢复、大力发展的方针，并纳入高等教育事业计划今后的招生对象，应包括具有高中毕业程度的在职人员和知识青年。国家承认其学历，并可按规定择优授予学位。

12月1—13日，教育部在天津召开全国教育工作会议，指出要恢复和发展成人教育、广播电视教育、函授与夜大学教育。

1981 年

华东师范大学最早设立了我国高校的成人教育研究机构——成人高等教育研究室。

《成人教育》《北京成人教育》杂志创刊，标志着成人教育工作者有了学术交流的专门阵地。

4月1日，中国成人教育协会成立，臧伯平任会长。中国成人教育协会是全国成人教育的群众性、学术性社会团体，开创了我国群众性成人教育学研究的先河。其宗旨是团结全国各类成人教育研究组织和成人教育工作者，以马列主义、毛泽东思想为指导，坚持党的基本路线，坚持理论联系实际的原则，面向基层，开展成人教育理论与实际问题的研究。

4月3日，中国成人教育协会成立大会暨第一届第一次理事会在北京召开。

1982 年

孙世路的《外国成人教育》由教育科学出版社出版。该书系统呈现了国外成人教育的发展动力与发展历程、基本条件与基本原理、基本制度与基本结构、主要内容与主要方法、科学研究与国际交流，以及与终身教育、回归教育的相关分析等内容。

《成人教育》刊物第 4 期上载有一文：《专职干部坚持学〈成人教育学〉》。

王文林、余博申报的全国教育科学"六五"规划重点课题——"成人教育概论"立项。

8 月 16 日，教育部经国务院批准，将此前设置的工农（业余）教育司改设为成人教育司。这是我国历史上首次以"成人教育"概念命名的政府职能部门。

1983 年

经国际成人教育理事会批准，中国成人教育协会作为会员，正式加入国际成人教育理事会。

第二次全国教育科学规划会议上，共有两项成人教育课题被首次纳入"全国教育科学规划"之列，分别是张腾霄的"干部教育问题研究"、王文林和余博的"成人教育概论"。

1984 年

"七五"工作规划提出要完善继续教育制度，将继续教育列入政府工作范围。

罗比·基德的《成人怎样学习》（蔺延梓译）由上海第二教育学院上海成人教育研究室出版。

《北京成人教育》杂志经过两年的内部试刊，正式在全国公开发行。该杂志是立足北京，面向全国，以宣传贯彻中央及北京市有关成人教育的方针、政策、决定，反映成人教育理论研究成果，介绍成人教育的管理、教学经验和先进事迹为主的综合性月刊，并兼顾广大自学者的需要。

我国第一次派代表团参加了联合国教科文组织召开的"第四次国际成人教育大会"。

5月14日，国际成人教育协会和中国成人教育协会联合在上海举办了国际成人教育讨论会。

9月9日，中国老年教育协会成立。协会的主要任务是举办老年大学，研究有关老年教育的方针、政策、经验，组织有关老年教育和社会教育的调查、咨询活动，关怀青少年教育，举办有关的社会教育事业和为老年教育工作者服务的事业等。

12月7—10日，共青团中央、教育部、中国科学技术协会联合在北京召开第二次全国青年自学经验交流会，要求全社会关心和支持青年自学，破除"正规教育"的束缚，广开学路，广开才路，鼓励自学成才。

1986 年

王茂荣、朱仙顺、李元海的《成人教育学基础研究——理论与实践》（上、下册），由上海市成人教育研究室出版。

达肯沃尔德和梅里安的《成人教育——实践的基础》（刘宪之等译）由教育科学出版社出版。该书主要对成人教育、哲学和成人教育、作为学习者的成人、入学情况、机构与项目、成人教育的国际情况、问题和争论几个方面进行了论述。

12月1—5日，国家教育委员会、国家计划委员会、国家经济贸易委员会、劳动人事部、中共中央组织部、全国职工教育管理委员会在山东烟台联合召开全国成人教育会议。会议总结了成人教育工作经验，研究了成人教育的改革和发展问题，讨论修改了《国家教育委员会关于改革和发展成人教育的决定（草案）》，以及成人教育的若干条例及工作制度。

1987 年

4 月 17 日，北京高等学校继续教育协作组成立。继续教育观念开始树立并逐步形成制度。

6 月 23 日，国务院批转《国家教育委员会关于改革和发展成人教育的决定》。该决定是指导我国成人教育发展的带有纲领性质的文件，对我国成人教育及其研究发展具有里程碑意义。

12 月 15 日，国家教育委员会等部门联合发布《关于开展大学后继续教育的暂行规定》。

1988 年

王文林、余博、宋文举的《成人教育概论》由湖南教育出版社出版。

王茂荣、朱仙顺的《成人教育学基础》由职工教育出版社出版。

1 月 16 日，国家教育委员会同意北京大学、中国人民大学、南开大学、天津大学、吉林大学、上海交通大学等 21 所高等学校试办函授、夜大学专科起点本科班，并规定招生对象为年龄在 40 岁以下，具有专科毕业后两年以上工作实践、专业对口的优秀在职人员。学制一般为 3 年。

2 月 5 日，国务院颁发《扫除文盲工作条例》。

9 月，新加坡召开的亚太成人教育总会执委会会议上，一致决定中国成人教育协会加入亚太成人教育总会，成为其正式团体会员。

1989 年

秦向阳的《成人教育学》由江苏教育出版社出版。

1990 年

中国职工教育和职业培训协会等学术团体相继成立。

1991 年

关世雄申报的全国教育科学"八五"规划重点课题——"成人教育体系和成人教育学科建设理论研究"立项。

2 月 6 日，人事部副部长蒋冠庄在新闻发布会上宣布，我国确定 1991 年为继续教育宣传年。

11 月 28 日，全国继续教育成果展览在北京开幕。

1992 年

11 月，"成人教育学"被纳入《中华人民共和国学科分类与代码国家标准》，成为教育学的二级学科，其代码为 88057。

1993 年

华东师范大学成立了成人教育学专业硕士学位授予点，这是我国第一个成人教育学专业硕士学位授予点。

2 月 13 日，中共中央、国务院印发《中国教育改革和发展纲要》，提出到 20 世纪末，使城乡劳动者的职前、职后教育有较大发展是我国教育发展的总目标之一，提出应以终身教育的观念，积极发展各级各类成人教育。

6 月 8 日，"1993 年沈阳国际成人教育研讨会"召开。来自 13 个国家或地区的 155 名外籍代表和我国 160 余名成人教育工作者参加大会。

1995 年

陈明欣等人的《成人教育学》由石油大学出版社出版。

中国教育学会教育学研究会的《成人教育学》由福建教育出版社出版。

韩宗礼的《成人教育学》由河北教育出版社出版。

1996 年

高志敏申报的全国教育科学"九五"规划重点课题——"成人教育

科学体系的构建与发展研究"立项。

1997 年

在国务院学位委员会与国家教育委员会联合颁布的《授予博士、硕士学位和培养研究生的学科、专业目录》中，成人教育学位列其中，专业代码为 040107。

叶忠海等人的《成人教育学通论》由上海科技教育出版社出版。

1998 年

曲阜师范大学成立了成人教育学专业硕士学位授予点。

创刊发行了全国性成人教育报刊，如《中国成人教育》《中国成人教育信息报》《中国培训》等。以此为标志，学术期刊进入了调整与更新时期，后又趋于稳定。

1999 年

冀鼎全的《成人教育心理学》由陕西人民出版社出版。

程凯、李如密的《成人教育教学论》由河南大学出版社出版。

2000 年

北京师范大学、西南大学、同济大学、四川师范大学成立了成人教育学专业硕士学位授予点。

11 月 4—8 日，由全国社区教育委员会、"中国特色社区教育理论与实验研究"课题组、武汉市教育委员会联合主办的"2000 年武汉海峡两岸暨香港社区教育研讨会"在武汉召开。会议代表约有 140人。其中，台湾、香港地区的代表有 15 人。会议期间，学者、同行在一起共同交流社区教育的实践经验和理论成果，研讨实践和理论上遇到的问题，对我国社区教育的发展起到了积极的推动作用。

2001 年

3 月 20—21 日，2001 年度全国职业教育与成人教育工作会议在上海举行。会议提出了"十五"期间我国职业教育与成人教育改革的总体目标，部署了职业教育和成人教育战线必须全力推进的重点工作，强调大力发展成人教育和多种形式的继续教育，逐步形成终身教育体系。

4 月 25—28 日，中央教育科学研究所、中国成人教育协会、全国教育科学规划领导小组办公室、北京教育科学研究院等单位在北京联合举办"21 世纪中国成人教育发展论坛"。论坛以"构建终身教育体系和成人教育创新"为主题。教育部副部长王湛出席开幕式并讲话。会议发表《新世纪·新视野·新战略：21 世纪中国成人教育发展论坛宣言》。

6 月 22 日，中共中央组织部、文化部、教育部、民政部、全国老龄工作委员会办公室联合发布《关于做好老年教育工作的通知》，指出各级党委组织部门、老干部工作部门和政府文化、教育、民政部门及老龄工作部门，要从全局性、战略性的高度，充分认识老年教育工作的重要性和做好老年教育工作的紧迫性，遵循老年教育事业发展的规律，以"老有所教""老有所学""老有所乐""老有所为"为目标，推动老年教育事业的健康发展。

7 月 22 日，国务院印发《中国老龄事业发展"十五"计划纲要（2001—2005 年）》，提出"十五"期间我国老龄事业的总体目标是加快老龄事业的发展步伐，重点解决老龄事业发展中的突出问题，落实"老有所养、老有所医、老有所教、老有所学、老有所为、老有所乐"，把老龄事业推向全面发展的新阶段。

8 月 22—23 日，联合国教科文组织第四届"九个人口大国全民教育部长级会议"在北京举行。来自孟加拉国、巴西、埃及、印度、印度尼西亚、墨西哥、尼日利亚、巴基斯坦和中国九个人口大国的教育部长、政府官员和教育专家出席会议。会议通过了旨在推动九个人口大国全民教育进一步发展的《北京宣言》。

11 月 7—9 日，教育部在北京召开全国社区教育实验工作经验交流会议。教育部副部长王湛做了题为"积极开展社区教育实验工作，努力推动社区教育工作的新发展"的工作报告，总结了全国社区教育实验工作的经验，分析了社区教育实验工作面临的形势和开展社区教育实验工作的重要意义，提出了今后一个时期推进社区教育实验工作的指导思想、目标、任务和政策措施。

12 月 22—24 日，《学习时报》主办的"首届创建学习型社会论坛"在北京举行，中央党校副校长郑必坚出席开幕式并讲话。与会者围绕创建学习型社会进行了学习、讨论和交流。

2002 年

6 月 4 日，中共大连市委宣传部申报的国家社科基金项目"21 世纪城市发展的新模式——创建学习型城市的综合研究"，经学科规划评审组评审和全国哲学社会科学规划领导小组审批，获准立项。

6 月 23—24 日，由《学习时报》主办、中共大连市委宣传部承办的"首届创建学习型城市论坛"在大连举行。

7 月，长春举行了中国职业教育与成人教育网的开通仪式。

9 月 7 日，庆祝新中国成人高等教育创办 50 周年暨中国人民大学成人高等教育 50 周年大会在中国人民大学举行。

10 月 20—21 日，中国成人教育协会第三届理事会在北京举行。

娄宏毅、宋尚桂的《成人教育学》由齐鲁书社出版。

黄尧等人的"面向 21 世纪中国成人教育发展研究丛书"共分 6 册出版，由黄尧的《面向 21 世纪中国成人教育发展研究》、马叔平和霍延东的《面向 21 世纪中国成人教育制度研究》、陈乃林的《面向 21 世纪中国终身教育体系研究》、谢国东等人的《面向 21 世纪中国成人教育学科建设研究》、郭伯农的《面向 21 世纪中国成人教育法规建设研究》和叶忠海的《面向 21 世纪中国成人教育发展模式研究》组成。该丛书是国家哲学社会科学"九五"规划重点课题"面向 21 世纪中国成人教育发展研究"总课题的结题报告。该丛书在全面总结我国成人教育发展的历史、现状、基本经验和进行国际比较研究的基础上，概括和揭示了成人教育发展的规律，阐明了新时期我国成人教育发展的指导思想、原则、方针、目标、重点、布局和步骤等战略构思。

中国成人教育协会重新组建全国成人教育科研机构工作委员会，在各学位点之间形成定期会晤的机制，并开始就学科建设和研究生培养等问题进行交流与合作。

杜以德申报的全国教育科学"十五"规划重点课题——"21世纪中国成人教育学科体系结构及其分类研究"立项。

2003 年

中国成人教育协会网络中心开通。

2月10日，有关全国教育科学"十五"规划国家级重点课题"西部人力资源开发战略研究——西部人力资源开发与职成教发展"的会议在云南昆明召开，进一步明确了课题研究思路及组织分工，部署了下一阶段的研究任务。

2月23—25日，"亚太成人教育国际合作研讨会"在北京举行。来自亚洲及太平洋地区各国的成人教育专家、学者出席了会议。

3月29日—4月1日，中国成人教育协会2003年秘书长会议在浙江宁波召开。来自全国各地的63位代表出席了会议。

10月18—20日，"第四届中国国际教育论坛"在北京召开。此次论坛的主题是"构建终身教育体系，建设学习型社会"。来自全球20多个国家或地区的教育界人士出席了开幕式。

11月6日，由联合国教科文组织、中央广播电视大学、上海远程教育集团等联合主办，以"创新与合作——远程教育的明天共同行动"为主题的"2003世界开放大学校长会议"在上海开幕。来自亚洲、非洲、欧洲等的12个国家的17所开放大学校长参加。

11月19—21日，华东地区高校继续教育分会2003年年会在山东科技大学召开。来自清华大学、浙江大学、南京大学、中国科技大学等 40 余所高校的 60 多名代表聚集一堂，共同研讨我国继续教育的现状，探索发展继续教育的途径与方法，并讨论规划分会明年的工作任务。

12 月 12 日，"2003 年中国成人教育协会年会暨学习型社会论坛"在北京举行。会议的主题是"学习型社会与成人教育创新"。会议旨在通过对我国成人教育发展历程的总结和反思，充分认识成人教育在全面建设小康社会、形成学习型社会的过程中的重要使命；进一步明确在新的历史时期我国成人教育改革、创新的方向和思路。

2004 年

华东师范大学职业教育与成人教育研究所创建了成人教育学专业博士学位授予点，高志敏、黄健开始招收成人教育学博士生。这是我国第一个成人教育学专业博士学位授予点。

4 月，全国教育科学"十五"规划重点课题"建设终身学习体系和学习型社会的研究"正式启动。本课题从建设终身学习体系和学习型社会所面临的主要问题与主要矛盾入手，在调查分析和综合研究的基础上，重点进行了 7 个方面的专题研究，包括社会背景的研究，理论与指导思想的研究，终身学习体系与学校教育的改革和发展的研究，继续教育的供求研究，教育信息化研究，学习型城市、社区、组织的政策与个案研究，保障制度与比较研究。

5 月 14—16 日，由中国成人教育协会成人高等教育理论研究专业委员会和河南大学成人教育学院联合举办的"全国首届成人教育学专业研究生培养工作交流研讨会"在河南开封举行。来自华东师范大学、同济大学、南京师范大学、北京师范大学、曲阜师范大学、山西大学、四川师范大学、西南师范大学、华南师范大学、福建师范大学、河南大学等 15 所高校的成人教育学专业学科带头人或专职研究人员参加了会议。

12 月 1 日，《教育部关于推进社区教育工作的若干意见》发布，就推进社区教育工作的指导思想、原则和目标以及主要任务等提出明确要求。

12月5—7日，"2004年中国成人教育协会年会暨科学发展观与成人教育创新论坛"在北京举行。

12月15—16日，"建设终身学习体系和学习型社会国际论坛"在上海举行。

2005年

云南大学成人教育学院的"多学科视野下的成人教育研究丛书"出版，包括史芳、张江南的《成人教育比较研究》，王娅等人的《成人教育教学论》，刘薇琳等人的《社会学视野下的成人高等教育》，聂琴等人的《成人教育的哲学视域》，马勇等人的《知识经济与成人高等教育》，王加林等人的《成人教育管理探索》6本分册，由云南大学出版社出版。

9月5日，由中国成人教育协会、陈香梅教科文奖办公室主办的"中国民办教育创新与发展论坛"在北京举行。

9月28日，我国大陆首部终身教育法规——《福建省终身教育促进条例》正式实施。

2006年

桑宁霞的《中外视野下的成人教育》由山西人民出版社出版。

高志敏申报的全国教育科学"十一五"规划重点课题——"成人教育学科体系的批判与重构研究"立项。

冀鼎全的《成人教育心理学》由陕西人民出版社出版。

4月9日，《国务院关于加强和改进社区服务工作的意见》正式出台，在推进文化、教育、体育服务部分中提出，要统筹各类教育资源，充分发挥社区学院、市民学校的作用，积极创建各种各类的学习型组织，面向社区居民开展多种形式的教育培训和科普活动，建立覆盖各种人群的多渠道、全方位的社区学习服务体系。

7 月 9—11 日，"2006 年中国成人教育中青年学者高峰论坛暨河北省成人高等教育研究会年会"在河北保定召开。这次会议由中国成人教育协会成人教育科研机构工作委员会、河北省成人高等教育研究会和河北大学三方联合举办，会议的主题为"社会转型期成人教育、终身教育的前景探讨"。来自北京、上海、天津、山东、河南、山西、云南、江西、安徽、广西、河北等地的百余名专家、学者、教育工作者参加了会议。

10 月 10 日，北京市教育委员会批准北京市总工会职工大学提交的"成人高等职业教育学分银行"立项申请报告。

10 月 13 日，"第七届海峡两岸继续教育论坛"在北京大学隆重召开。来自香港大学、香港中文大学、澳门大学、台湾大学、台湾东吴大学、清华大学、浙江大学、复旦大学、南京大学、四川大学等 23 所大学的近百位继续教育专家参加了会议。

10 月 28—31 日，"2006 年国际成人教育研讨会"在北京举行。会议主题是"学习化社会中的成人教育"。

10 月，吕世兴、孙之鹏的《中国煤炭职工教育史：1949—1999》由煤炭工业出版社出版。这部 70 多万字的史书，记录了新中国成立以来煤炭行业在干部培训、职工教育、继续教育、安全技术培训、成人中等和高等学历教育等方面所取得的成绩与经验。该书与《中国煤炭高等教育史：1949—1999》《中国煤炭职业技术教育史》一道，构成了煤炭教育史书系列。

11 月 5 日，"2006 全国创建学习型社会论坛"在上海开幕。论坛主题为"建设学习型政党，提高构建社会主义和谐社会能力"。此次论坛由中共中央党校《学习时报》社、中共上海市委党校和中共闸北区委主办。

2007 年

西南大学刘义兵、靳玉乐、廖其发开始招收成人教育学博士生。

　　何爱霞的《成人教育社会学研究》由中国海洋大学出版社出版。

　　1月16—20日，"国际成人教育协会第七届世界大会"在肯尼亚首都内罗毕举行。来自世界各地40多个国家或地区的200多名代表参加。中国成人教育协会秘书长谢国东等人受邀代表中国参加了此次会议，积极参与了大会的主要活动，与各国代表进行了广泛交流，并与非洲、美洲、亚洲和欧洲等不同国家或地区的成人教育组织初步探讨了交流与合作意向。

　　6月20日，中国成人教育协会在北京召开"纪念《国家教育委员会关于改革和发展成人教育的决定》（简称《决定》）颁布20周年座谈会"。座谈会上，与会者畅谈了《决定》颁布20年来中国成人教育事业的发展历程和巨大成绩，认真分析了当前成人教育面临的机遇和挑战，充分讨论了《决定》的现实意义和指导意义；通过回顾成绩，总结经验，分析形势，厘清思路，转变观念，不断推动中国成人教育新的发展。

　　6月22日，《中国教育报》刊登国务委员陈至立为纪念《国家教育委员会关于改革和发展成人教育的决定》颁布20周年而撰写的文章《充分发挥成人教育在全面建设小康社会中的重要作用》。该文章指出，科学技术日新月异的发展，人类知识更新步伐的加快，使成人教育在经济与社会发展中的地位和作用日益重要。蓬勃发展的成人教育是构建终身教育体系和建设学习型社会的重要支撑，是社会文明进步的重要标志。成人教育着力动员和组织广大社会成员参与到学习中来，是建设学习型社会的客观要求，也是提高广大劳动者素质和技能水平、提高人力资源开发的深度和广度的重要手段。发展成人教育，还使那些失去某些受教育机会的人得到新的受教育机会，是实现教育公平的重要措施。

　　7月13日，中国人民大学残疾人事业发展研究院成立。该研究院将围绕残疾人事业发展、残疾人福利与社会保障、残疾人就业与培训、残疾人权益保障、职业伤害与工伤保障五方面开展理论与政策研究，旨在为残疾人事业发展提供理论支撑。

7 月 16 日，北京学习型城市网站开通暨北京市民终身学习远程服务中心揭牌仪式举行。

7 月 16—17 日，"中国职工学习论坛"在北京召开。此次论坛的主题是"创新我们的学习——开创职工素质教育新局面"。

9 月 25—27 日，中国成人教育协会、中国联合国教科文组织全国委员会、济宁市人民政府、国际农村教育研究与培训中心在山东曲阜联合举办"促进全民教育国际研讨会"。研讨会的主题是"以提高能力为核心的成人教育与培训"。各国专家学者就儿童教育、妇女教育、扫盲教育及农村成人教育的现状、问题、对策、措施等方面进行了广泛而务实的阐述和讨论。

11 月，"第八届海峡两岸继续教育论坛"在四川大学召开。本届论坛围绕继续教育国际化的问题展开了深入的研讨，为各地高校进一步交流与合作办学搭建了平台，为进一步推进高校继续教育深入改革与发展奠定了良好的基础。

11 月 24—25 日，"中国成人教育协会成人教育培训机构工作委员会第一届会员代表大会暨全国首届成人教育培训机构高层论坛"在北京隆重召开。有关部门、企业、协会负责人、教育专家及全国成人教育培训机构和成人教育培训工作者近 300 人出席。会议审议通过了《中国成人教育协会成人教育培训机构工作委员会管理办法》；审议通过了中国成人教育协会成人教育培训机构工作委员会工作计划，选举产生了领导机构。

2008 年

1 月 19—20 日，"首届成人教育学科推进与导师职业能力建设高级研讨会"在湖北武汉召开。本次会议由中国成人教育协会成人教育科研机构工作委员会主办、华中师范大学承办。来自全国成人教育学专业硕士学位授予点与成人教育科研机构的 70 余位成人教育学专业博士生和硕士生导师、成人教育专家学者参加了会议。

1 月 31 日，陈至立在"纪念邓小平同志批示创办广播电视大学 30 周年暨推进国家终身教育体系建设座谈会"上指出，创办广播电视大学是邓小平教育思想的伟大实践，是中国高等教育发展史上的伟大创举。30 年来，各级广播电视大学为扩大人民群众接受高等教育的机会，加快我国高等教育大众化的进程，推进终身学习体系的建设，做出了巨大贡献。

1 月，为全面落实科学发展观，加快学习型社会和终身教育体系的建设步伐，福建省决定开展构建具有福建特色的终身教育理论体系与开展终身教育实践项目研究，全省设立 30 个课题并给予经费推动。课题的立项范围包括：学习型社会与终身教育理论的探索与实践、关于终身教育与创建学习型组织的研究、关于构建终身教育网络平台的探索与研究、关于面向人生各阶段的终身教育研究、关于终身教育与面向职业人的继续教育研究、关于终身教育与社区教育研究、学习型社会与终身教育体系实践案例研究。

4 月 19 日，全国教育科学规划"十一五"教育部重点课题"学习型社会建设研究"在杭州萧山区举行开题会，课题负责人、中国成人教育协会会长朱新均做了关于"学习型社会建设研究"课题实施意见的主题发言。

11 月 25 日，"亚欧会议终身学习论坛"在北京举行。本次论坛的主题是"探索支持终身学习的框架"，会议由北京大学教育经济研究所主办、亚欧会议终身学习教育与研究中心协办。来自世界 20 多个国家的 260 余名学者、大学代表、政府机构代表和研究生围绕本次论坛的四个主题"终身学习的概念框架""终身学习的制度或组织创新""终身学习的法律环境和立法支持""终身学习的财政支持"进行了深入的探讨和研究。

11 月 29—30 日，"纪念中国成人教育改革发展 30 周年暨 2008 年中国成人教育协会年会"在北京召开。这次会议全面总结了我国成人教育改革发展 30 年来所取得的历史性成就，进一步明确了在新的历史起点上我国成人教育的责任、使命与改革、创新的发展方向。会议表彰了一批全国农村成人教育先进单位和社区教育先进个人。教育部副部长陈希出席会议并讲话。

11 月，为纪念中国改革开放 30 年，由中国成人教育协会组织全国成人教育专家学者和成人教育工作者共同编纂的《中国成人教育改革发展三十年》正式出版。该书由董明传等人担任主编，由高等教育出版社出版。全书包括"事业发展篇""理论研究篇""政策法规篇""信息资料篇"4 部分，共 184 万字。

12 月 21 日，"中国农民教育高层论坛"在北京举行。论坛回顾总结了近年来我国农民教育培训、农村实用人才建设等工作取得的经验，分析了当前农民教育培训工作面临的新形势、新问题，探讨了今后进一步做好农民培训工作的新思路。

12 月，由中国教育战略学会终身教育委员会主办、北京市教育委员会承办的"全国学习型城市建设经验交流会"在北京举行。

2009 年

1 月 10—11 日，"全国社区教育专业委员会 2008 年年会"在黑龙江哈尔滨召开。年会的主要任务是以科学发展观为指导，认真总结 2008 年社区教育专业委员会的工作，交流推广全国社区教育示范街道（乡镇）和示范项目的经验，共商 2009 年社区教育工作大计。

4 月 14 日，上海终身学习网正式开通。该网站首批整合完成了 300 小时的在线课件供市民免费学习，内容覆盖终身教育、高等教育、职业教育和基础教育四大类别。该网站为市民提供了一个集课件搜索、课件学习、课件交流、课件测试、课件评价、学习记录查看等功能于一体的学习平台。

6月，应台湾成人及终身教育学会理事长黄富顺邀请，中国成人教育协会会长朱新均和副会长、秘书长谢国东赴台参加由台湾成人及终身教育学会、玄奘大学成人教育与人力资源发展学系举办的"海峡两岸暨香港、澳门高龄教育学术研讨会"。

7月11—12日，全国教育科学"十一五"规划2009年度专项课题评审会议在北京举行。通过专家评审，特色高中、职业教育、成人教育、教育考试等领域，有350项课题得到立项。其中成人教育有11项课题批准立项。

11月27—28日，"2009年中国成人教育协会年会"在北京召开，主题为"成人教育发展60周年：回顾与展望"。

2010 年

5月5日，温家宝主持召开国务院常务会议，审议并通过《国家中长期教育改革和发展规划纲要(2010—2020年)》。该纲要指出，加快发展继续教育。

2011 年

叶忠海的《现代成人教育学研究》由同济大学出版社出版。

叶忠海的《成人高等教育学》由同济大学出版社出版。

2012 年

10月11日，教育部职业教育与成人教育司、中国成人教育协会、中国联合国教科文组织全国委员会和成都市人民政府，联合主办了以"加快发展继续教育，促进学习型社会建设"为主题的2012年全民终身学习活动周全国总开幕式。来自全国各地政府、高校、企业的300余名代表会聚成都，研讨交流高校继续教育的改革与发展。

10月11日，由教育部职业教育与成人教育司主办的"高校继续教育改革发展研讨会暨高校继续教育服务学习型城市、学习型企业发展论坛"在成都召开。教育部副部长鲁昕出席研讨会并做重要讲话。

2013 年

曾荣青的《成人教育学理论与实践研究》由暨南大学出版社出版。

4 月 13 日，中国成人教育协会第五次会员代表大会在北京召开。教育部部长袁贵仁出席会议并讲话。袁贵仁指出，继续教育特别是成人教育，是终身学习体系的重要组成部分。

2014 年

8 月 11 日，《教育部等七部门关于推进学习型城市建设的意见》发布，提出构建终身教育体系，促进各类教育融合开放；广泛开展城乡社区教育，推动社会治理创新；营造终身学习文化氛围等。

2015 年

叶忠海的《现代成人教育学原理》由中国人民大学出版社出版。

2017 年

高志敏的《成人教育学科体系论》由上海教育出版社出版。

3 月 5 日，李克强在十二届全国人民代表大会第五次会议政府工作报告中提出，2017 年，办好公平优质教育；加强民族教育，办好特殊教育、继续教育、学前教育和老年教育；加强教师队伍建设；制定实施《中国教育现代化 2030》，以教育现代化支撑国家现代化，使更多孩子成就梦想、更多家庭实现希望。

2019 年

2 月 23 日，中共中央、国务院印发了《中国教育现代化 2035》，开创教育对外开放的新格局。

后 记

　　这本书得来确实不易，从题目的选定到谋篇布局、确定结构；从逻辑上严谨度的把脉到内容上丰富度的考量；从语句的精雕细琢到文字的细斟密酌；从对实践经验的整饬和统合到理论层面的凝练和提升，每次修缮都是认识的升华。在一次次的惕厉和充实中，一次次的心力和耐力的超越与挑战中，这本书终于破茧成蝶，尘埃落定。

　　本书带有理论性、应用性和操作性，旨在从共和国成人教育学70年的历史出发，以学科观为引领，为共和国成人教育学70年的学科发展提供一个理论范本。本书既是对共和国成人教育学70年学科探索的一个总结回顾，又是一次学科发声的机会、一次学科话语的表达，对于其他相关学科、相邻学科、相近学科也是一次难得的握手和拥抱。正如在绪论中所说，撰写本书的初衷不外乎有三：一是见微知著；二是以昔鉴今；三是理论推介。本书以终身教育理论、终身学习思想理论和学习型社会理论为研究的理论基础，以共和国成人教育学70年的实践为基础，紧扣成人教育学发展脉搏，紧跟其历史行进步伐，对共和国成人教育学70年尽量进行全方位、多视角、有重点的盘点。我们在理论研究中也深刻地体会到：成人教育作为终身教育体系的重要组成部分，是终身教育的终极体现，是建设学习型大厦的主力，是创建学习型社会的重要田园，对于促进学习型社会的构建和中国民族的伟大复兴具有不可替代的重要作用……借此，成人教育学科也有不可替代的重要意义和价值。

参与本书的资料收集和整理的人员有：山西大学在读博士研究生王晓丹，在读硕士研究生郑苗苗、刘珂彤。因为她们的鼎力支持与帮助，本着对事业高度的责任感、使命感，才有了今天的成果。同时，更为重要的是在本书完成的过程中得到了侯怀银教授的悉心指正。本书还参考了现有的成人教育学理论研究成果。在此，请恕未能一一列举这些理论研究成果的作者，也一并表示衷心感谢！

虽然本书得以出版发行，但我们仍知有一些不足。恳请广大读者不吝赐教与指正。

桑宁霞

2019 年 6 月于太原

图书在版编目(CIP)数据

共和国教育学70年. 成人教育学卷 / 侯怀银主编;桑宁霞著.
—北京:北京师范大学出版社,2020.5
ISBN 978-7-303-25566-5

Ⅰ.①共… Ⅱ.①侯… ②桑… Ⅲ.①成人教育－教育史－
中国－现代 Ⅳ.①G529.7

中国版本图书馆 CIP 数据核字(2020)第 016423 号

营 销 中 心 电 话 010-58802135 010-58802786
北师大出版社教师教育分社微信公众号 京师教师教育

GONGHEGUO JIAOYUXUEQISHINIAN · CHENGREN JIAOYUXUE JUAN
出版发行:北京师范大学出版社 www.bnupg.com
　　　　　北京市西城区新街口外大街 12-3 号
　　　　　邮政编码:100088
印　　刷:北京盛通印刷股份有限公司
经　　销:全国新华书店
开　　本:710 mm×1000 mm 1/16
印　　张:23.75
字　　数:308 千字
版　　次:2020 年 5 月第 1 版
印　　次:2020 年 5 月第 1 次印刷
定　　价:118.00 元

策划编辑:郭兴举　鲍红玉　　　责任编辑:马力敏　孟　浩
美术编辑:王齐云　　　　　　　　装帧设计:王齐云
责任校对:康　悦　　　　　　　　责任印制:马　洁